中等职业学校教师专业发展理论与实践

The Theory and Practice of Teachers' Professional Development in Secondary Vocational Schools

卢双盈　主编

科学出版社
北　京

内 容 简 介

中等职业学校是我国职业教育的基础和主体，加快其发展是由我国国情决定的。构建现代职业教育体系不是办学层次的简单上移，也不能单纯靠学历来牵引。有了职教体系，有利于扎扎实实地办好每个阶段的职业教育，实现职业教育有系统、有特色、有自信地发展。本书围绕中等职业学校教师专业化发展问题，从教师职业发展与专业化问题、专业标准体系与专业能力标准、“双师型”教师队伍建设、兼职教师定位与发展、职业生涯规划及部分国外的经验与做法等方面进行了介绍、分析和阐述。

本书主要面向从事中等职业学校教育的教师、管理者，以及有志于投身职业教育的青年学子和社会专业人员，也可供相关研究领域的学者和关注职业教育发展的人士参阅。

图书在版编目（CIP）数据

中等职业学校教师专业发展理论与实践 / 卢双盈主编. —北京：科学出版社，2017.6

ISBN 978-7-03-052837-7

Ⅰ.①中… Ⅱ.①卢… Ⅲ.①中等专业学校-师资培养-研究 Ⅳ.①G718.3

中国版本图书馆 CIP 数据核字（2017）第 110727 号

责任编辑：孙文影 刘巧巧 / 责任校对：张凤琴

责任印制：张欣秀 / 封面设计：楠竹文化

联系电话：010-64033934

电子邮箱：edu-psy@mail.sciencep.com

科学出版社出版

北京东黄城根北街 16 号

邮政编码：100717

http://www.sciencep.com

北京京华虎彩印刷有限公司印刷

科学出版社发行 各地新华书店经销

*

2017 年 6 月第 一 版 开本：720×1000 B5

2017 年 6 月第一次印刷 印张：18 1/4

字数：338 000

定价：89.00 元

（如有印装质量问题，我社负责调换）

教育部、财政部“职业院校教师素质提高计划”成果系列丛书

项目牵头单位：天津职业技术师范大学

项目负责人：卢双盈

出版说明

《国家中长期教育改革和发展规划纲要（2010—2020 年）》颁布实施以来，我国职业教育进入到加快构建现代职业教育体系、全面提高技能型人才培养质量的新阶段。加快发展现代职业教育，实现职业教育改革发展新跨越，对职业学校“双师型”教师队伍建设提出了更高的要求。为此，教育部明确提出，要以推动教师专业化为引领，以加强“双师型”教师队伍建设为重点，以创新制度和机制为动力，以完善培养培训体系为保障，以实施素质提高计划为抓手，统筹规划，突出重点，改革创新，狠抓落实，切实提升职业院校教师队伍整体素质和建设水平，加快建成一支师德高尚、素质优良、技艺精湛、结构合理、专兼结合的高素质专业化的“双师型”教师队伍，为建设具有中国特色、世界水平的现代职业教育体系提供强有力的师资保障。

目前，我国共有 60 余所高校正在开展职教师资培养，但由于教师培养标准的缺失和培养课程资源的匮乏，制约了“双师型”教师培养质量的提高。为完善教师培养标准和课程体系，教育部、财政部在“职业院校教师素质提高计划”框架内专门设置了职教师资培养资源开发项目，中央财政划拨 1.5 亿元，系统开发用于本科专业职教师资培养标准、培养方案、核心课程和特色教材等系列资源。其中，包括 88 个专业项目，12 个资格考试制度开发等公共项目。该项目由 42 家开设职业技术师范专业的高等学校牵头，组织近千家科研院所、职业学校、行业企业共同研发，一大批专家学者、优秀校长、一线教师、企业工程技术人员参与其中。

经过三年的努力，培养资源开发项目取得了丰硕成果。一是开发了中等职业学校 88 个专业（类）职教师资本科培养资源项目，内容包括专业教师标准、专业教师培养标准、评价方案，以及一系列专业课程大纲、主干课程教材及数字化资源；二是取得了6项公共基础研究成果，内容包括职教师资培养模式、国际职教师资培养、教育理论课程、质量保障体系、教学资源中心建设和学习平台开发等；三是完成了18个专业大类职教师资资格标准及认证考试标准开发。上述成果，共计800多本正式出版物。总体来说，培养资源开发项目实现了高效益：形成了一大批资源，填补了相关标准和资源的空白；凝聚了一支研发队伍，强化了教师培养的“校—企—校”协同；引领了一批高校的教学改革，带动了“双师型”教师的专业化培养。职教师资培养资源开发项目是支撑专业化培养的一项系统化、基础性工程，是加强职教教师培养培训一体化建设的关键环节，也是对职教师资培养培训基地教师专业化培养实践、教师教育研究能力的系统检阅。

自2013年项目立项开题以来，各项目承担单位、项目负责人及全体开发人员做了大量深入细致的工作，结合职教教师培养实践，研发出很多填补空白、体现科学性和前瞻性的成果，有力推进了“双师型”教师专门化培养向更深层次发展。同时，专家指导委员会的各位专家以及项目管理办公室的各位同志，克服了许多困难，按照两部对项目开发工作的总体要求，为实施项目管理、研发、检查等投入了大量时间和心血，也为各个项目提供了专业的咨询和指导，有力地保障了项目实施和成果质量。在此，我们一并表示衷心的感谢。

项目专家指导委员会

2016年3月

前 言

“双师型”——职业教育教师的特色定位及专业化发展方向①

“双师型”教师这一与众不同的称谓，鲜明地亮出职教教师的特殊身份。在国家大力发展职业教育政策的推动下，“双师型”教师脱颖而出，成为“园丁之家”的新秀。随着现代职业教育体系建设的推进，“双师型”教师的社会认同度和主体意识将得到全面增强，进一步成为职教教师队伍的鲜明特色和骨干力量，肩负起深化职业教育教学改革的光荣使命，不断开创职业教育蓬勃发展的未来。

一、教师职业嬗变及其专业化发展的特征

教育始于人的意识的觉醒，教育活动犹如奔腾的血液之于人体，不断输送给人类健康发展的能量。在教育舞台上，教师历来是主角，担当着传承与发展文明的使命和职责，引导和帮助年轻一代成长。在历史长河中，教师无时不有，也无处不在，与社会发展息息相关，其作用日显重要。古往今来，长者为师，智者为师，能者为师，统绪承接，代代相传，教师成为人类不断壮大的“社会基因”。随着生产的发展，社会职业分化，教师的职业发展先后呈现出独立化、职业化、专业化的特征。随着学校教育的出现，教师身份更加凸显，成为社会进步的一个重要标志。以此为开端，教师的职业变化主要经历了四次飞跃：一是“吏师合一”阶段。有知识的官吏兼任教书育人之责，教师亦吏亦师，具有双重或多重身份。二是私学教师阶段。经济重心下移，导致政权下移，官学衰落，私学兴起，一些知识分子靠教书为生，教师开始成为一种独立的职业。三是师范教育阶段。

---

① 参考卢双盈.“双师型”教师如何走好专业化发展路. 中国教育报，2015-9-14（11）.

本书中的几个高频词，如“中等职业学校”“中等职业学校教师”“职业教育教师（师资）”，在标题中使用全称，文中有时简称为“中职学校、中职教师、职教教师（师资）”；对于引文或泛指中高等职业教育、中高等职业学校，则保留或采用“职业教育”“职业学校”的称谓，但职业学校一般指的是中等职业学校——编者注。

从有知识者可为师，到建立专门的师范学校培养教师，这是教师培养专业化的开端。四是推行教师职业准入制度阶段。师范教育向教师教育转变，专门培养教师的师范院校代之以各类高等教育机构均可参与教师培养，衡量教师的标准从师范院校的毕业证变为社会化的教师资格认证，教师专业化有了新的方式与内涵，进入标准化发展的新时期。不难看出，教师职业从非独立到独立再到多元化发展，教师培养从开放到封闭再到新的开放，每一次的改变都带来人们对教师专业化认识和实践的进步，也不断迎来教师发展的新时代。

教师发展历程表明，教育的独立化、教师的职业化及其专业化预示着人类将迎来一次次重大的发展机遇，标志着社会对人才的需求和要求进入一个新阶段。教育在发展中，越来越受到家庭、政府和受教育者的关注和重视，相应地，教师职业也不断朝着更加专门化、规范化、社会化的方向发展。当今，我国高等教育在大众化与国际接轨的背景下，师范教育迅速向教师教育过渡，尽管有的专家鉴于中国教育发展不平衡的国情还在大声疾呼师范教育，但曾经恢弘完整的师范教育体系纷纷转型，师范院校积极进行自我革新，谋求多样化、综合化发展，教师教育变成其中的一项主业或辅业。重塑教师专业化培养的新体系与发展的新机制已是大势所趋。

专业化是职业发展的一个重要标志，与职业化的内涵基本一致，是从“会”向“好”的转变，是不断追求工作品质的必然要求。专业化源于对职业分工的科学管理，是提高工作效率、优化整体效益的一种手段。专业化不等同于专业但基于专业，专业首先是一种学科知识体系，学校以此为基础，组成培养各级各类人才的课程体系。专业化是专业的合理配置、强化与拓展，旨在服务职业发展，造就工作的能手、专家。从这个角度看，专业化强调学与用的相关与互动，学用脱节是专业化的大忌。

专业化是推进现代化的重要标志，教育现代化首先是教师的专业化，现代教师必须适应专业化发展的要求。专业化之于职业，既是定位也是一个发展的过程。对于一个具有专业化素质的职业学校教师，要具备两个基本条件：一是基本素质、能力与入职岗位需求相适应；二是在工作领域中具有持续发展的潜质和愿望。换言之，一个合格的职业学校教师应当具备什么样的素质呢？是否可以简单地表述为：教师具备的知识和能力要大于并高于对学生提出的要求。对于普通中小学教师一般不是问题，但对于职业学校的教师，达到这个要求并不容易，难点不在于理论知识方面，而主要在于专业技能等实践方面。对职业学校的教师之所以提出“双师型”的要求，恰恰反映出职业学校相对薄弱的教学状况及现实的教学诉求。“双师型”教师有别于传统的专业教师，突出体现在这个“双”字上，即对于专业理论知识与实际运用具有双向驾驭的能力。与学前教育、小学教育中的全科或多科教师的专业化同理，职业学校的“双师型”教师需要既懂专业理论又会实际操作，能够把理论教学与实践教学融通起来。对于“化”，可以从两个维度理解，横向指普遍性，纵向指深入性。专业化一方面随着专业发展的分化、细化被强化，另一方面又随着专业发展的交叉、复合被要求，“双师型”教师专业化发展属于后一种情形。

二、“双师型”赋予职教教师专业化发展全新内涵

20 世纪 90 年代，职业教育改革如火如荼，教师一直站在改革的风口浪尖上。国外先进理念、模式广泛引进，对留着普教或高教痕迹的中国职教产生了巨大影响和冲击，教师自然首当其冲。国外的职业教育教师素质给了我们一个基本的共识：具备一定的实际工作经验是从事职业教育教学与培训工作的前提。为此，我国创造性地提出“双师型”教师理念，并采用一系列政策措施加强“双师型”教师队伍建设，旨在改变职业学校教师偏重理论且理论教学与实践教学相脱节的状态。基本的改革思路是：从现实问题出发，以需求为导向，反思培养目标，反求教师素质，要求教师先行、教师先变，主动适应职教改革，积极培育职教特色要素，逐步适应并推进职业教育全方位的改革。“双师型”观念的确立，为职教教师教育改革和专业化发展指明了方向。

长期以来，对于“双师型”教师的认识偏重于理性层面，实际工作中还比较模糊，缺乏统一可行的标准。在许多发达国家，具备一定实际工作经验是成为职教教师的必要条件，生产一线的优秀技术人员参与职业学校教学是一种常态，渠道也比较通畅。我国传统的用人制度和教学格局依然存在，关于“双师型”教师的入职条件怎么确定、承担哪些教学任务、相应教学组织形式如何变革等，这些方面还不是十分明确，各地、各校还在进行积极探索。按照对“双师型”教师最初的设想，职业学校引进诸如工程师、技师、会计师、农艺师等具有中级以上职称的专业技术人员，可认定为“双师型”教师，这也是“双师”一词最初的来历。事实上，职业学校的教师主要来自应届大学毕业生，普遍缺乏专业实践经验。职业学校一直致力于“双师型”队伍建设，在职教师补齐短板是培养的重点。一手抓理论教师取得相应职业资格证书，鼓励教师到企业培训、锻炼，同时抓实训实习指导教师学历提升。从这些年积累的继续教育成果看，具有理实一体教学能力的“双师型”教师在职业学校日益增多，逐步占主导地位，开始引领职业教育教学改革发展的方向。

在职业学校传统课程教学体系中，按照文化课、专业理论课、实训课或实习指导课分配教师的教学任务，从分类上看，这也是专业化的一种形式。现代职业教育改革动摇了传统的学科教学体系，试行以工作过程为导向，将理论与实践统一起来组成模块课程或项目课程，教学内容和教学组织形式发生了结构性变化。如果仅从专业化的角度看，“双师型”教师与学科课程教师的区别并不是专业化性质的问题，而是专业化的前提与指向的教学范围和工作方式的不同。众所周知，教师与学生的专业知识及其能力的契合度越高，教育教学的预期效果就可能越好。职业教育具有学习目标具体性、学习方式操作性、学习场所工作性等特点，“会讲能做”“亦师亦工”的“双师型”教师更适合在这种教学情境下工作。实践也不断证明，“双师型”体现了职业教育的基本特质，符合职教教师专业化发展的目标。经过多年的认识与实践，以“双师型”为特色的职教教师职业资格制度呼之欲出，这将从根本上改变职教教师队伍的面貌。对于希望进入职教领域从教的专业技术人员，仅靠理论或实践单方面的优势已显得与“双师型”教师专业化的资格起点格格不入。“双师型”教师需要有较宽泛扎实的专业理论与实践基础，能够把理论与实际相互联系或结合起来开展教学，将“主导教、指导学、辅导做”三者有机统一起来，引导学生在职业发展轨道上快速成长。

三、“双师型”教师队伍建设薄弱环节的若干反思

与具有悠久发展历史的中小学和大学教育相比，职业学校起步较晚，所以在办学定位、课程设置和教学组织上，一般比照高中、大学专科。由于其师资也主要来自普通高校，通常会仿照普通高校的做法，加之自身形态又较频繁地发生变化（如更名、合并、升格等），也习惯于依据高等院校进行调整，甚至眼睛向上，主动向普通高校靠拢，只有实训课、顶岗实习或多或少地体现职业教育的特色。客观上，由于教学设施、办学成本所限，职业学校的教学一直处于偏重理论教学、适当加强实践教学的状态。现阶段，职业教育强调以就业为导向，既契合我国经济社会发展的实际需要，也符合职业教育的基本特点和规律。但由于惯性思维及现实的差异性，人们一直对学历抱有较高的期望值，而对职业教育缺乏应有的认同和信任，职业学校坚持就业导向的发展道路也是步履维艰。一个显而易见的事实是，社会往往把相对有限的优质教育资源优先投放到精英教育中，而对于大众化的职业教育投入不足或滞后。虽然大家都清楚，社会对人才的需求多种多样，各式各样的人才同样重要，行行可以出“状元”，但面对数以亿计的庞大而广泛的技术技能人才群体，职业学校力不从心，政府也心有余而力不足。在校

企合作施行职业教育与培训不稳定的情况下，职业学校只能以简便的、减低成本的办法，即用理论教学替代实践教学的方式保持学校的正常运行，这是职业学校特别是初级发展阶段不得已而为之的尴尬。更何况，追求高学历带来日益增长的升学考试仍然以知识测试为重点，不可避免地削弱了职业学校和学生对实践教学的重视与坚持。

对于职业学校教师而言，不论整体还是个体，实践教学能力和实际工作经验仍是薄弱环节。曾经，学历层次低、动手能力低的“双低”状况是职教教师的“软肋”。经过各方面的努力，学历问题已经大大改善，但单纯的学历提升并未改变教师的能力结构，甚至有强化理论教学优势之嫌。直至现在，提高实践教学能力一直是“双师型”教师队伍建设中的一个难点。面对现实的任何问题，都可找到一些根深蒂固的观念，如重教育轻培训、重学历轻能力、重理论轻实践、重校内轻校外、重形式轻实效等。其实，观念主要是现实的反映和一些传统的折射。有一个我们习以为常的现象，即校企合作很重要但又很松散，问题在于双方互动机制缺失或维持动力不足。改革开放后，政府举办的职业学校得到大力发展，而企业举办的职业学校还有学徒制教育逐步退出、消失，职业教育形成一进一退的态势，特别是学徒制一度淡出了职业教育的视野（虽然庞大的农民工劳动群体主要靠自发的学徒方式传帮带），这无形中割断了学校与企业之间的天然联系，职业教育的责任完全压到政府一边来。与学徒制时代相比，职业学校主导职业教育是社会发展的必然，学校在育人的全面性、集约化，教学的科学性、系统性，各类资源优化配置等方面都有着学徒制不可比拟的优势，但如果职业学校一统天下，甚至把学徒制当作一种学校可替代的落后制度，职业教育就会陷入壮志难酬的境地。对于企业而言，以追求现实经济利益为目标，剥离对各类人才培养任务等于卸掉了企业一块负担。如此一来，校企合作就丧失了合作的内容和基础。一些现代学徒制的成功经验表明：成为合格的工人光靠学校教育是不够的，需要通过实际做工完成其培养工作。现在，职业学校把顶岗实习作为重要的教学环节，一般用一年的时间，但企业承接学生实习大多属于劳动力紧缺的代偿，或出于降低劳动成本的考量，实习变成了提前就业，企业与学校几乎没有实质性的教学关联，顶岗实习中“师傅”的角色，也缺乏明确的规范与认定。德国职业教育最重要的经验是：没有用职业学校取代学徒制，而是用职业学校弥补完善了学徒制，建立起企校或校企“优势互补、二元一体”的“双元制”办学格局，以及政府与行业组织合作主导的运行机制，成为职业教育企校合作的典范。“双元制”的成功，证明职业学校不是职业教育的全部，政府、行业企业、职业学校三位一体的育人体制机制才能构成全面意义上的职业教育。校企或企校合作、产教或工学结合是发展职业教育的共识，要逐步将学徒制纳入国家职业教育的体系和体制框架内，靠办学单位与企业纯粹市场化的结合不可能实现具有教育意义的校企合作。

我国校企合作的职业教育基本制度已经确立，但我国的国情决定了职业学校在合作中起着主要作用。一方面，职业学校的“双师型”教师要努力成为校企合作的联系人、实施者和中坚力量，通过校企合作不断提高自身的专业化水平；另一方面，来自企业的兼职教师或在企业实习中担任指导任务的教师或师傅（统称可为“兼职教师”），需要国家从政策和法律上明确其兼职教师的合法性与规范性。对乐于从事育人工作的生产一线优秀技术人员，要创造条件、积极引导、明确资格、扩大储备，在校企合作制度框架下，推进建设专兼并举、校企互通、紧密结合的“双师型”教师队伍，形成校企同力共治完整的职业教育链。

四、“双师型”教师专业化发展以提高教学效果和效率为旨归

教学的价值和有效性是教师发展不懈追求的一个目标。职业学校与社会联系紧密，教学任务也灵活多样，为学生提供有助于就业和发展的教学服务是职业学校的根本之道。有效的教学遵循两个基本点：一是教师对教学的知识、技能做出科学合理的选择；二是在教师的组织指导下，学生能够高效充分地掌握所学内容。简单地说，教学的所有工作是围绕学生“好学”和“学好”展开的。好的教学在师生之间是一种彼此的契合和相长关系，教师点燃学生学习的火苗，不断提供和添加教材，迅速转化成学生的本领。在各类教育中，职业教育强调学会做事，“用”“做”“巧”可称得上是表征职业教育最简明的三个字，“用”是目的，“做”是方法，“巧”是水平，教师要引导学生“学会做”“做得巧”“效果好”。只有这样，“双师型”教师才更有用武之地。毋庸讳言，职业学校的学生一般不是知识学习的早慧者和优胜者，但他们的特长很多在动手方面。好的教育不是选择人，而是要适应人。职业教育如何制定适宜的教育方案，结合具象的专业发现他们的兴趣和专长显得至关重要。在教学方法上，从相对直观的“做中学”切入。“做中学”是教育方法的一种取向，它并非排斥理论学习，而是为了真正学会理论。“双师型”教师多采用“做中教”，便于学生顺利进入学习状态。由文化课、专业理论课、实践课等构成的课程体系，不是各门课程的堆砌，而是以学会学习、学会理解、学会工作为顺序关联起来的知识与能力体系。“双师型”教师能有效地缩短课程及其教学之间的转换，能把书本中抽象平面的知识导出来、立起来、活起来，在理论与实践交互之间让学生学会做事、学会学习。

好的教学离不开好的教学团队。“双师型”教师强调个体的“双师”素质只

是一个基础，要实现整体教学优化和有效必须依靠 1+1+1>3 的“双师型”教师团队。团队不仅仅是多个人组成的集合体，更应该是一个有梯次、有活力、优势互补的集体，不同的角色在团队中，要有一定的独立性、互补性、交叉性，还要有不断成长的机制。团队构成没有固定模式，但要有利于更好地发挥每一个“双师型”教师的能力，而不是相互排斥。“双师型”教师的专业化可不同程度地兼备“教做研用”等若干能力点，朝着理实一体型、产教复合型、教研并进型等方向发展。

“双师型”教师是对职业学校专业教师的一场“革命”。之所以被职业学校广泛接受，是因为它符合职业教育教学的规律性，但“双师型”教师没有固定的模式。每个人各有长短，在复杂多变的职业教育环境中需要多样化可塑的“双师”素质教师，偏重理论的教师、偏重实训实习的教师对于职业学校都是不可或缺的，这与“双师型”教师并不排斥。“双师型”教师强调理论与实践两种素质并重，但并不一定是平均发展，教学中也会有所侧重。“双师型”教师有基本条件，没有固定形式，既不可把“双师型”教师简单化、静态化、模式化，把一些入门标准当成所谓的“双师型”教师标准，也不要把专业化简单地设定为教师专业的“线性”发展或以“高大全”为目标，把“双师型”教师拔高到理想化而不切实际的境地。“双师型”为职业教育创新发展而生，为提升教学的效果和效率而发展，因人、因需的专业化发展也许更加切实可行。

教育历来有功利与非功利之辩，职业教育是功利教育的突出代表。“有用”是职业学校专业与课程设置、教学活动基本的教学原则，“有用+有效”是职业学校教学改革的永恒主题，“双师型”教师应围绕这个主题不断提高专业化发展水平。

五、“双师型”教师队伍持续、健康、专业化发展需要体系化与制度化

树立新观念是发展的先导，但观念变成现实离不开强有力的制度保障。建设“双师型”教师队伍的重要性不再是一个认识问题，“双师型”教师作为职业学校的教学骨干已是不争的事实。现在的问题是，“双师型”教师的持续发展缺乏相应的体系和内在的动力。“双师型”教师还没有形成相对独立的人才体系、配套的职称系列，评定职称或挂靠理论教师系列、挂靠实验教师系列，有的还沿用普通高中的教师系列，处于有名无实、发展道路模糊的状态。没有独立的专业技术职务（职称）系列的人才很难成为主流的专业人才，也难以实现专业化的良性发

展。"双师型"教师如何建立起从培养到招聘、从使用到发展、从个体到梯队的专业化发展体系，使之目标明确、规格明晰、体系明朗，真正成为职业教育的一支"正规军"，实为当务之急。

长期以来，关于"双师型"教师的另一"师"如何界定，众说纷纭。其实，"师"只是一个标签，是否切实符合职业教育教学规律及其实际需要才是核心。在职校教师社会地位不断提高、教师队伍趋于稳定的情势下，必须从入口关上立规矩、定标准，从入职条件上确立学历和能力并重的条件，优先聘用有扎实的实际工作经验（或专业技能）的专业技术人员，为"双师型"教师后续发展奠定坚实的实践素质基础。此外，由于校企合作中企业方面的兼职教师、实习指导教师或师傅，虽是职业教育教师队伍的重要组成部分，但又具有一定的不确定性，套用职业学校对"双师型"教师的要求肯定是不适合的，现阶段也是不可行的。为此，一方面，国家从政策法律上要明确，对职业学校认定的企业兼职教师提出一定规范，并予以相应身份或称号以示鼓励，逐步强化对企业"双师型"教师的角色认同；另一方面，政府要评估确认相对稳定的校企合作人才培养机构，为校企双方认定"双师型"教师创造条件，引导校企双方建立互认互动的良性发展机制。

2015年8月，国家已经颁发《关于深化中小学教师职称制度改革的指导意见》(人社部发〔2015〕79号)，这是我国教师人才政策从教育层次转向兼顾教育类型的一个重大举措，标志着中小学教师专业化建设上了一个新台阶。作为教师制度建设的一项利好政策，也给"双师型"教师队伍制度建设带来新希望。"双师型"教师经历了从无型到有型、逐步成型的发展过程，已树立起职业教育特色教师队伍的新形象，对其进行专项建设，加强专门管理，建立与现代职教体系建设相适应的教师体系与职称制度，是现实之需，也是大势所趋。国家加快职业教育发展，"双师型"教师队伍理应得到特别的重视与扶持。制度建设是长远大计，有助于从根本上提高广大职教教师的职业自信力、发展自觉性和专业化水平，更好地担当起培养高质量技术技能人才的重任，引领职业教育教学创新发展，促进现代职业教育体系加快建设步伐。

六、"双师型"教师专业化发展必须坚持基本教育理念

坚定正确的教育理念是教师专业化发展的重要标志。古往今来的教育巨匠，之所以成为千百万教师的导师，最为可贵的是他们提出或奉行的教育理念。但任何好的理念、经验和思想，只有在亲身实践中切己体察、思考创新，才能得到继

承和发展。从浩瀚的教育海洋中撷取几朵思想浪花，启发“双师型”教师建构自己的教育理念。

第一，以学生为本。教师因学生而存在，教育因学生和教师的结合而构成。随着社会和教育的进步，学生在教育中的主体意义不断得到提高，学生从被动向主动转变。在教育舞台上，学生是教育的对象，也是教育的主角，教师更像是组织教育活动的“导演”，教师工作的全部目的都是围绕学生成长服务的。服务是现代文明的普遍特征，也是教育现代化的核心。教师承载和传播着先进的社会思想，要勇于主动转变传统的“师本”观念，确立教育即服务的“生本”思想，打造以人为本的社会基础，从小培育学生的民主意识。以学生为本，重要的是服务学生未来发展，而未来的根本是什么？放在首位的应该是学会生存。学校教育中缺乏教会学生生存的内容，反而把基本生存能力越来越剥离出去。20 世纪 70 年代，学会生存的教育思潮切中教育之弊，振聋发聩，但终未触动现代教育发展的模式。早在 18 世纪，著名哲学家斯宾塞就曾发出“什么样的知识最有价值”的审问，但后世的教育者很少对之切实反思。几十年来，改革之声不绝于耳，但学校教育年复一年、按部就班、波澜不惊。教育全力聚焦升学考试，与生存相关的劳动技术教育、职业教育变得非弃即弱。以人为本应该是针对所有服务对象的，给予弱势群体或薄弱方面以更多的关注和关照，教育公平就会获得更多的现实意义。

第二，因材施教。因材施教思想自古有之，这算得上是最深邃、最理性的一种教育观念。认识到人的客观差异性是发展教育的基础，也是以人为本思想的出发点。尊重学生的先天素质，因材施教才算找对门径，但因材施教，知易行难。从近代普遍实施班级教学以来，学校教育要求的统一性与学生个性多样性，以及如何适应社会需求千变万化的要求，使得教育顾此失彼，因材施教名多实少。精英教育作为偏颇的因材施教，主宰着教育的风向标，向高趋同的教育定势左右着各类学校的办学方向，因材施教、因需育才等精准的教育服务实施起来困难重重。其实，职业教育也是因材施教的一类，问题在于职业教育并未脱离精英教育、普通教育的思维。职业教育的关键是要找准职业与因材的结合点，把职业人性化、教育化，帮助学生踏上学会生存与发展之路。因材施教如何落地？最迫切改变的是用知识考试检验一切教育效果的机制，要使学生的禀赋在学校教育选择中得到滋养而不是钝化。当然，因材施教不可能回到个别教育的老路上去，把握因材施教，理念重于形式。在教学手段现代化、信息化的新时代，因材施教有了更多条件与可能，越来越多的公共精品教育资源实现了共享，国家教育均衡化政策不断为学生自由而全面的发展开辟越来越广阔的途径。开发人的潜能永无止境，因材施教永无止境。

第三，教会学习。做任何事情，一旦被动接受而不是自主选择就会变得沉重和乏味，学习也是这样。学习的结果大多是令人愉悦的，但学习的过程通常是辛苦的。作为学生，从学习中得到乐趣，找到乐以求知的门径，是最可贵的。知识是人最忠实的朋友，学习能力决定了人的认识深度和生存广度，知识其实在不知不觉中塑造或改变着人生。当今，学习已成为一种生存和生活方式，学会学习是人最基本的素质，也是学校教育要解决好的根本任务。学校本质上是培养人学会学习的场所，良好的学习习惯是学生在学校必须练就的一项基本功，教会学生学习也是教师最基本的职责。像守时遵纪、勤学好问、认真作业、独立思考、总结反思等好的学习习惯，会迁移到生活、工作各个方面，贯穿人的终生，成就更高的人生价值。好的习惯需要个人在知行中养成，需要学校循序渐进的引导、管理和强化，也需要学生之间的相互激励和优良校风学风的熏陶。学习，不断地学习，会让人变得更加高尚和强大。

第四，掌握方法。面对浩瀚的知识，任何人难以穷尽。学业的累进与其说是掌握知识，倒不如说是运用方法知识探求新的知识。习惯与方法是成功的决定因素，取得杰出成就并非知识量的超常，很大程度是思维活跃加上方法得当聚合而成的产物。首先，学思结合是最经典也是最管用的学习与工作方法。学习伴着思考，学习更有意义、更有目的，就更能深入下去，逐步融会贯通，增加自己的本领，所以古今中外备受推崇。其次，学用结合是最有效、最有方向感的学习方法。学习为了什么？学习结束意味着什么？学生常常是模糊的，老师的指导很重要。学校是人生发展的奠基阶段，人才的贡献需要社会来证明。从学校进入社会，直接考验人的做事能力，学以致用是职业教育中的一条铁律，偏离这个目标一味纠缠在课程或学时数上，实际上偏离了教与学的本质。再次，学会自学是学会学习的开始。懂得自学，自己就是学习的主人，自己成了自己的老师，学习变成了一种能力，自学能力的养成无疑是学校教育最大的成功。最后，学会研究是最好的学习方法。研究本质上也是学习，是用已知去发现未知的探索性学习，在研究中把学思和学用结合起来更可贵。研究需要科学的方法和坚定的毅力，人类在研究中挑战认识的极限，推动着社会不断前进。

第五，启发自觉。从一定意义上说，教育过程就是不断提高人的自觉性，并转化为人类不竭进步动力的过程。叶圣陶先生说："教是为了不教。"一语道出了教育的目的是懂得自我教育的真谛，培养自觉性是教育共同的归宿。自觉品质不仅是学习的一种境界，更是认识、信念、道德和毅力等综合素质的体现。理性的自觉不是自发形成的，强制服从并不能形成真正的自觉。自觉需要长期的教育陶冶和自我道德升华，是教育引导、管理规范、道德觉悟内在的高度统一。教育最推崇的方法是启发，启发给人以自觉、自信，能激发人的潜能，形成人的自动能。因此，启发自得被誉为最高明的教育艺术。人的智慧在于拥有自觉学习的意愿和能力，一切教育改革无不为此而努力。培育学生的自觉性，离不开教师以生为本的爱心、因材施教的耐心和助人成才的诚心，教育创设学习与自觉互进的环境与氛围，使人得到自由快乐的发展。奥苏贝尔（D. P. Ausubel）的有意义学习理论发现了培养学习自觉性的一种方法，让学生在体会学习与提高自身价值的联系中，不断增强其学习的趣味性和主动性。自觉者总会自加责任，努力释放自己的才智和对社会的贡献力。

七、“双师型”教师要成为加快职业教育发展的主力军

“双师型”教师是教师分类发展、专业化发展的产物，是一种新型的教师，但所有职业化的教师，本质属性是共同的，不能以职能多样性、来源多样化等特殊性淡化对教师角色的基本要求。教师是传承知识和道德、给人以希望的职业，自古以来受人尊重。2000多年前，西汉学者扬雄就提出了“师者，人之模范也”的职业定位。当今，“老师”不仅是对教师也是对其他从业者的一种敬称。为社会培养有用的人一直是教师的天职，教师担当着成人以知、成人致善、成人之美、继往开来的社会责任，教师是每个人通向成长的桥梁，其重要性在历史长河中从未褪色。在发展相对薄弱的职业教育中，更需要“双师型”教师撑起一片天空。

教师职业虽然悠久，但始终没有离开“教以促学”这个基本特点，“教学相长”就是教师积极工作状态的写照。教师离不开学生，而且必须天天与学习打交道，这是一个浸润于学习并传承学习的职业。教师面对的是不断被刷新的知识技能和学生一张又一张不同的面孔，教师如果不学习、不更新、不创新不仅会误人子弟，日复一日重复自己也会乏味和无趣。在知识更新缓慢的年代，孔子就深刻地提出“温故而知新，可以为师矣”的观点，何况日新月异的当今呢！教育现代化首先是教师的现代化，一个合格的教师必须不断更新教育观念，不断研究新课程、新教法、新学法，成为快速变化中学生的领跑者。一个好的教师永远是走在学习前面、走在学生发展前面的人，“双师型”教师要为学生身怀技术技能树立活的榜样。

古往今来，有知识是做教师的首要条件。但在长期的师范教育中，培养教师与提高学术水平常常成为一个悖论，即使高等师范教育在某种程度上也被视为非学术导向的职业类教育。按照认知逻辑，懂些教育理论应该有利于学科专业的学

习与发展而不是相反，实际情况并非如此。在课程与教学时间一定的情况下，学科专业课程与教育课程安排就是一对矛盾，增加教育课程必然缩减学科课程，教育课程反而成为影响学术性的“宿敌”，所以师范类院校在学术导向下也纷纷把教育课程边缘化。当下高等院校招聘教师，主要是看学历、看研究成果，教学能力甚至可以忽略不计。作为教师，由于工作具有一定的重复性和封闭性，教师职业被矮化也成为一种社会定势，对师范教育的刻板印象延续到了教师教育。在师范教育向教师教育的转折时期，教师教育规范尚未建立起来，在一定程度上连师范教师时期基本的训练都有所舍弃。系统地学习借鉴发达国家理论与实践并重、培养机构与聘用单位合作、广泛培养与统一资格等方面的经验，尽快建立起与教师教育相适应的新体系、新标准、新模式，应为当务之急。教师是一个重在实践的职业，好教师一般会长期坚持在教学第一线。无论多么高明和科学的理论，只有付诸实践才能闪耀出应有的光辉。做教师的都有这种感受，真正经历了一个阶段的教学工作后，才发觉教育理论的价值及其指导意义，所以教师在职学习教育理论对其专业化成长作用更大。而对于一名新教师，尽管掌握了一些教育理论，但其教学依然是从模仿开始，通过实践逐步印证、领悟前人总结的理论，在实际中融会贯通，进而形成自己的思想和风格。与普通学校教师相比，“双师型”教师具有角色多重性、内容多样性、教学做一体化等特点，作为一种新的职业形态，加强理论武装、探索研究显得更加必要。理论既是实践的结果，又是实践的开始。

现代教育无所不在，与社会的方方面面密切相关，而社会发展又需要方方面面的教育，各级各类的教育同等重要，不可厚此薄彼。任何教育，如果不能切实地来自社会又面向社会，一味沉醉在教育的小天地里自娱自乐，以“精英化”一叶障大众教育之目的，就会丧失全面发展的基础，也会偏离服务大众的正确方向，降低教育帮助人人成才的社会期待。教育只有从现实而非概念出发，从有利于人的发展而非牟利出发，以提出和解决问题为导向，把个体发展潜质与社会发展需要紧密而科学地结合起来，带着办人民满意的教育理想，积极面向未来，才能为人类社会全面进步注入不竭的能量。职业教育以面向大众、服务民生、努力开发技术为宗旨，在国家全面建成小康社会和全面实施创新驱动的时代背景下，具有更加广泛的社会需求与发展基础。我们国家和这个时代需要并正在加快发展职业教育，“双师型”教师作为职业教育改革创新的先锋队和主力军，急需大力发展、有序发展、专业化发展。

编　者

2016年10月

目录

Contents

第一章
职业与教师职业发展

社会职业从无到有，从对职业的无意识到逐步关注职业的社会意义，职业成为衡量社会发展进步的一个重要方面。教育从一种泛在的社会职能变成需要由专门的社会角色来担任。教师成为一种职业，这是教育随着社会进步得到显著发展的一个重要标志。到了近代，职业教育逐步出现了职业学校教育的形态，有的是从普通教育中分化或分离出来独立发展起来的。职业教育的发展根植于社会产业发展的需求，也是教育整体进步的一个方面。职业教育的教师从非独立到独立、从职业专门化到发展专业化，也反映出职业教育从隐性到显性，不断扩大、规范、完善的发展历程。本章通过社会职业、教师职业发展的演变，以及主要因素关联性的分析，从职业视角进一步透视职业学校教师的特点。

第一节　社 会 职 业

职业是人类社会发展到一定阶段的产物，它是伴随着社会分工的出现而产生的，与社会生产及其分工一直紧密联系在一起。职业既是对群体劳动形式的归类，也是对个体参与社会劳动领域的区分，是人类认识社会和管理社会的重要方面。职业在一定程度上承载和反映着人类社会的发展信息，职业的变迁、更汰与发展是社会发展状态的重要表征。

一、职业内涵

职业是古老的社会现象，人类很早就对职业有所认识。考源我国古代文字，“职业”一词始见于《国语·鲁语》：“昔武王克商，通道于九夷百蛮，使各以其方贿来贡，使无忘职业。”在我国古代，“职”和“业”是有不同内容且各有所指的。“职”通常指官事；“业”是指士、农、工、商所从事的工作。所谓“官有职，民有业”，即我国古代社会脑力劳动和体力劳动因事而分，“君子劳心，小人劳力”“劳心者治人，劳力者治于人”，统治者有职，高官厚禄，光宗耀祖；受治者耕耘稼穑，分五行八作，从事着被统治者视为下贱之“业”，这是古代社会分工的真实写照。

在西方，“职业”（vocation）一词出现较晚，它是从中古英语时代开始，由拉丁语演变而来的。vocation 一词起初具有宗教色彩，意指“神召、天职”，使人觉得自己有受到昭示而适于从事某种工作的使命感。因此，西方历来对“职业”怀有敬意。基于人文历史分析，中西文化对“职业”一词的界定角度不同，从而对职业的认知也产生一定差异。

近现代“职业”含义是指个人在社会中从事的，并以其为主要生活来源的工作种类，即若干种工作内容基本相同的岗位集合。《现代汉语词典》界定职业是个人在社会中所从事的作为主要生活来源的工作。现代职业是社会分工、生产发展和人类文明进步的客观产物。

社会学强调“职业”是社会分工体系中的一种社会位置，对个体而言，一般需要通过学习与培训才能获得。“职业”就是劳动者获得的与劳动分工体系中某环节产生联系的社会角色，是劳动者的社会标志。例如，美国学者泰勒（F. W. Taylor）认为，职业的社会学概念，可以解释为一套成为模式的与特殊工作经验有关的人群关系。

经济学意义上的“职业”，强调同劳动的精细分工紧密相连，认为劳动者相对稳定地担当某项具体的社会劳动分工，或者较稳定地从事某类专门的社会工作，并从中获取收入，则此社会工作便是劳动者的职业。

从一般意义上说，“职业”是劳动者相对稳定从事的并赖以生活的工作。此处，“职业”与“工作”近乎同义，是劳动分工体系中的一个环节；从社会学角度上看，“职业”是劳动者获得的社会角色，职业是与劳动分工体系中某环节产生联系的劳动者的社会标志；从国家职业分类角度来看，每一种职业都是社会分工中的一部分。

二、职业特点

任何事物都有其特殊性或基本特征，这是事物之间彼此区别的本质所在。职业的特殊性，是职业现象区别于其他社会现象的基本标志。职业的内涵通过职业要素而获得表现，职业要素涵盖社会、经济和技术等方面的内容。职业首先是社会分工的产物，因此它具有社会性；职业活动还具有明显的经济性和一定的连续性，以及一定的知识性、技术性和规范性；此外，职业还具有稳定性和群体性等特征。

（一）社会性

当社会发展到一定的历史阶段，原本只是某些一般性的劳动，从劳动对象、劳动工具及劳动力的组织形式等形成独特组合之后，便形成了一种职业雏形。职业随着社会分工的发展而发展。职业的种类（类别）反映着社会生产力发展的水平和社会分工的水平。有什么样的生产力，便会产生与之相适应的职业。例如，在汽车出现之前，不会有汽车司机职业；同样，计算机程序设计员职业也是在电子信息技术发展到一定水平后才应运而生的。社会发展水平越高，劳动分工的专业化程度会越高，相应职业分类也就越细。我国唐代有 220 种职业，到了宋代发展为 360 种。现代社会经济发达国家的职业数量有上万种之多，德国职业数量曾经最多达到 25 000 种。

职业的社会性还表现在，职业的层次结构反映着基本的生产关系、社会的组织结构和社会的权益分配。体脑分工形成后，少数脑力劳动者首先成为管理阶层。在阶级社会，职业直接与阶级、等级制度联系在一起。不同的职业，在社会中具有不同的地位。职业与个人的地位、经济收入相关，能够比较直观地反映社会权益的基本分配状况。

职业的社会性还表现在职业活动反映了社会运转机制，包括不同职业的职能、职责，各行各业间的相互关系与合作形式，如职业道德、纪律等。职业的社会性可以理解为，职业是从业人员在特定的社会生活环境中所从事的一种与其他社会成员相互关联、相互服务的社会活动。职业活动一般不是个体孤立的行为。

（二）经济性

从宏观角度来看，职业的社会构成反映了社会产业结构、人力资源配置与构成的关系及比例，如产业构成与劳动力的开发、储备状况等。

从微观角度来看，职业的经济性就是劳动者从事职业活动以获得现金或实物等报酬为目的。通常，这种报酬应该比较稳定，在较长时间内持续从事某种职业活动，该活动才能称为“职业”活动，而个体偶发的有偿活动并非职业活动。职业活动正是具有了经济性和连续性，才与劳动者的生计紧紧联系在一起。只有在较长时间内持续从事并获得稳定收入，且该收入成为生活主要来源的工作，才能称之为“职业”活动。

（三）技术性

职业的技术性是指从事职业活动主体所体现出的特定的行为模式。这种特定的行为模式，既包括思维与行为方式，也包括应用的技术与工具。即使是简单劳动的职业，也存在方法和技术的问题。职业的技术性还包含方法、技术和工具，该技术性决定了每种职业对从业人员素质具有不同的要求。国家实行职业资格证书制度，就是针对职业技术性特征所采取的管理办法。

（四）规范性

从事职业活动必须遵守的要求、标准称为职业规范。职业规范是社会规范的重要组成部分，包括两个层面的含义：其一，职业活动必须符合国家法律和社会道德规范，从这个角度看，具有职业性特征的非法社会活动不属于职业范畴；其二，职业活动要符合特定生产技术和技能规范的要求，从业者在职业活动中要接受相应职业规范（或行规）的约束。

（五）稳定性

职业的稳定性即指职业随着时代的发展而延续，随着科学技术的发展而产生变迁，在渐进过程中，职业劳动内容和行为模式都具有相对稳定性，由此职业主体也有了稳定的职业形象。

三、职业社会功能

职业的社会职能是指职业在推动社会发展过程中所具有的地位和作用。这种地位和作用同样是不可替代的。“职业社会”的说法，也是对职业与社会关系的真实写照。具体职能主要体现在如下四个方面。

（一）合成社会结构

社会结构是社会分工形态的表征。职业是社会分工的基本形式，自然也是社会结构的基本组成部分。职业分工及其结构，作为社会经济制度与结构的重要部分，构成了人类社会存在的现实形态。职业发展的结果形成各类社会组织，进而形成社会阶层和阶级，成为国家的构成要素。社会发展史表明，生产力越发达，社会分工和职业分工越细，社会结构就越健全，社会生活就越丰富多彩。同时，职业自身也在不断分化、组合和创造，促使陈旧的职业逐步被淘汰，代之以适合社会发展的新职业。换言之，职业结构是构建社会结构的基础，社会结构与职业结构联动发生变化，两者相互影响、相互作用。

（二）沟通社会关系

职业劳动是最基本和最重要的社会活动，职业关系也是最基本和最重要的社会关系，这种关系反映在政治、经济、文化、伦理、环境、家庭等诸多方面，成为沟通社会关系的一个中枢，在整个社会关系中发挥着桥梁和纽带作用。一般来说，不同的社会关系是由不同的职业关系构成的，或者说，不同的职业关系代表着不同的社会关系，至少某种职业有助于建立某种社会关系。例如，自由撰稿人的工作看似独立，但其职业活动过程却与编辑出版等相关社会职业群具有密切关系。由此说明职业活动不是也不可能是孤立的活动，它总是一定社会关系的体现。

（三）创造社会财富

从广义上说，一切有价值的东西都是财富。这里所说的财富，是指人类创造并为全社会所共同拥有的社会财富。人类通过职业劳动把自然资源变成了社会财富。比如，在土地上种出粮食，驯养了各种动物，把矿石冶炼成有用的金属，把石油开采出来使用，使用各种材料建造房子，制造各种交通工具和生活用品，把一些自然环境优美的地方变成旅游景点等。这种以物质形态出现的财富属于物质财富。还有以文化形态出现的财富属于精神财富。例如，图书报刊、影视作品、理论观点、文学艺术、语言文字、道德精神等，这些都是劳动者通过职业活动创造出来的。无论物质的还是精神的财富，虽然是劳动者创造出来的，却不单纯归劳动者个人所有，而是汇集成庞大的社会财富积累，归全体社会成员享有，这种特性，正是职业创造财富的现实反映。

（四）标识社会身份

职业是社会分工的结果，随着社会分工的细化，社会管理难度逐渐增加，于是产生了社会职业分类。职业分类就是把各种职业分门别类地区分开来，给劳动者身份给予一定的职业标记，形成便于识别和管理的职业群体，从而为社会管理提供便利。因此，以职业称谓为表征的社会职业，具有标识社会劳动者身份的职能。

四、职业声望

职业声望是人们对职业活动的社会评价，不同层级的职业乃至同一层级不同种类职业的声望因不同评价主体会有所差别。决定职业声望和层级排列的职业因素有多种，其决定因素是功能和手段。所谓功能，是指职业对社会所具有的效用，而手段则是从事该职业、实现其功能所必需的条件。这两个因素包括了满足人的需求、对社会提供服务、职业准备所需的教育时间、道德标准和智慧才能等职业因素。

（一）职业声望与职业地位

职业声望是职业地位的反映，是对职业社会地位的主观评价，人们往往通过职业声望调查确定职业地位的高低。由于职业声望与职业地位所反映的实质内容具有一定程度上的一致性，因此两者经常被混同使用。

对职业声望的研究，始于 19 世纪末期。1897 年美国人口普查局（US Bureau of Census）的亨特（W. Hunt）在研究美国职业的社会地位时，将职业分为产业主级、秘书级、熟练工人级和非熟练工人级四个等级。马克斯·韦伯

（Max Weber）最早提出职业声望，他认为社会分层应该从财富、权力和声望三个方面进行考察。1925 年，康茨（G. Counts）第一次使用他自己编制的职业声望量表，对美国的职业声望进行了调查。第二次世界大战后，对职业声望的经常性调查，在许多国家已成惯例。1956 年，美国社会学家亚历克斯·英克尔斯（Alex Inkeles）和彼得·罗希（Peter H. Rossi）在《美国社会学杂志》上发表了《职业层级的国际比较》一文。他们认为决定职业层级高低的具体因素主要有四项：职业社会功能、职业社会报酬、职业自然条件和职业要求。

在我国，职业声望的理论渊源可以追溯到孟子“劳心者治人，劳力者治于人”的断言。我国关于职业声望的测量始于 20 世纪 80 年代初期，多数调查都是在一定区域内面向成年人的宏观调查，它要求被访者评价社会上有代表性的数十种、甚至上百种职业。当时比较有影响的是：1983 年，林南教授和中国社会科学院社会学研究所对北京 1774 名居民的 50 种职业声望调查；1990 年，北京大学社会学系对北京和广州 1141 名居民的 80 种职业声望调查；1993 年，蔡禾对广州居民的 102 种职业声望调查等。

人们对职业社会地位的评价，反映了当时社会的价值倾向，而职业价值倾向与一定的社会发展阶段有密切关系。因为在社会发展的不同阶段，职业的类型不同，各种职业的社会作用也不相同。农业社会崇尚帝王、武士，对农民的评价一般高于商人；工业社会崇尚科学家、企业家，对商人的评价又高于农民。社会经济发展水平相当的国家，虽然政治制度不同，人口与地理存在差异，而对职业层级高低次序排列的一致性程度较高。

（二）职业声望评价的因素

职业声望表示某种职业受人尊敬的程度，它是与财富、权力并列又相对独立的要素，是一种特殊形式的社会舆论，反映了特定社会发展历史时期人们对职业的社会心理评价。简单地说，职业声望就是公众对客观存在的职业等级在主观层面的反映和评定。

20 世纪 60 年代，美国学者彼得·布劳（Peter Blau）和奥迪斯·戴德里·邓肯（Otis Dudley Duncan）的研究表明，人们对职业等级高低的评分，很大程度上可以用从事这项职业的人的受教育程度和职业收入来推断。

中国社会科学院的研究人员 2001 年做的全国社会阶层状况调查中，将职业声望作为其中的一个指标。调查中，列举了 81 种职业让公众打分评价。调查结果显示，教育和收入两个因素对中国职业声望的解释力只有 60%多，这和国外相比有很大差距。进一步的研究表明，除了教育和收入外，权力和单位性质这两个因素对中国的职业声望有着重要的影响。大多数国内专家倾向于职业等级这种评定是由教育程度、职业收入、劳动技能、支配能力等复杂因素所决定的。

虽然从法律的地位上来说，人人都是平等的，人们从事的职业没有高低贵贱之分，但实际上，由于从事每种职业所需要的智慧水平、劳动技能不同，所需要支配的资源也不同。根据人们在生产关系中的不同位置，职业还是有等级区别的，职业声望也有高低之分。由于人们在价值观和兴趣爱好等方面存在差异，在主观上会自觉或不自觉地对社会上不同的职业做出或高或低的评价。但社会是在不断变化的，职业有兴有衰，人们的思想观念和职业评判标准也在不断发生变化。在经历了重大的社会变迁后，现代人的价值取向逐渐从对权力和金钱的崇拜转向对知识、技术和社会贡献的追求，人们针对某一职业声望的衡量标准更多地呈现出多元化的综合评价。

目前，国内学者认为，影响职业声望评价的因素主要有如下四个方面。

（1）社会功能，即某种职业对于社会的作用，包括对国家建设和公共福利的责任。职业的社会作用和责任越大，职业声望越高。

（2）职业要求，即一定职业对于任职者的教育程度、工作能力、道德品质、身体状况等方面的要求。职业对任职者的要求越高，职业声望就越高。

（3）职业报酬，即职业能够给予任职者的各项利益，包括经济收入、福利待遇、晋升机会等。职业报酬越高，职业声望越高。

（4）职业环境，即与职业活动相关的各种工作条件，包括劳动强度、卫生条件、安全保障等。职业环境越好，职业声望越高。

近年来，关于职业声望的研究表明，劳动者的择业意愿、择业行为和流动趋向与职业声望的高低有很大的关系。职业声望甚至影响到从业者的生活方式、价值观念。任何一个劳动者，都愿意从事社会地位高、职业声望好的工作。因此，职业声望的变化成了促使劳动者进行职业选择的重要动力。

五、职业流动

职业流动是指劳动者在不同职业之间的变动，是劳动者放弃又重新获得劳动角色的过程。职业流动是社会流动形式之一。职业流动不同于劳动者的区域流动和职务变动，但又与劳动者的区域流动和职务变动有着密切关系，往往互为关联，相伴而生。

（一）职业流动的内涵辨析

1. 职业流动与劳动力流动的区别

职业流动是劳动者在不同的职业群体之间的流动，是职业角色的变换过程，其结果是对劳动者的职业生涯发生影响。劳动力流动是指劳动力在不同地区（或单位）之间的流动，其结果是对不同地区（或单位）劳动者的人数比例发生影响。职业流动往往伴随着劳动者在区域间的流动，区域流动也往往伴随着职业流动。但职业流动并不一定引起劳动力流动，劳动力流动也不一定与职业流动直接相连。

2. 职业流动与职务变动的区别

职务变动主要指行政职位层级的变动。职务变动可能带来职业流动，但不是必然引起职业流动。职务变动是否带来一次职业流动，主要看其工作性质和工作内容是否发生了质的变化。如果一个司机被任命为某单位司机班班长，因工作性质和内容没有发生变化，就不是职业流动；如果他被任命为后勤办公室主任就可以说是一次职务流动，因为他所从事的职业角色和职业声望都发生了变化。

（二）职业流动的形式

一般来说，职业流动有以下几种表现形式。

1. 水平流动和上下流动

以职业地位和职业声望为标准，劳动者在同一职业地位和同一职业声望的职业系列中的流动就是水平流动；在不同地位等级和不同职业声望的职业系列中的流动就是上下流动或垂直流动，从一种职业地位等级较低的职业流动到职业地位较高的职业流动就是向上流动，反之则为向下流动。

2. 代际流动

从两代人之间从事的不同职业的变化可表现为代际流动。父亲是农民，儿子是工人，父亲是大学教授，儿子是企业经理，这种状况就形成了代际流动。代际流动的状况和频率表征着一个社会的封闭和开放程度，并且受一定社会形态及人事管理制度、教育水平等多方面的影响。现代社会，代际流动显著，而且向上流动的频率明显加快，尤其是农民家庭，子承父业比例降低的速度加快，愈是发达地区愈为突出。

3. 结构性流动和个别流动

从职业流动引起社会职业结构性变化的情况看，表现为结构性流动和个别流动。凡由职业流动引起并影响社会职业结构发生大规模变动的流动即为结构性流动。例如，农村劳动力进城务工，促使原有农民职业结构分化，一部分农村劳动力成为农民身份的技术技能工人，进入了其他职业领域。科学技术的迅猛发展，新技术的广泛应用，人工智慧融入现代服务业等领域，服务机器人管理师等第三产业职业的需求量大增，伴随而来的必然是职业的结构性流动。由劳动者个人自身因素引起而对职业结构的变化及相关无足轻重的职业流动，则属于个别流动。

以劳动者个人在整个职业生涯过程中其职业地位的水平流动和垂直流动的总和来看，表现的是一生流动。有人认为，在现代社会中，人的职业生涯要经历多次职业变动，才能达到职业成熟和职业稳定。

（三）职业流动影响因素

职业流动是社会分工发展到一定历史阶段的产物，作为一种正常的社会现象，职业流动的形成与发展有着深刻的社会背景和个人因素。

1. 社会进步与科学技术发展

马克思在《资本论》中指出："大工业的本性决定了劳动的变换、职能的更动和工人的全面流动性。"①社会进步促使社会资源的分配方式不断变革，科学技术迅猛发展，人们开发利用自然资源为人类发展服务的活动日益多元化，信息时代的社会生产与再生产活动，促进了职业的合理流动，"从一而终"的传统就业观念正在发生着深刻的变革。

2. 市场就业机制与就业制度

劳动力市场是市场经济的基本要素，在市场经济条件下，市场机制不仅配置和调节着社会的物质资源，而且也配置和调节着人力资源。今天，谋职的双向选择意味着契约性的交换方式和交换过程。一方面，对于劳动者而言，他可以自由地寻找能够发挥自己的能力、专长、志趣的有发展前途的单位（或部门）及劳动岗位；另一方面，对单位（或部门）而言，则可以自由地按岗位需要来选择合适的劳动者。如果任何一方，甚至双方发现在双向选择中出现问题，经过彼此同意便可以解除契约，或期满后不再订约，从而使问题得以纠正。我国在计划

① 马克思. 资本论. 第一卷. 中共中央马克思恩格斯列宁斯大林著作编译局译. 北京：人民出版社，2004：560.

经济时期，受统包统配的就业制度影响，职业流动被限制在极小的范围；市场经济发展时期，以劳动者自主就业为方针的就业政策，极大地促进了社会职业流动。

3. 择业心理与就业观念

劳动者的择业心理是社会经济制度和劳动环境因素的客观反映，通过个体职业取向，体现劳动者的就业意愿，是劳动者对于某种职业的社会评价分析判断并权衡利弊的结果。劳动者个体择业心理很大程度上受某种职业的社会舆论所形成的社会心理环境所影响，表现为较容易接受社会制度、历史沿革、地区风俗、行业划分等因素所形成的，对某种职业在社会成员心目中的地位高低、受尊重程度等职业认同感。一般情况下，劳动者受其主观意识、情感愿望、价值取向、伦理规范及社会习俗沿袭和继承下来的就业观念的影响，对职业流动往往会做出肯定、否定或二者参半的评价。通过接受择业心理辅导及职业指导，有助于使劳动者树立正确的择业观，促进职业的合理流动。

4. 职业观与人生观

从事社会劳动并在劳动中获得收入，体现自我价值、奉献社会，是劳动者朴实的职业观与人生观。哲学家黑格尔在《精神现象学》一书中，把劳动看作人的理性、自我意识的表现形式，在此意义上他也把劳动看作人的本质，把人看作自己劳动的结果。在他看来，没有劳动，人本来并不能表现出与其他自然物的区别，只有在劳动中，人的意识形成了，人认识到了自然界的必然规律，人也就有了支配自然的自由。至于为什么而劳动、从事什么样的劳动，不同的人有不同的选择。功利主义导向的职业观认为，既然职业主要是人们谋生的手段，通过职业活动，谋取个人生存、发展，提高家庭物质文化生活水平的基础，就必须考虑不同地区和不同单位给予劳动者的职业报酬差异。由此，便形成了劳动者从低收入职业群向高收入职业群转移的职业流动。

5. 人际关系与职业适应性

在职业活动中，人际关系处理能力直接影响着劳动者的积极性、创造性、工作效率及群体和谐。人际关系处理不好，会直接导致在业人员产生职业流动。同时，劳动者个体职业适应性的差异，也是导致职业流动的直接原因。从业者职业能力水平是反映个体职业适应性的重要体现，从业者职业能力差异是客观存在的，每个人入职后对职业都有一个适应过程，个体职业能力展现也需要一定的过程。劳动者在从业过程中由于职业能力差异会导致不适应或不称职，特别是伴随着科学技术的迅速发展，职业活动的高技术含量越来越突出，信息技术更新加快，对从业者的能力要求也越来越高，必然引发职业流动。

（四）职业流动的若干特征

1. 人力资本、年龄与性别差异决定流动频率

通常情况下，受教育和训练的时间长、人力资本投入大的劳动者，就职于职业声望高、收入高的职业领域，流动量相对较少，流动频率相对较低；职业流动的数量较多、频率较快的职业领域往往集中在类似普通体力劳动者的职业群。

从职业流动的规律看，年轻从业群体中职业流动的数量和频率远远高于中年从业群体，与年龄成反比。在一般情况下，男性职业流动者多于女性。

2. 经济发展水平与个体竞争实力决定流动方向

基于职业的经济性属性，职业流动的方向主要取决于经济发展水平。从欠发达地区向发达地区流动、发达地区内职业流动的频率相对较高；不发达地区内职业流动比较缓慢。从个体职业发展看，现代社会的职业流动与家庭背景的相关性降低，强调以素质、能力优先的就业机制，家族传承、父业子承传统正在逐步改变，竞争实力成为职业向上流动的核心要素。

3. 正常流动与自由流动成为常态

在职业流动中，凡是促进劳动者全面发展、发挥专长，使最大潜能得到施展的流动均属于正常流动；由于某一方面的偏好或个别原因，劳动者从适合自己的岗位流动到不能很好发挥自己特长的岗位属于非正常流动。随着社会进步，正常流动越来越成为主流的职业流动行为。与此同时，在市场经济条件下，基于劳动就业相关法律法规的不断完善，保护并促进了职业流动的自由性，防止了非正常的结构性流动所带来的社会问题。

六、职业科学

人类社会分工出现以后，社会劳动的专业化与职业发展逐渐成为一种发展趋势。随着人们对自然界认知程度的不断加深，在发现事物内部或事物之间联系的过程中，科学技术成为引导人类适应自然、利用自然的核心动力。现代科学技术

经过历史的积淀，已形成基础科学、技术科学和工程技术等主要门类。

基础科学门类主要包括数学、物理学、化学、天文学、地理学、生物学等，包括综合提炼具体学科领域内各种现象的性质和较为普遍的原理、原则、规律等形成的基本理论。其研究侧重于在不断深化对世界认识的过程中，进行新探索、获得新知识，进而形成更为深刻、全面、科学的理论。基础科学是技术科学、工程技术的先导，也是衡量一个国家科技水平与实力的重要标志。

技术科学是20世纪初涌现出的介于科学与技术之间的领域。它侧重于揭示现象的机理、层次、关系，并提炼出工程技术中普遍适用的原则、规律和方法。技术科学作为科学发现和产业发展之间的桥梁，推动了工程技术的不断进步，是基础科学、工程技术和其他应用领域之间的桥梁。

工程技术是将基础科学和技术科学应用于工程实践领域，并在具体的实践过程中总结经验，创造新技术、新方法，使科学技术迅速转化为社会生产力的一个门类。工程技术在不断解决问题的同时也不断提出问题，促进技术科学、基础科学的发展与完善，现已成为技术科学、基础科学发展的重要推动力。

技术科学的时代性与实用性皆与职业的特征相符合，因此，基于人类生产劳动所形成的规律不断发展成为职业科学。职业科学一方面研究职业活动对象的科学规律，体现依存科学技术发展的自然属性；另一方面，基于从业者职业能力、职业心理、职业道德的职业主体研究，还具有鲜明的社会属性。

古代人们对职业的认识是朴素的，职业活动的发展及其复杂化，逐步使得职业从客观存在变为人们有意识研究的对象，成为一门科学。职业科学简称为职业学，是以社会分工所形成的职业为研究对象，揭示职业及职业活动规律，探讨人类职业生活艺术的科学。它是一门实用性很强的科学，不仅研究职业自身的矛盾运动规律，还研究职业的人格化、社会化、生活化等问题。

职业学的研究范畴概括为以下四个方面：一是职业的基本理论研究。职业学的首要任务是加强自身的基础理论研究，主要包括职业科学概念及其相关问题、职业知识体系的逻辑关系及相关概念问题、职业科学的地位和作用问题、职业科学与其他学科的交叉融合问题、职业科学的传播应用问题等。二是职业属性特征研究，主要包括职业概念及其内在品质问题、职业组织结构问题、职业演变规律问题、职业的人格化问题、职业的社会化问题等。三是职业活动规律研究，主要包括职业活动的性质及功能问题，职业活动方式问题，职业教育、选择、成长、道德、转换等各种职业行为问题，职业活动的社会联系问题，职业生活技术与技巧问题等。四是职业管理机制研究，主要包括职业管理的性质与特征问题、职业管理的地位与作用问题、职业管理的内容与形式问题、职业管理的方式与方法问题等。

第二节　教师职业及其特点

纵观人类的发展历史，教育活动是人类延续发展的最基本活动之一。教育是培养新生一代准备适应社会生活、从事社会活动的整个过程，也是人类社会生产经验得以继承发展的关键环节。在人类数百万年的演变进程中，作为专门培养教师的专业性学校教育只有300多年的历史。伴随着教育普及化、教育理论与实践的丰富与发展，教师职业才逐渐成为一种专门的、规范的、科学的职业。

一、教师职业的形成

教师职业的形成经历了一个从非专业性发展阶段到职业化发展阶段转变的过程。在人类社会漫长的教育发展历史进程中，教师往往被看成是某种神圣的或社会主导观念的传播者。古代教师有如牧师，是圣训的代言人，或是统治者声音的发布者。教师之所以为人师，是因为他们具备一定的知识和观念。在制度化教育形成以前，教师没有被意识到需要专门培养，教师对教育内容的把握无须借助附加的外在力量，而内容相对简单也使得“教学方法”的问题并不突出，一代又一代的模仿与实践体验便能够满足教学的需要。因此，古代尚无建立培养教师的教育机构的需求，自然也没有产生专门化的师范教育或教师教育。

（一）早期教师职业的雏形

古代官学、私学等教育实体形成以后，教师从业也存在一定的资格问题。如果一个人要做教师，至少应该有文化并具备使用文字的能力。当然，这是一个较低的要求，每个接受过教育的人基本上都可以做到。在早期的欧洲教育中，退伍军人、家庭主妇甚至有一点儿文字知识的社会闲杂人员都可以担任教师。

这一时期，由于学校主办者多样化，办学条件不同，教师的来源也不同。有些受教会控制的学校，由教会雇用平民担任教师工作，有的学校由地方政府聘请教师，一些无力借他途谋生的人也往往投奔此职业，靠教学维持生活，但几乎都是间断性的工作。在当时，教什么、何时教、怎么教都由教师说了算，质量也取决于教师的水平。从整个社会而言，教育行为还处于十分散漫的状态。学校和教师工作都没有统一标准，人们对教育的需求并不强烈，也很少有人把教学作为自己的专门职业和终身职业，更谈不上对教育行业从业人员进行专门培训。因此，以现今的标准衡量，当时教师职业的专业化程度极其有限。

在漫长的历史发展中，教师职业之所以始终没有成为真正意义上独立的社会职业，主要有以下三方面的原因：其一，古代的教育是少数统治阶级或知识阶级的特权，不是任何人都可以接受教育，因而学生数量较少；其二，当时的社会教育尚未普及，教师需求量很小；其三，古代教育内容相对综合，且比较单一，教学技术的复杂程度不高。因此，古代教师更多地体现为一种文化人的身份，而非现代意义上的教师职业。

（二）专业性职业的开端

教师职业由兼职到半独立、独立的变化，一方面是社会及其教育发展推动的结果，另一方面是由于社会发展的需要所诞生的专门化的师范教育。

随着义务教育的普及和班级授课制的实施，传统教育的社会认可度越来越低。人们已经认识到，一个有知识的人可以当教师，但如果没有经过系统的职业训练，就会直接影响教育的质量和效果，如此教师难以成为好教师。为了应对日益强烈的社会需求，以培养专职教师为己任的教师培训机构便逐步发展起来了。1681 年，法国天主教神甫拉萨尔（La Salle）在兰斯（Rheims）创立了第一所师资训练学校，标志着世界专门化师范教育的开端。1695 年，德国人法兰克（A. H. Francke）在哈雷（Halle）创办了一所师资养成所，对受教育对象施以师范教育，成为德国师范教育的先驱。1795 年，法国在巴黎设公立师范学校，1810 年设立高等师范学校。1832 年，法国颁布统一的师范学校系统，统一隶属于中央，1833 年的《基佐法案》明确规定各省均设师范学校一所。1870～1890 年，世界许多国家颁布法规设立师范学校。1897 年，上海南洋公学设立师范院，开辟了我国师范教育的先河。

师范教育机构成立以后，教学进入了专门化发展的历史时期。随后，面向教师培养的独立设置专业也诞生了，逐步形成师范教育的特色。此类专门的师范教育机构不仅注重教师的教育内容，同时也重视教师教学方法的培训，除了对教师进行文化知识和专业教育外，还开设教育学、心理学等方面的课程，开展教育实习，对教师进行专门的教育训练，并把专门的教育训练看成是教师入职的必要环节。

师范教育是培养师资的专业教育，它是社会进步的产物，它的诞生与变革，标志着教师职业从经验化、自主化发展转向了专门化发展的新阶段。工业革命的兴起、科技发展与技术的进步，使得工业化国家对劳动力的教育程度有了更多要求；普及义务教育逐步被广泛认同，大量的基础教育师资需求日益迫切；初等义务教育的普及进而促进了中等师范学校的大力发展，中等教育的普及则进一步推动了高等师范教育的发展，这使得很多高等院校早期便带有师范教育性质或附设师范教育机构。

（三）教师职业的专业化

20 世纪 60 年代，许多国家普遍面临教师短缺的情况，因而都通过采取各种应急措施，解决对教师需求的问题。60 年代中期以后，由于发达国家开始出现出生率下降的趋势，生源的减少导致教师需求下降。与此同时，经济发展萧条，政府将教师培养机构作为减少公共开支的主要对象，导致教育质量下降。学校教育发展水平没有达到公众期望，使得公众对教育质量产生不满，进而引发了对教师教育的批评。基于师范教育面临的诸多方面的巨大压力，提高教学质量及教师专业水平的呼声日益增高。正因如此，社会对教师素质的关注达到了前所未有的高度。

1966 年 10 月 5 日，联合国教育、科学及文化组织（UNESCO）和国际劳工组织（OIL）共同审议通过的《关于教师地位的建议》（*Recommendation Concerning the Status of Teachers*）明确提出：应把教师职业作为专门职业来看待。人们也日益认识到，教学也是一门专业化的工作，对教师资格的要求有了进一步提高。因此，中小学师资训练逐步归于高等师范教育体系中。在这种情况下，中等师范学校或者被撤销、兼并，或者升格为高等师范学校，高等师范教育迅速发展起来。

20 世纪 80 年代以后，教师专业发展日趋成为人们关注的焦点和当代教育改革的中心问题之一。1980 年 6 月 16 日，美国《时代周刊》（*Time*）一篇《危急！教师不会教》（*Help，Teacher can't Teach!*）的文章，引起了公众对教师质量的担忧，拉开了以提高教师素质、促进教师专业发展为核心的教育改革的序幕。随后，1986 年霍姆斯小组（Holmes Group）发表的《明天的教师》（*Tomorrow's teachers*），卡内基工作小组（Carnegie Forum on Education and the Economy）发表的《国家为培养 21 世纪的教师作准备》（*A Nation Prepared：Teachers for the 21st Century*），1989 年复兴小组（Renaissance Group）发表的《新世界的教师》（*Teachers for New World*）等一系列报告，均对教师素质提出了更高的要求，强调以教师的专业化来实现教学的专业化，教师专业发展很快在美国成为一场颇具声势的改革运动。此后的许多研究和改革都是围绕如何促使教师获得最大程度的专业发展而展开的。日本、英国也采取了多种措施促进教师专业发展。例如，日本在 80 年代末建立了旨在促进教师专业化的校本培训模式，1988 年，日本颁布了新的教师教育专业性认可标准。我国香港和台湾也分别从 80 年代后期开始加大教师专业化教育制度改革。从此，教师专业化成为世界教育改革与发展的重要方面。

作为一种社会劳动，职业广泛地指向以谋生并有金钱酬劳的工作，它是基于一种经验而获得的，因此，职业的范围遍及社会生活的各个方面和角落。而专业则是一群人从事一种专门技术的活动，它更多地需要特殊的智力完成，具有较强的技术性，如医师、建筑设计师、会计师、心理咨询师等。从某种意义上来说，专业总是归属于一种专门技术的职业。因此，职业是在学习培训的基础上，通过重复操作获得经验和技巧并具有从业资格的工作；专业技术类职业是在接受一定专业教育的基础上，通过心智和判断力的发展获得专业知识和技术，并经过专门机构认定从业资格的专门性职业，需要资格准入的职业是经过国家特许的专业人员才能从事的职业。

1966 年，联合国教育、科学及文化组织和国际劳工组织认为“应把教育工作视为专门的职业”，这种职业要求教师经过严格、持续地学习，获得并保持专业知识和特别的技术。1986 年，卡内基教育和经济论坛强调“必须使教师职业成为与医生、建筑师等一样”。当今社会，随着教育学理论水平的不断提升，以及有关教师职业的实践性知识研究的不断深入，教师作为专业人员的地位正逐渐提高。我国在 1994 年颁布的《中华人民共和国教师法》中明确规定“教师是履行教育教学职责的专业人员”，确定了教师作为专业人员的地位和作用。事实上，专业的高度知识定向是授予一个专业特许权的理论基础，教师经过长期学习形成的深厚广博的理论知识，以及经过实践积累而获得的教师实践性知识，是非教师职业无法挑战的，缺乏这些知识则无法从事教师职业。

二、教师职业的特点

教师作为现代社会中几乎与每个人都要发生关系的职业，其特点既有历史性的痕迹，又有时代性的烙印。对于我国教师的职业特点，主要概括为以下几个方面：其一，社会性。教师属社会性职业类型，与人打交道，其人格特征偏向社会性。其二，广泛性。教师职业分布与人口规模关系密切，一定人群规模中必须存在一定数量的教师，以保证教育活动的实施。其三，公众性。教师相当多的时候置于众多学生与家长的关注之下，在一定程度上属于社会公共关注的群体。其四，技术性。教师所从事的教育教学活动必须具备专业知识与教学技能，传道授业解惑离不开适合的教学技术手段与方法。其五，稳定性。教育是人类永不衰竭的事业，教师职业的专业化使其具有较强的职业稳定性，教师普遍受人尊重，薪酬稳定，职业生命周期长久。

三、教师职业的基本要求

《北齐书·王昕书》记载："杨愔重其德业，以为人之师表。"教师职业要求的核心在于师德，从古至今，为人师表是该职业对从业者提出的一贯准则。

《中华人民共和国教师法》中规定，从事教师职业必须履行下列义务：其一，遵守宪法、法律和职业道德，为人师表；其二，贯彻国家的教育方针，遵守规章制度，执行学校的教学计划，履行教师聘约，完成教育教学工作任务；其三，对学生进行宪法所确定的基本原则的教育和爱国主义、民族团结的教育，法制教育以及思想品德、文化、科学技术教育，组织、带领学生开展有益的社会活动；其四，关心、爱护全体学生，尊重学生人格，促进学生在品德、智力、体质等方面全面发展；其五，制止有害于学生的行为或者其他侵犯学生合法权益的行为，批评和抵制有害于学生健康成长的现象；其六，不断提高思想政治觉悟和教育教学业务水平。

概言之，作为一名教师，必须按如下要求履行职业岗位职责：其一，爱国守法。热爱祖国，热爱人民，全面贯彻国家教育方针，自觉遵守教育法律法规，依法履行教师职责权利。其二，爱岗敬业。忠诚于人民教育事业，志存高远，勤恳敬业，甘为人梯，乐于奉献。对工作高度负责，认真备课上课，认真批改作业，认真辅导学生，不得敷衍塞责。其三，关爱学生。关心爱护全体学生，尊重学生人格，平等公正对待学生。对学生严慈相济，做学生良师益友。保护学生安全，关心学生健康，维护学生权益。不讽刺、挖苦、歧视学生，不体罚或变相体罚学生。其四，教书育人。遵循教育规律，实施素质教育。循循善诱，诲人不倦，因材施教。培养学生良好品行，激发学生创新精神，促进学生全面发展。不以分数作为评价学生的唯一标准。其五，为人师表。坚守高尚情操，知荣明耻，严于律己，以身作则。衣着得体，语言规范，举止文明。关心集体，团结协作，尊重同事，尊重家长。作风正派，廉洁奉公。自觉抵制有偿家教，不利用职务之便谋取私利。其六，终身学习。崇尚科学精神，树立终身学习理念，拓宽知识视野，更新知识结构。潜心钻研业务，勇于探索创新，不断提高专业素养和教育教学水平。其七，尊重学生。教师对学生的热爱尊重，是一种十分重要的教育手段，作为一名教师若想使学生尊重自己，首先要做到自尊。中国有这样的格言："人必自敬，然后人敬之。"一名合格的老师一定要具有较强的自我管理能力，有强烈的集体主义观念，要时刻把自己的工作与集体的名誉连在一起，一堂课的好坏，一件事的成败，对于教师来说可能无足轻重，但对学生未来对社会所产生的影响将是无法预料的。教师对学生的爱，有助于把教育思想有效地转化为学生自觉的行为，想要实现这种转化，情感的过滤和催化至关重要。一种要求和意见如果被学生认作是出于教师的关怀和爱护，就会产生肯定的倾向而被接受；相反，就容易被学生排斥。对于学生稚嫩的心灵，教师要牢记："理智是人生的灯塔"。

传授文化知识是教师最基本的任务，但对学生进行思想品德教育、培育其美好的心灵是一以贯之的责任。教师的思想品德和世界观会通过具体的教学教育工作直接影响学生，使人人成才是教师对社会最大的功绩。虽然每个时代的道德水平、思想观念最终取决于该时代经济社会的关系，但教师对学生产生的全面性、基础性、导向性的作用是其他人不可替代的。同时，教师日常的言谈举止同他的教学活动一样，对学生的思想认识和行为习惯产生潜移默化的影响。因此，培养学生良好的道德品质，不单靠教师口头上的教育，言传加身教更能体现出教育的价值与成效。

四、职业学校教师职业及特点

职业学校教师作为一种"专业性"职业，它是职业领域实用知识与技能的传授者，所传授的内容是学生学会生存的基础。职业学校教师的工作目标就是为社会培养出适应社会需要的职业人才。他们通过组织学生学习与实习，利用现场或模拟职场的真实、逼真的环境，深化和拓展专业的学习，培养学生实际的生产或服务能力，还要对学生进行思想政治教育和职业道德教育，培养学生正确的职业态度，使学生顺利完成从"学校到工作"的过渡。

放眼世界，在从"学校到工作过渡"的各种系统中，作为衔接学校与工作世界桥梁的职业教育和培训，扮演着极其重要的角色。从事职业教育和培训的教师对于促进劳动力知识技能的发展起着至关重要的作用。然而，在推崇学术教育和追求文凭的社会中，从事职业教育工作的人员及其作用往往被轻视甚至忽视。在很多国家，他们并未因这一角色而获得较高的社会地位，能够与普通教育、高等教育享有同等的认同仍然是其不懈努力的目标。

从世界范围来看，2/3 的劳动力属于技术工人类别，这些劳动者是各经济体的主体力量，从教育的角度看，他们的职业知识和技能主要是在职业教育和培训的教师或人力资源开发领域培训师的帮助下获得的。然而，尽管职业教育和培训对于经济的发展起到了基础性和保障性的作用，但长期以来，职业教育和培训并未获得社会相应的重视。职业教育和培训的教学工作也未获得应有的职业认同，甚至被看作是“半职业化”的工作。这种现实状态及其观念，客观上影响了对职教教师、培训师、师傅的社会认可度。随着终身教育的普及化，接受各种形式的职业教育已经成为每个人必不可少的经历，职教教师在学习型社会中的职业地位和重要性不断上升。

回溯职业教育师资培养的历史，工业化应当是促进职教教师专业化的主要因素。科技发展、产业进步、职业更新与细化需要与生产相适应的高素质、专业化的技术技能人才，社会发展对各类人才日益提出更高的要求，对学校及其教育者期望值也更高。今天，职业教育已经成为教育系统中颇具规模的一大分支，职业教育教师群体也受到前所未有的关注，自身的发展愿望也更加迫切。教育的发展、职业教育的发展，离不开教师的发展，职教教师须不断提高自身的专业化水平。

职业学校教师鲜明的职业特征可以概括称为“双师型一体化”。传统职业教育中的课程内容，一般分为“理论”和“实践”两大板块。尽管这种做法一定范围内仍在沿用，但它已经不能适应职业教育教学发展改革的要求，也不能支持理论与实践作为教学共同体的现代职业教育理念。所谓的“理论教师”（或“普通科目教师”）和“实践（实习或实训）教师”，本质上是按普通教育思维模式进行分类的。现代社会的技术技能人才培养，强调“教、学、做”合一、以工作过程为导向，更加侧重其实践能力的养成。对于职业学校教师而言，工作任务涉及多学科理论与实践的融合。把学校教育教学与企业（实际专业工作能力）结合起来，通常称之为“双师型”；把理论教学与实践教学统一起来，兼备理论与实践教学综合教学能力，称之为“一体化”。职业教育直接面向工作世界，在校企合作制度的框架下，职业学校及其教师必须做出积极的改变，与工作密切相关的经验性知识逐渐成为职教教师职业素养必不可少的基石。通晓职业学校与企业两个领域，集专业理论与专业实践于一体的职业能力发展成为职教教师专业化发展的基本趋势。

第二章
中等职业学校教师专业化问题分析

专业化是现代教师职业发展的一个重要特征。由于职业教育与生产服务一线密切相关，中等职业学校教师的专业化发展及其要求也更加多样化和动态化。教师职业的专业化经历了一个漫长的演变发展过程，是生产推动、社会分工复杂及教育发展的结果，其中学校教育发展的需求、教师自身发展的需求、人们对教育质量的诉求都是重要的推动因素。教师专业化发展变化的状态、问题与动力，教师专业化内涵及不同的认知取向，这些问题是探讨中等职业学校教师专业化的基础，也是本章着重介绍和分析的内容。

第一节　教师专业化的产生与发展

任何事物的出现都不是孤立的，一定有其客观的时代背景、需求动力和有利条件，教师专业化的产生与发展同样如此。教师专业化的产生与发展并不是一蹴而就的，而是经历了漫长的社会催化和自我觉醒。

一、教师专业化产生的背景

我国台湾的饶见维先生在其所著的《教师专业发展——理论与实务》一书中指出，教师专业化产生的背景主要有以下几点[①]：①教育界体认到“职前师资培育”的功效有限；②教育界体认到“初任教师导入阶段”的影响深远且有待努力；③教育界体认到“教师进修教育与训练”有限；④教育改革的呼声愈来愈高且教育绩效责任逐渐受重视；⑤教师专业自主性的呼声愈来愈高；⑥有关学校效能与教师专业化的研究愈来愈多。当然，饶先生更多的是从教育内部来分析教师专业化产生的因素。教育内部的发展变化不可避免地受外部需求的影响。综合起来，我们认为教师专业化产生的原因有以下几个方面。

（一）教师专业化是社会分工的产物

专业是社会分工的产物和表现，教师专业化的产生亦是社会分工在教育活动中的体现。原始社会，人们的生产劳动相对简单，教育与生产劳动混为一体，教师还没有从社会的生产劳动中分离出来。随着社会的发展，劳动工具不断改进，生产技艺相应提高，进而分离出新的生产部门和工种。由于社会生产效率的提高，生产剩余的增多，社会不再需要全体成员直接从事生产劳动。同时，人们在生产过程中积累的经验和知识越来越多。于是，非生产性人员逐步独立出来，其中负责传授经验和知识的教育者便出现了。当然，人类社会早期教育活动随着生产发展在发展，由能者为师、智者为师、长者为师到吏师合一，但教师并未成为

① 饶见维. 教师专业发展——理论与实务. 台北：五南图书出版公司，1995：29-43.

独立的职业，当然也谈不上专业化的问题。

（二）学校教育发展推动教师专业化的产生

学校是教育发展到一定阶段的产物，它标志着教育作为一项独立的社会活动进入新的发展阶段。在很长的一段时间内，学校教育是在经验指导下运作的。直到近代，随着实验科学、自然科学的诞生，以及对人的身心开展研究，各学科的科学理论形成，教育活动才进入科学发展阶段，教师的专业化问题逐步受到重视。教育日益需要那些具备科学理论知识的人员依据教育科学原理，从事教书育人活动。

（三）教师专业化的发展是对教育质量诉求的结果

20 世纪中叶以来，随着原子能的利用、电子计算机的发明和空间技术的发展，世界掀起了一场全球性、全方位的新科技革命。科技知识的激增和更新周期的缩短，造成所谓的“信息膨胀”和“知识爆炸”等现象。由此引发的对人才的需求不只是“量”的需要，更有“质”的要求。世界各国给予教育更多的关注和责任，对教育在增强国际竞争力、实现民族振兴、开发公民个人潜能、符合个性培养等方面寄予更大的希望，实质上是呼唤更高质量的教育。高质量的教育离不开高素质的教师，教师专业化的催生正是人们对教育活动赋予更多使命价值诉求的结果。美国在《国家为培养 21 世纪的教师作准备》的报告中指出，“只有保留和造就最优秀的教师，国家才能摆脱所陷入的困境”，把教师的意义提高到如此高的程度来看待。因此，教师教育的责任就是培养训练有素、专业造诣深厚的教师，以教师的专业化实现教学的专业化，鼓励教师终身从教，从而保证实现高质量、可持续发展的教育。

二、教师专业化发展的历程

教师专业化的“化”本身就是动态发展的一种典型表述，教师经历了非专门化—专门化—专业化三大发展阶段。在人类漫长的教育发展史上，教师从隐形到显形，从专门化到专业化，职业角色越来越鲜明。在原始社会早期，原始部落的首领或有经验的人承担着“教师”的职责。到了奴隶社会，一些有文化和技艺的官吏兼任教师，这个时期的教师实际上还不是专职的，更谈不上对教师的专门训练。直到近代前很长一段历史时期内，教师的工作都没有形成统一规范，基本由教师本人自主决定。在中国，科举考试对教师的行为具有很大的引导和激励作用。由于受教育者属于少数人，所以大众对教育的需求并不强烈，教师职业的稳定性、连续性也不强。自从 17 世纪法国创立第一所专门的师资训练学校后，师范教育从欧洲逐步推广到世界各国。教师有了专门的培养机构，标志着教师专业化发展步入新阶段。但教师专业化的提出，则是 20 世纪 30 年代以后的事情。从此，对教师专业化的认识与实践不断深入推进。

（一）作为一项专业的教师职业

理论上，教师专业化的提出始于 1933 年，英国社会学家卡尔-桑德斯（A. M. Carr-Saunders）最早提出教师职业专业化的概念，并把专业界定为“一群人从事一种需要专门技术之职业，其目的在于提供专门性的服务”。[①]1955 年，世界教师专业组织会议的召开，率先研讨教师专业问题，推动了教师专业组织的形成和发展。

1956 年，美国教育家利伯曼（M. Lieberman）在他的著作《教育作为一种职业》（*Education as a Profession*）里，从不同角度对教师职业作为一种专门性职业做了基础性研究，获得很高评价。他分析了教师职业作为一种专门职业的八个特征：公共性，即为公众服务的性质；具有知识、技术性；需要经过长时间训练；职务的执行需要自觉性；需要个人的责任感；具有非利润性；具有明确的伦理纲领；需要成员的自我管理。这八个特征是互相关联的组合体。[②]

1963 年，世界教育年鉴的主题是“教育与教师培养”（Education and Training of Teachers）；1980 年，主题是“教师职业发展”（Professional Development of Teachers）。[③]

1966 年，联合国教育、科学及文化组织和国际劳工组织在法国巴黎召开的“教师地位之政府间特别会议”，通过了《关于教师地位的建议》，强调教师的专业性质，认为“教学应被视为专业”（Teaching should be regarded as a profession），并提出“应把教育工作视为专门的职业，这种职业要求教师经过严格的、持续的学习，获得并保持专门的知识和特别的技术”。

---

① Carr-Saunders A M. The Profession . Oxford：Clarendon Press，1993.

② 陈孝彬. 教育管理学. 北京：北京师范大学出版社，1999：295.

③ Hoyle E，Megarry J. World Yearbook of Education 1980：Professional Development of Teachers. London：Kogan Page Limited，1980：9-16.

（二）认识到教师专业化的价值

1996年，联合国教育、科学及文化组织第45届国际教育大会在瑞士日内瓦召开，主题为“加强教师在多变世界中的作用之教育”（Strengthening the Role of Teachers in a Changing World）。大会指出，“确信教师是发生在所有各级各类学校和课堂中并通过所有教育渠道进行教育变革的关键活动者……在提高教师地位的整体政策中，专业化（professionalization）是最有前途的中长期策略”[①]。同时，提出四个方面的实施建议：通过给予教师更多的自主权和责任提高教师的专业地位；在教师的专业实践中运用新的信息和通信技术；通过鉴定个人素质和在职培养提高其专业性；保证教师参与教育变革及与社会各界保持合作关系。

（三）指明教师专业化的方向

澳大利亚在2003年11月正式颁布全国教师专业标准，为教师专业化提供了制度性的框架，将教师专业发展分为四个阶段，即毕业（graduation）阶段、胜任（competence）阶段、成熟（accomplishment）阶段和领导（leadership）阶段，并将教师的专业要素规定为专业知识、专业实践能力、专业品质和专业关系协调能力。[②]

1998年，我国在北京召开了“面向21世纪师范教育国际研讨会”，明确了“当前师范教育改革的核心是教师专业化问题”。我国1994年开始实施的《中华人民共和国教师法》规定：“教师是履行教育教学职责的专业人员”，首次从法律的角度确认了教师的专业地位。1995年12月12日，国务院颁布《教师资格条例》（国务院令第188号），2000年9月23日，教育部颁布《〈教师资格条例〉实施办法》（教育部令第10号），教师资格制度在全国全面实施推行，这标志着我国教师专业化发展有了坚强的制度保障。1999年，我国颁布的第一部对职业进行科学分类的权威文件《中华人民共和国职业分类大典》，首次将我国职业归并为八大类，教师属于“专业技术人员”一类。2012年4月26日，教育部出台了《幼儿园教师专业标准（试行）》《小学教师专业标准（试行）》和《中学教师专业标准（试行）》（教师〔2012〕1号）；2013年9月20日，教育部出台了《中等职业学校教师专业标准（试行）》（教师〔2013〕12号），使得教师专业化进一步朝着分类型、标准化的方向迈进。

---

① 联合国教育、科学及文化组织. 全球教育发展的历史轨迹——国际教育大会60周年建议书. 赵中建主译. 北京：教育科学出版社，1999：522，534.

② 张文军，朱艳. 澳大利亚全国教师专业标准评析. 全球教育展望，2007，(4)：80-83.

近年来，“教师成长”（teacher growth）、“教师学习”（teacher learning）、“教师发展”（teacher/staff development）等与其相近的概念也层出不穷，教师专业化研究也更加丰富与深入。

三、教师专业化发展的趋势

（一）教师专业化发展的科学趋向

有学者指出，在教师专业化发展过程中，人们犯下了“一味追求公共教育中教师地位的专业化，而忽视了培养我们课堂教师教学实践的专业化”的错误。[①]认知心理学对专长的研究表明，专家区别于新手的一个明显特征就是其拥有大量特定领域的知识及知识的高度结构化。教师也是如此，专业化程度高的教师也拥有丰富而且结构化的知识体系。专业知识是教师教学的理智基础，教师专业化就是追求科学知识和技术的占有和运用，成为“技术型”专家。知识是教师专业化的基础，那么什么样的知识是专业化的基础？如何获得知识？正如舒尔曼所主张的，倘若要推进教师专业化，就必须证明存在着保障专业属性的“知识基础”，阐明教师职业领域里发挥作用的专业知识领域与结构。[②]这是未来教师专业化所要面对和研究的基础性问题。

（二）教师专业化发展的文化趋向

教师专业化的过程是一个文化过程。英国学者哈格里夫斯（Hargreaves）认为，教师专业化不仅应包括知识、技能等技术性维度，还应该广泛考虑道德、政治和情感的维度[③]。“教师专业化不仅注重个体教师的知识、态度和实践的提升与改进，还考虑教师工作环境中的学校组织文化和结构。”[④]关注教师专业化过程中的文化生态环境，重视教师文化对教师专业化的促进作用，如从生态的视角重视合作的教师文化更能促进教师专业化。

教师专业化也是教师在教育的背景中，不断地与其生长的社会群体进行信息传递、技能交流、智慧碰撞和文化构建的过程。这一过程包括：以名家领航为导

---

① Sockett H T. Research，practice and professional aspiration within teaching. Journal of Curriculum，1989，21（2）：97-112.

② Shulman L. Paradigms and research programs in the study of teaching：A contemporary perspective//Wittrock M. Handbook of Research on Teaching. London：Macmillan：1986：3-36.

③ Hargreaves A. Development and desire：A postmodern perspective//Guskey T R，Huberman M. Professional Development in Education：New Paradigms and Practices. New York：Teachers College Press，1995：9-34.

④ 卢乃桂，钟亚妮. 国际视野中的教师专业发展. 比较教育研究，2006，（2）：71-76.

向的教师专业发展、以教研组为基地的教师专业发展、以名师工作室为依托的教师专业发展和以高校引领为特点的教师专业发展四种路径。此外，多元文化素养也成为教师专业化的一个价值取向。“未来教师必须具备一定的多元文化知识、态度及技能才能胜任其所面对的具有多元文化特征的教育教学工作。”[①]

（三）教师专业化发展的伦理趋向

一是关怀的发展趋势。针对教师偏重技术理性，忽视实践关怀；注重知识传授，忽视情感关怀；具备强烈的职业意识，缺乏人文关怀。以诺丁斯关怀理论为指导，提出未来教师专业化的新趋向：关怀。“教师专业化在目标上应注重培养教师的关怀素养，围绕关心为主题来组织课程，在教学中淡化教师的职业意识，建立‘关怀型’师生关系。”[②]

二是全纳的发展趋势。在教师专业化的过程中，学术界和实践中提出了全纳型教师这一术语。“全纳型教师的核心特征应是能正确认识和尊重学生间的差异，真正地容纳所有的儿童，并能采用有效的教育教学策略，帮助遭遇困难的学生消除障碍，满足学生个性化的学习需求，从而确保所有儿童能接受高质量的教育。”[③]在构建和谐社会的大背景下，推动教育公平比以往更具有现实意义，全纳教育成为一种重要的教育理念，逐渐渗透在教育活动中，同时也成为对教师素质和能力的新要求。

三是幸福的发展趋势。从幸福的视角来审视，教师专业化是一种教师个体的生命价值体验。在教师专业化进程中，由于过分功利化的驱使，使教师内心非常矛盾与煎熬；甚至教师专业发展会遭受压制和排挤，使教师难以积累幸福；有的教师随着职称提高反而专业化停滞不前，甚至陷入职业倦怠。未来教师专业化发展需要关注教师的个体幸福，从教师的地位、自由、晋升等方面实现良性发展。

四是生命的发展趋势。现实存在这样一种状况，教师专业化被当作教育教学的工具来对待，而教师自身生命价值的发展却被忽视了。未来教师专业化发展的又一伦理趋向就是生命趋向，教师专业化将关注教师生命意义和价值的实现，以及教师生命的自主性、创造性和独特性的生成。

此外，教师的主动性及其情感也是实现专业化不可或缺的基础、纽带、承诺、动力和境界。

① 刘茜，周莉莉. 多元文化素养：教师专业发展的时代要求. 成人教育，2013，(4)：83-85.

② 王攀峰，张天宝. 走向关怀：教师专业发展的新趋向. 当代教育科学，2010，(9)：36-39.

③ 沈卫华，全纳. 未来教师专业发展的重要课题. 教育科学研究，2010，(6)：70-73.

第二节　中等职业学校教师专业化的必要性

专业化是教师队伍发展水平的标志，中等职业学校教育质量的提升需要具备与其相适应的教师队伍，从根本上说需要中等职业学校教师实现专业化。《中等职业学校教师专业标准（试行）》（教师〔2013〕12 号）指出：“中等职业学校教师是履行中等职业学校教育教学工作职责的专业人员，要经过系统的培养与培训，具有良好的职业道德，掌握系统的专业知识和专业技能，专业课教师和实习指导教师要具有企事业单位工作经历或实践经验并达到一定的职业技能水平。”中等职业学校教师作为具备一定水平的专业人员，其专业化的必要性显而易见。

一、现代职业教育体系建设亟须与之相适应的专业化教师

我国正处在经济社会发展的重要战略机遇期。党中央、国务院做出了建设人力资源强国的战略决策，进一步提出“加快发展职业教育”的观点。《国家中长期教育改革和发展规划纲要（2010—2020 年）》指出，要“以‘双师型’教师为重点，加强职业学校教师队伍建设”。《国家中长期人才发展规划纲要（2010—2020 年）》强调，要“以高层次人才、高技能人才为重点，统筹推进各类人才队伍建设”。我国正由“制造大国”向“制造强国”转变，大量高新科技广泛应用，企业对技术技能人才的素质提出了更高要求，急需具有创新观念、掌握新工艺、了解新材料、熟悉新设备的高素质技术技能人才。我国现有高技能人才近 3000 万人，到 2020 年，高技能人才将达到 3900 万人，培养高素质技术技能人才的任务十分艰巨。职业学校肩负着培养面向生产一线需要的技术技能人才的重要使命，但是其办学水平、特别是师资素质长期滞后于技术技能人才培养的需要。因此，加快职教师资队伍专业化建设，系统化地全面提升技术技能人才培养质量，已成为当务之急。

二、中等职业学校教师队伍特色发展与专业化发展策略

（一）普遍情况：来源渠道广，整体适应度低

目前，我国中职学校教师来源渠道比较广泛，主要有以下几种方式：一是从各类高等院校相关专业的毕业生中招聘而来；二是主办行业部门下属企业单位选聘工程技术人员充实到本系统的中职学校任教；三是培养院校选留一些优秀毕业生从教；四是转岗或改任，即原来文化课、基础课的教师或其他专业教师，经短期培训后改教急需的专业课；五是聘请企事业单位中的专家、能工巧匠作为学校的兼职教师。总体来看，各种来源各有优势，但也有不足。有的教师实践技能水平高，但理论性、师范性不足；有的教师专业理论水平高，但实践操作能力不足；有的教师师范素养扎实，但缺乏企业生产实践经验。能较好地适应中职学校教学需要的教师非常缺乏，即使一些资深的中职学校的教师也存在专业视野较窄、专业知识和能力老化、对行业企业知之不多、不深等问题，不能积极地实施体现“校企合作、产教融合、工学结合”的教学改革新模式，成为制约职业教育快速发展和质量提高的瓶颈处和关节点。

2006年，北京师范大学和震教授主持的《北京市中等职业学校教师素质状况调查》课题研究发现，仅有9.8%的教师认为，所掌握的教育理论完全适合中职学校的学生，超过一半的教师普遍认为自己所掌握的教育理论不适合中职学校的学生，这说明中职学校教师学非所用的现象非常普遍和严重，教师教育教学的不适应性可见一斑（表2.1）。

表 2.1　北京市中等职业学校中职教师来源调查①

中职教师来源	数量/名	所占比例/%
普通中学转来	68	13.7
职业技术师范院校毕业	83	16.8
普通师范院校毕业	107	21.6
非师范普通高校毕业	157	31.7
企业一线转来	36	7.3
其他	44	8.9

① 和震. 北京市中等职业学校教师素质状况调查报告. 北京：北京师范大学教育学部，2006：12.

（二）层次问题：高学历、高层次的教师缺乏

天津作为国家职业教育改革创新示范区，具有发展的代表性。2011 年在天津市政协科技教育委员会所开展的天津市职业院校“双师型”教师队伍建设调研中，20 所样本中等职业学校专任教师中“双师”素质教师共有 814 名，占专任教师总数的 50.37%。学历结构为：硕士以上占 9.69%，本科占 82.58%，专科占 7.73%。中等职业学校中 47.82%的调查对象认为“双师型”教师数量合适，35.67%的认为偏少，7.40%的认为严重不足，1.14%的认为过多，7.97%的认为偏多。可以推测，可能在部分学校或专业“双师型”教师数量与实际需要相比偏少。①

（三）规范化问题：中职学校教师资格制度有待健全

关于“双师型”教师标准的认识还众说纷纭，统计口径也未完全统一，重证书、轻能力的现象仍屡见不鲜。没有明确的资格认证制度等国家法制层面的指导和保障，缺乏统一的教师队伍专业化建设的基准和规范，使得“双师型”教师的整体素质提高缺乏有序的机制（表 2.2）。由于“双师型”教师职称评审制度中的教师系列职称与技术岗位职称之间缺乏畅通的评定机制，按照传统“二分法”的思路很难弥合两者之间的鸿沟，因此，创建“双师型”教师专门的职称评聘制度势在必行。

表 2.2　“双师型”教师队伍建设需要国家用法律加以明确或规范的方面（中职）②

选项	比例/%	名次排序
“双师型”教师经济待遇的具体标准	68.37	1
“双师型”教师培训的相关制度	67.61	2
“双师型”教师选拔、聘用与解聘的相关制度	57.77	3
“双师型”教师的考核标准与办法	57.58	4
“双师型”教师的奖惩制度	57.01	5
保障“双师型”教师经济待遇的经费体制	56.63	6
保障“双师型”教师经济待遇的相关制度	45.27	7
“双师型”教师队伍管理体制	41.29	8
“双师型”教师职责及其他相关的工作要求	40.53	9
保障“双师型”教师社会地位及相关制度	39.02	10
“双师型”教师参与学校教育管理的相关制度	25.00	11

① 天津市政协科教委. 天津市职业院校“双师型”教师队伍建设调研报告. 天津：天津市政协科教委，2011：8.

② 天津市政协科教委. 天津市职业院校“双师型”教师队伍建设调研报告. 天津：天津市政协科教委，2011：14.

三、中等职业学校教师专业化可持续发展的路径

中职学校教师如何能够更好地胜任职业教育教学，是一个永恒的课题。教师的成长与发展不是一步到位，而是从职前教育到职后培训，从学历教育到继续教育关联起来不断提升的过程。

从中职学校的生源对象来看，需要教师具备全面的教育水平和能力。现阶段，中职学校学生大多由于入学成绩较低，存在自信心不足、学业基础薄弱、学习愿望不强等问题，这些问题给中职学校教师的工作增加了很大的难度。用对待普通中学教育的方法来教育管理中职学校的学生往往不相适应。面对中职学校学生的特殊性要求，中职学校教师必须探索适合他们的教育教学方法。既要尊重学生，又要发掘他们的潜能和优势，引导学习兴趣，加强实践导向学习，这些都与教师专业化发展密切相关。

从中职学校的教学内容来看，需要教师不断学习，了解掌握最新的专业技术技能。由于生产领域的技术更新速度较快，教师必须与时俱进，及时学习最新的知识，否则很容易被淘汰。中职学校与企业的合作离不开教师，如何能够将最新的技术工艺、生产能力传授给学生，与企业生产过程对接起来，要求中职学校教师必须经常联系企业、深入了解企业生产，甚至使自己也成为企业生产的一员，真正将产学教研用结合起来。

从中职学校教师成长来看，自身发展就是一个不断提升的过程。教师的成长一般经历从以谋生为目的的生存状态，到体验理解人生的享受状态，再到追求人生价值最大化的完善自我状态三个阶段。从职业角度看，也会从适应生存的新手到熟练胜任，再到自我反思创新阶段。教师专业化发展也符合这样的内在发展逻辑。

第三节　中等职业学校教师专业化的内涵

随着中等职业教育的不断发展和规范，中等职业学校教师的专业化发展需求变得越来越重要。那么，如何理解中等职业学校教师专业化的内涵，揭示其丰富

性，这里涉及外在和内在的有关专业化标准、专业角色、专业素质、专业培养、专业组织和制度等多个方面。

一、专业与专业化的标准

1948 年，美国全国教育协会公布关于“专业”的八条评判标准：专业实践属于高度的心智活动；具有特殊的知识领域；受过专门的职业训练；经常不断地在职进修；视工作为终身从事的事业；行业内部自主制定规范标准；以服务社会为最高目的；设有健全的专业组织。[①]“教师是专业技术人员，这是教师专业化中教师的身份特征；遵从于一定的职业规范的制约，需要一定的管理制度作保障，教师专业化的实现是一个动态的、实践的过程。”[②]

1980 年，美国组织行为专家道格拉斯·霍尔（Douglas T. Hall）在对 17 种职业进行研究的基础上，提出了专业化过程的 14 个特点：清楚地定义专业的功能；掌握理论知识；解决问题的能力；实际知识的运用；为维护前途而进行超越专业的自我提高；在基本知识和技能方面的正规教育；对能胜任实践工作的人授予证书或者称号；专业亚文化群的创建；用法律手段强化专业特权；公众承认的独特作用；处理道德问题的道德实践和程序；对不符合标准的行为的惩处；与其他职业的关系；与用户服务的关系。[③]

《国际教学与教师教育百科全书》（1995 年版）对“专业”提出了五个判定标准：提供重要的社会服务；具有专业的理论知识；在本领域的实践活动中个体具有高度的自主权；进入该领域需要经过组织化和程序化过程；对从事该项活动有典型的伦理规范。[④]

也有研究者认为，教师专业化的基本含义是：第一，教师专业既包括学科专业性，也包括教育专业性，国家对教师任职既有规定的学历标准，也有必要的教育知识、教育能力和职业道德的要求；第二，国家有教师教育的专门机构、专门教育内容和措施；第三，国家有对教师资格和教师教育机构的认定制度和管理制度；第四，教师专业发展是一个持续不断的过程，教师专业化也是一个发展的概念，既是一种状态，又是一个不断深化的过程。[⑤]

① 钟启泉，陈永明. 现代教师论. 上海：上海教育出版社，1999：176.

② 邓金. 培格曼最新国际教师百科全书. 北京：学苑出版社，1989：553.

③ 胡森，波斯尔韦斯特. 国际教育百科全书. 第二卷. 舒运祥编译. 贵阳：贵州教育出版社，1990：3.

④ Anderson L W. International Encyclopedia of Teaching and Teacher Education. 2nd ed. New York：Pergamon，1995：684.

⑤ 高利容，王叙红. 教师专业化与“双师型”师资队伍建设. 继续教育研究，2007，(1)：143-145.

还有研究者表述为，中职学校教师专业化是指中职学校教师成为本专业成员的专业成长过程，它是一个内涵不断丰富的动态的发展过程。其主要内容包括三个方面：第一，中职学校教师作为一种专门职业被社会认可，获得相应的专业地位；第二，中职学校教师具有教师资格证书和专业资格证书，同时具备作为一名教师和专业技术人员的资格；第三，每个中职学校教师都应具备研究的意识并付诸教学实践，把理论研究与实际应用结合起来。①

综上所述，关于“专业化”的观点，我们认为，中职学校教师专业化的内涵应包括其角色定位、素质结构、培养体系和组织保障几个方面。需要说明的是，下述专业化分析是一个比较理想的描述，并非实现标准。

二、专业角色的不可替代性

中职学校教师是教师群体中的一个类型，其服务的对象、教学内容、条件与方式都具有一定的特殊性，从教师专业角色上看也具有不可替代性。中职学校教师的专业角色，一方面，作为技术技能教育者，其工作职责不是单一的知识传授，而需要教师具有专业理论与实际运用相结合的意识与能力，这是培养技术技能人才所必需的；另一方面，中职学校教师的教育教学是将理论与实践、学术与职业、企业与学校这些领域跨界的活动统一起来试行的工作。作为联系中职学校和企业的中介，中职学校的教师也要兼备企业技术人员的部分素质。当前，我国中职学校聘用大量的兼职教师，这是职业教育的特点所决定的。兼职教师能够将最新的职业信息带入职业教育教学活动中，但是从负面的角度看，缺乏教师规范训练的兼职教师，在一定程度上冲淡了中职学校教师专业化的严肃性。因此，在推进中职学校教师专业化的大潮中，对专职与兼职教师队伍的建设应当采取分类管理的办法，不能把两者混为一谈。

三、专业素质结构的复合性

（一）专业知识

“知识基础问题研究的最终目的是，希望通过为教师职业建立一个共同的知识基础而促进教师专业化。”“知识基础问题其实也就是教师专业发展和教师教育

① 刘娜. 试论职业学校教师专业化. 职教论坛，2006，（6）：15-17.

专业化问题。”[①]这里的专业知识不是指教师所学的专业知识，而是教师作为一门专业所应具备的相关知识，即符合专业化发展水平的知识体系。“就职教师资而言，这一知识领域不仅应涵盖普通教育学和教学论知识，而且必然涉及职业教育学与职业教学论的知识范畴；中职学校教师所应掌握的专业知识，不仅应包括一般性专业科学的知识，而且必须包括关于职业工作过程的知识。”[②]

作为一个专业教师，首先要具备相应学科专业方面的基本知识和技能；同时，要熟悉教育科学，特别是职业教育与心理方面的知识，懂得职业教育教学及其管理的基本原理、规律与特点，掌握专业教学方法，以及学生的学习心理和个性特征、技能形成的规律等；此外，还要了解将来所从事行业、职业和岗位方面的知识，实现从学校到企业的顺利对接。

（二）专业能力

（1）教育教学能力。这是教师最基本的职业能力，其中包括理论教学能力、实践教学指导能力、课堂教学设计能力、学生教育管理能力，以及较高级一些的课程开发能力、教研能力等。

（2）实践操作能力。职业教育培养学生的重点是具备在生产服务等工作中解决实际问题的能力。不言而喻，只有教师具备相应的能力才能培养出社会需要的合格学生。

（3）学习能力。中职学校直接面对快速发展变化的生产服务一线，教师必须跟上和适应这种变化对职业教育的要求，学习不仅是必要的而且是必需的。中职学校教师学习不能等待正式的教师培训，自觉的、日常的与职业发展对接的学习应成为教师发展的一部分。以教育教学问题为导向、以职业变化为导向、以专业化发展为导向，是中职学校教师学习的出发点与动力。

（4）职业指导能力。促进就业是职业教育最突出的办学定位与价值取向，引导学生树立正确的职业观，提升学生的就业能力，培养学生的职业责任感，要成为贯穿教师各类教育教学活动的主线。事实上，中职学校的教师同时也是学生的职业指导师。

（三）职业精神

职业的专业化本身是职业发展的结果，也是职业地位提升的标志，专业化的职业蕴含着职业精神。中职学校教师因为其独特的专业知识结构和能力，同样也

---

① 卜玉华. 美国教师教育研究问题域的转换及其启示. 上海教育科研，2004，(4)：34-36.

② 郑秀英. 职业学校教师专业化问题研究. 天津大学博士学位论文，2010：21.

会凝结为一种引以为荣的职业精神。主要体现在：①出于对技术技能及其教育的热爱，具有坚忍不拔的进取精神；②带着对于提升技术技能劳动者价值的目标，具有舍我其谁的奋斗精神；③用“行行有人才，人人能成才”的理念，具有知难而进的教育精神。

四、专业培养体系的专门化

随着职业教育的科学发展，中职学校更加需要具有“双师”素质的教师，这样的教师实质上是一种特殊的复合型人才，需要专门化的培养。这个培养是一种多学科知识、多种能力交融集成的过程，简单的“专业+教育”模式只能算是一种初级阶段的权宜之计。作为一种专业化的职业，中职教师需要经过长期专门的教育或训练，具有符合实际需要的系统化的知识和技能，才能按照一定的专业标准进行活动。专业化的人才发展不能停留在“理论+实践”“学校+企业”“学校+工作”这种拼盘式的组合培养阶段，而是要从需求和培养目标出发进行全过程设计，从而塑造一种属于自身特质的专门人才。

从当前中职学校的师资队伍现状来看，真正意义上的“双师型”教师仍旧缺乏，特别是具有“双师”素质的高层次、专业带头人更加奇缺。如果以《国家中长期教育改革和发展规划纲要（2010—2020年）》中提出的中职教育在校生2020年达到2350万人来算，中职学校教师需要新增50多万人，有计划地做好职业教育教师培养工作是我国职业教育发展的长远大计。

另外，我国的职教师资队伍除数量上的短缺外，尚有培养体系不健全、职教特色不明显、师资整体素质不达标等诸多问题。从来源上看，一是占较大比例的普通师范院校毕业生，他们具备教师的知识和能力，但普遍缺乏专业操作技能及教学能力；二是非师范类专业毕业生，基本是按照传统的工程师模式培养出来的，一般未接受过教师教育，而且在专业实践要求方面，对工程师与职业教育教师也有不小的差异；三是从行业招聘、调动或兼职担任中职学校教学的教师，虽然有一定实践经验，但作为教师的其他能力需要从头开始。就培养“双师型”教师而言，目前中职学校的做法主要是采取“送出去”或“引进来”的策略进行，但是学校教师进入企业实践锻炼由于受企业生产等因素的影响，情况多种多样，效果也难以保证，并且由于没有稳定的机制，存在教师和企业双方积极性都不高的问题。对此，是否可以从源头上解决“双师型”教师培养的问题，职业技术师范院校应当更好地担当起解决类似问题的责任。

从国际职业教育教师培养的经验来看，职业教育教师的培养主要依靠专门的场域。一些发达国家职业教育教师除了一般文化课教师，都是由普通高等院校或师范院校培养外，还有专门设立的技术师范院校或技术教育院校是中职学校培养师资的主要渠道。例如，日本职业能力开发大学、韩国仁川技能大学、俄罗斯乌拉尔国立职业师范大学、乌克兰工程师范学院等，都是培养具有较高理论知识、专业技能和教学能力教师的院校。以德国为例，职业教育教师培养过程大致如下：有志于成为职业技术学校专职教师的年轻人，在上完九年级或是十年级后（相当于我国的初中毕业），首先须经过三年半“双元制”的职业技能培训，并获得岗位资格证书；然后经过一定时间的职业实践和学校或自学的文化课补习，再进入专门培养职业教育教师的教育学院学习。职业技术学校的专职教师必须在专业理论上达到本科以上的学历要求，专业技能达到相当的水准，并具有足够时间的职业实践，还必须接受过系统的教师教育。对职业技术学校或企业培养机构的专职实训（实习、技能培训）指导教师，也必须要求经过正规系统的职业教育培训，并经过严格的考核，达到相应的岗位资格标准。整个职教教师的培养过程始终离不开在教师培养机构接受系统理论知识学习、专业技能训练和师范素质养成。

从历史发展过程来看，职业技术师范院校逐步成为职业教育教师培养的主力军。20 世纪 70 年代末 80 年代初，我国为解决中等职业教育师资来源缺乏专门渠道和在职教师培训等问题，迅速建立起一批独立设置的职业技术师范院校，揭开了我国职业教育教师专门培养的新篇章。在数十年的发展历程中，职业技术师范教育从无到有，迅速发展壮大，在职业教育师资培养方面发挥着骨干和示范的作用，成为我国高等师范教育中一支重要的新生力量。

职业技术师范院校的发展使得职业教育教师有了相对稳定的来源。而且这类院校办学特色鲜明，既不同于普通工科类院校，也不同于普通高等师范院校，始终坚持以培养具有“学术性、师范性、职业性”为一体的职业教育教师为目标，重视校内实训基地和校外实习基地建设，注重学生动手能力培养，在工学与教育学有机融合上取得开创性教学成果。在为职业教育不断提供合格教师的过程中，职业技术师范院校积极探索，逐步构建起来相对完整的职业教育教师培养的学科体系。近年来，在职业教育教师培养、培训及专业教学论方面等主要专业领域取得比较系统的科研成果，为不断提高职业教育教师的培养质量奠定了坚实基础。

职业技术师范院校在多年的发展中积累了丰富的教师培养经验和成果，同时形成了一批从事职业教育教师培养的人才资源。以天津职业技术师范大学为首的职业技术师范院校经过多年来的实践探索，已积累了丰富的培养经验，形成了较为完备的培养体系，构筑了具有特色的培养模式。1997 年，学校“实行‘双证书'制，培养'一体化'职教师资"的教学成果，荣获国家级教学成果一等奖；2003年，进行"本科+技师"教学改革实践，培养出我国首批获得技师国家职业资格证书的大学本科毕业生；2005年，"培养高等技术应用人才的一种新模式——'本科+技师'"教学成果，再次获得国家级教学成果一等奖；2007年，培养出我国首批"双师型"硕士研究生；2009年，培养出我国首批"双证书"留学生硕士。这种机制对于满足国家人才重大战略需求，培养符合职业教育办学特点、中国特色的专业化职教师资具有不可替代的作用。2010年，天津工程师范学院更名为"天津职业技术师范大学"，这既是对职业技术师范院校培养职教师资工作和成就的肯定，也是更加强化职业技术师范院校专门培养职教师资的价值和功能。2013年，该校获批"服务国家特殊需求博士学位'双师型'职教师资人才培养项目"，这是职业院校教师专业培养体系专门化的重要标志。

五、专业组织与制度的规范性

"教师是专业技术人员，这是教师专业化中教师的身份特征；遵从于一定的职业规范的制约，需要一定的管理制度做保障，教师专业化的实现，是一个动态的、实践的过程。"[①]

（一）出台职业教育教师标准，规范职业学校教师发展

在职业学校教师标准方面，美国既有全国性的标准，也有地方性的标准。[②]国家标准，如美国加工制造类师资培养者全国协会（National Association of Industrial Teacher Educators，NAITTE）下属的研究会，于1995年制定了《贸易和工业教育教师资格认证的质量标准》（*Standards of Quality for the Preparation of the Certification of Trade and Industrial Education Teachers*）；1997年，美国国家专业教学标准委员会（National Board for Professional Teaching Standards，NBPTS）制定了《国家职业教育认定标准》（*Vocational Education Standards for Nation Board Certification*）。地方性标准，如美国马萨诸塞州2003年提出的《职业教育条例修订建议》（*Proposed Amendments to Vocational Education Regulations*），其中对职业学校教师的类型、培养、资格认定和要求等都做了具体规定。

欧盟职业培训发展中心（European Center for the Development of Vocational Training，CEDEFOP）下属的教师与培训师网络（Teacher and Trainer

① 邓金，培格曼. 最新国际教师百科全书. 北京：学苑出版社，1989：553.

② 王彬. 美国职教教师专业化述评. 职业教育研究，2011，(6)：177-178.

Networking，TTnet）于 2006 年启动了“职业教育与培训专业人员界定”的研究，在对 17 个成员国职业教育相关从业人员进行访谈的基础上，形成了职业学校教师专业能力标准框架，并于 2009 年正式发布。该标准框架建立了四个分析维度，包括管理、教学、专业发展与质量保障、建立人际网络，并对每个维度的教师活动及相应的知识能力要求进行了详细分析①。

（二）拥有符合职业学校教师发展的专业组织

职业教育教师“专业化”是一个渐进的过程，如果没有专门化的培养，教师专业意识的唤醒、专业角色的确定、专业精神的培养、专业行为的锻炼、专业道德的养成、专业知识的学习、专业技能的习得都难以成为现实。职业教师专业化是一个系统工程，从培养的专业化、素质的专业化、角色的专业化，到组织体系的专业化，涉及方方面面，是一个综合发展的系统。

（三）健全职业学校教师的管理与培训制度

首先，建立职业学校教师准入的职业标准，并建立起相应的职业资格认定制度。德国对从事职业教育的教师不仅有一套完整的培养培训体系，而且采取严格的国家考试制度。德国联邦劳动和社会秩序部根据职业教育法的规定，制定了《实训师资资格条件》，对实训师资的要求做了明确而详细的规定，并且具体到某一行业，如《农业实训教师资格条例》等。澳大利亚的职业学校教师上岗前，必须参加为期一年的新教师上岗培训，培训结束时接受教育部门和学校的评估考核，不合格者不能取得教师资格证书。我国现有的职教教师资格制度还很不完善，特别是非定向型的职教教师教育资格标准不明确。非师范专业的学生毕业后，进入职业学校做教师，只要参加并通过了教育和人事部门组织的《教育学》《心理学》书面考试（还不是《职业教育学》《职业教育心理学》)，就可以获得职教教师资格证书。职业教师教育的“特殊性”和教师的“专业化”没有得到应有的强化。其实，师范专业与非师范专业的差异靠是否学习了《教育学》《心理学》《教学法》等课程，本身就是把职业资格制度进行了简单化处理，知识学习与具备职业资格不可能画等号。

其次，建立职业学校教师职称评审制度。“我国职业学校教师职称评审工作已开展多年，但深层次问题一直没有得到解决，如中等职业学校、高等职业学校教师的职称评审还分别与普通中学、普通高校混在一起，没有形成单独的系列和

① Volmari K，Helakorpi S，Frimodt R. Competence Framework for VET Professions：Handbook for Practitioners. European Centre for the Development of Vocational Training，2009：19-27.

评审标准，职业学校教师工作的特殊性很难得到应有的体现，特别是专业教师和实习指导教师，在参照其他学科教师系列评审职称的过程中，不仅挫伤了教师的积极性，也使得职业学校教师的专业化发展方向始终没有得到明确。”①

最后，建立职业学校教师教育培训的专门机构，完善职业学校教师继续教育制度。1999 年 7 月，教育部办公厅下发了《关于组织推荐全国重点建设职业教育师资培训基地的通知》，正式启动全国重点建设职教师资培训基地工作，并于年底确定了首批 20 个基地单位，到 2012 年已陆续达到 100 个。2000 年 5 月 16 日，教育部、全国教育工会印发《中等职业学校教师职业道德规范（试行）》（教职成〔2000〕4 号），推动职教教师的师德建设；同年 5 月 30 日，教育部、国务院学位委员会印发《关于开展中等职业学校教师在职攻读硕士学位工作的通知》（教职成〔2000〕5 号），开辟了教师在职攻读硕士学位的通道。2001 年 11 月 21 日，教育部印发《关于“十五”期间加强中等职业学校教师队伍建设的意见》（教职成〔2001〕10 号）；2006 年 12 月 26 日，教育部、财政部印发《关于实施中等职业学校教师素质提高计划的意见》（教职成〔2006〕13 号）；2013 年 9 月 20 日，教育部印发《中等职业学校教师专业标准（试行）》（教师〔2013〕12）等文件，这些都为加强职教师资建设，不断推进职教教师专业化发展过程发挥了积极作用。

第四节　中等职业学校教师专业化的取向②

教师专业化主要是指教师经过专业培养和自主学习，逐渐成长为一名专业工作人员的发展过程。在实践中，由于对中职学校教师专业化及其过程的认识视角不同，形成了多种发展取向观点。依据中职学校教师专业化所侧重的价值追求和发展路径，归纳出四种类型：分别是“学术—理性”取向、“技术—训练”取向、“实践—反思”取向和“文化—生态”取向。分析这四种观点，有助于我们把握中职学校教师专业化状态的多种形式，为兼顾其个性化的发展开阔思路。

① 郑秀英. 职业教育教师专业化问题研究. 天津大学博士学位论文，2010：41.

② 本节主要参考了以下相关著作的主要观点，以其为依据提出了中等职业学校教师专业化的四种取向，在此表示感谢和说明！主要参考文献分别是：王桂林. 高校教师教学能力提高的四个取向. 教育探索，2012，(11)：117-118. 赵文平. 论职业院校“双师型”教师专业发展的四种模式. 内蒙古财经学院学报（综合版），2012，(3)：127-131.

一、中等职业学校教师专业化的“学术—理性”取向

正是对中职学校教师的素质结构观的不同回答，导致了中职学校教师专业化的不同取向。目前有一种比较流行的观点，认为中职学校教师是由专业知识、教育知识和职业知识共同构成的复合型知识结构素质的教师，教师专业化过程主要是教师知识获得的过程。基于这种认识，我们将其归纳为“学术—理性”取向。这一取向的形成源于两个方面的基本假设：一是与人们对职业教育教学过程本质观的认识相关，有一种较为普遍的观点认为，职业教育教学过程就是向中职学校学生传递基本理论知识的过程，因此中职学校教师的职责就是传授专业学科的基本理论。在这种观点下，职业教育较为强调中职学校教师的理论水平和学术素养，强调中职学校教师在教学过程传播理论知识的水平和素养，即教师的专业化主要体现在其理论知识素养上。二是根源于知识决定能力的基本假设之上。“学术—理性”取向专业化非常看重知识积累，认为知识作为主体精神世界的重要组成部分，是决定主体能力发展最重要的因素。能力是在知识的掌握过程中形成和发展的，离开知识的学习和获得，任何能力都不能得到发展。因此，教师专业化意味着其专业知识、教育知识和职业知识的增长和获得。

基于上述假设，“学术—理性”取向的中职学校教师专业化过程重点是知识获得及其行为变化。中职学校教师所获得的专业知识是其专业化的基础，教师通过全面掌握专业和教育理论知识才能形成良好的专业教育实践能力。对教师进行学术理论教育是其专业成长的主要途径，认为只要学习了某一专业领域的知识，就能够从事相关的职业教育教学工作，理论素养和学术水平对于专业化发展具有根本意义，这也是中职学校教师多数来自综合性大学的学术型毕业生的重要理论依据。

但是，这一观点被诟病之处就是走入了“知识决定论”的误区，事实表明，拥有知识并不一定能够实现能力发展，能力的发展不仅仅是一个知识过程，也需要专门的行为塑造和实践反思。一些中职学校教师的知识理论非常扎实，但是由于缺乏相应的专业技能，难以指导学生的实践教学环节。从中职学校的需求出发，在职前教育与培训中，需要改变过于学科化倾向，提高实践教学比例，引入现代企业主流甚至前沿的新技术、新工艺、新方法，能更好地与企业发展接轨。在职后培训中，应千方百计提高企业的参与度，使职校教师、学生真正到企业进行顶岗实习和实际工作锻炼，从而全面提高教师的专业实践能力。

二、中等职业学校教师专业化的“技术—训练”取向

“学术—理性”取向并没有很好地解决中职学校教师在教学实践中的操作行为问题，而掌握基于操作的专业技术问题对中职学校教师显得更加必要。现在，中职学校教师专业化培养多数还沿袭传统的学术化培训方式，基本属于班级上课的灌输式教学，处于被动受训的状态，新的专业知识可以提升，但针对性的个体训练还比较缺乏，教师专业化提升训练显得比较片面。在这一问题的基础上，形成了中职学校教师专业的“技术—训练”发展取向。

“技术—训练”取向观认为，一个专业之所以成为专业就在于拥有娴熟的专业技能基础，它假设知识基础的获得是行为变化的依据，专业实践是所学知识的运用过程。作为一种专门化的职业，受相应专业领域的基础科学和应用科学（技术科学）的成熟度所制约。一般认为，能力是通过学习而形成的合法的活动方式，它是在一定生理条件基础上，在心理活动的支配下，按照特定的要求通过反复练习而形成的。能力与知识相关，但有时也可以与知识分离。教育实践是教学论、心理学的原理与技术的合理利用（技术性实践），教师作为熟悉这些原理与技术的“技术熟练者”（technical expert），其专业成长赋予了技术熟练以“性格”，即熟练掌握并综合运用教师职业相关领域的科学知识与技术。

“技术—训练”发展取向以“效率性”和“有效性”的原理为基础，将中职学校教师视为改变的对象和客体，运用教师培养的相关流程对其进行程序化训练。因此，“技术—训练”发展取向观强调在从事职业教育教学活动之前的专门性技能训练，认为教师应该进行大量的不同于知识形式的技术性训练，一方面是教学技能训练，另一方面是职业技能训练，使教师同时具备一般的教师技能和专门的职业技能。在这种取向下，中职学校教师培养的重点是一种技术性实践活动。但是，这种取向有将教师教学能力发展过程机械化的倾向，教师自身的灵活性激发不够。

从校企合作的角度看，当前我国的企业参与中职学校教师培养还有一定难度，教师的能力与企业的需求存在差异。校企合作、产教融合处于表面化、临时性和非交融化的状态，存在“两张皮”的现象。即使在行业集团内部的培训，由于工作对接困难，效果也是差强人意。近年来，一些学校引进不少普通高校毕业的硕士研究生，由于没有实际工作经验，在校期间也没有进行专门的教学与职业技能训练，工作后教学工作量往往比较大，主要靠教师边干边学提高岗位工作能力。教师即便有机会到企业实习，一般也缺乏配套的支持条件。企业专家有的作

为学校教学指导委员会的专家，在专业建设、课程开发、教材评审等方面参与并发挥一定作用，但是真正参与教学过程的人员为数不多。由于教师在企业生产实践中不容易找到稳定合适的角色定位，所以企业参与中职学校教师培养活动尚未形成长期有效的机制。因此，需要国家从中职学校教师专业化成长的角度出发，制定相应的指导性文件，逐步建立起相关高校和企业参与共建中职学校教师培养的培训基地，在互利共赢中稳定发展。

三、中等职业学校教师专业化的"实践—反思"取向

"学术—理性"取向、"技术—训练"取向更多的是从外在角度对教师进行塑造。外因是变化的条件，内因才是变化的根据。有观点认为，中职学校教师对其专业活动的认识、理解和信念主要不是从外部获得的，而是从内部构建的，构建的途径是通过多种形式的反思实现的。通过反思，中职学校教师可以对自己及专业活动甚至相关的职业教育活动有不断深入的理解，发现其中的意义和价值，形成自觉的追求。作为教师，不仅是储存已有知识的"容器"、把所获得的知识和技能应用于教育教学实践，还存在着内隐于教师实践之中的、"行动中的"个体经验。在"实践—反思"取向观念里，中职学校教师专业化带有更多的主动探究和自我改进的意蕴，突出教师自身在其专业化中的主体地位和主动性。其专业化是一种自我理解、自我成长、自我发展的过程，它不仅在于外在的、知识与技术的获取，还通过各种形式的反思促进教师对于自己专业活动的理解。"通过诸如写日志、传记、构想、文献分析等方式单独进行反思，或通过讲故事、信件交流、教师交流、参与观察等方式与人合作进行反思。"①

教师应该让自己置身于不同的教学风格和方法中，反思自己与他人的教学，做自己的老师，从这些体验中获得更多的益处。②反思性的观察就是一种教师主动学习和成长的手段，教师成长其实是一种鼓励认知、尝试、分享和推广合理性实践的个人内心的加工过程。美国哲学家唐纳德·舍恩（Donald Schon）提出"反思性实践家"（reflective practitioner）这一概念，它是作为抗衡近代主义的专家形象——技术熟练者而出现的。舍恩指出，历来的专业是把专业知识和技能运用于实践情境的"科学技术的合理运用"（technical rationality）之中，以原理作为基础完成工作的；而当今的专家则是投身于顾客所面临的复杂的泥沼般的问题

① 胡惠闵. 指向教师专业发展的学校管理改革——上海市打虎山路第一小学个案研究. 华东师范大学博士论文，2003：21.

② 肖刚. 高校教师教学能力发展的新思路. 集美大学教育学报，2001，(1)：37-40.

之中，基于“活动过程的省思”（reflection in action），同超越了专业领域的难题进行格斗。在“反思性实践”中，“实践性认识论”替代“技术性熟练者”，构成了专家活动的基础。

“实践—反思”取向认为应当关注“实践”，强调“实践”本身所包含的丰富内涵，关心“教师实际知道些什么”，并在这个“实然”的基础上提出专业化的设想；认为教师专业化的目的并不在于外在的、技术性知识的获取，而在于通过这种或那种形式促使教师对于自己、自己的专业活动直至相关的物、事有更深入的“理解”，发现其中的“意义”，以促成所谓的“反思性实践”（reflective practice）。把教师的实践性知识和实践性智慧视为是教师专业化发展的重要基础，注重从教育教学活动的实践需求出发，鼓励教师的自主学习和自我活动，把理论和实践紧密结合起来。

“实践—反思”取向的中职学校教师专业化过程实质上突出了教师个人的主体性，强调了教师个体的个性化实践经验。从根本上说，职业教育教学活动是一种带有个性化艺术色彩的活动，人们很难通过程式化和取向化的规范去约束教学行为。教师在教学活动中完全可以根据自己的个性化经验进行创造和实践，职业教育教学过程是教师个体生命意义的一种体验过程，教师的专业化是一种自我反思、自我理解和意义体验的过程。

四、中等职业学校教师专业化的“文化—生态”取向

上述三种取向观分别从理性、技术和实践视角探讨中职学校教师专业化问题，“重视知能、忽视人文”是其共同的倾向，较多体现出工具理性的教师专业化发展观，文化关怀和文化关切有所欠缺，尤其是对处于不同文化背景下具有独特性、异质性的中职学校教师专业化问题研究涉及不够。

个体发展是个体与文化相互建构的“参与中转变”的过程。人类发展是人们参与社区社会文化活动的不断变化过程，美国学者罗高福（B. Rogoff）将其描述为“参与中转变”（transformation of participation）。她认为，“不是文化影响个体发展或个体发展影响文化，而是人们在参与文化活动中获得发展，文化活动本身也由于人们的代际介入而发展，每一代人在与其他人进行社会文化活动时，会运用和拓展从上代人那里继承的文化工具和惯例，人们通过共同运用文化工具和惯例而发展，同时人们也促使了文化工具、文化惯例以及文化机构的转变”[①]。事实

① Rogoff B. The Cultural Nature of Human Development. Oxford：Oxford University Press，2003：52.

上，中职学校教师发展离不开特定的社会文化环境，离不开周围的教师及教师之间的相互影响和社区的活动。从罗高福“参与中转变”的观点出发，可以认为，中职学校教师的专业化正是他们在参与职业文化活动过程中与社会群体相协调的各种变化过程，教师是作为职业文化活动的参与者，通过“参与中转变”而不断获得发展，而且这种发展只能通过其不断变化的文化实践和所处的环境来理解。

“教师专业化即生态变革”（ecological change）的观点强调，教师专业化并不完全依靠自己，而更应该从其所处的环境中寻求发展动力。因此，需要确立一种“文化—生态”的发展取向。教师在教育教学过程中，其专业实践风格是个性化的，教师在其实践中也大多处于孤立状态。但是，就中职学校教师专业化而言，其专业知识与能力并不完全依靠自己，教师并非孤立地形成自己的教学策略和风格，教师向他人学的更多，教师专业化依赖于群体性的教学文化或教师文化。因此，中职学校教师专业化的理想方式是一种合作发展方式。“文化—生态”发展取向观主要聚焦点不是学习某些学科知识和教育知识，也不是个别教师的反思，而是构建合作的教师文化，在合作互助中促进教师发展。实质上，中职学校教师的专业化过程正是校企合作、工学结合、理论与实践、个人与群体等多方面的合作融合过程。

按照“文化—生态”取向观，对中职学校教师专业化的关注应从三个层面进行：一是教师个人层面。通过对教师在文化活动参与中的个人成长经历、认知方式、思维取向、价值观念、处世态度、生活方式等方面分析与解读，考察和剖析特定社会环境和文化对教师个体发展（表现在教育观念、知能结构和文化性格等方面）所产生的影响。二是教师群体的人际层面。教师与同伴之间的合作交往是教师专业化的重要方面。三是职业教育文化生态环境层面。教师所处的工作生活环境对其专业化也有着重要的影响作用。

“文化—生态”取向下的中职学校教师专业化需要建设具有校企紧密结合特点的学校文化，将企业文化融入学校，在学校营造企业化的氛围，有的中职学校建有企业文化墙，在校内设立真实的生产线，生产有效益的产品，将生产与教学统一起来，既是生产又是教学，有效地促进了中职学校教师的专业发展。

总之，通过对上述四种教师专业化取向观点的分析，可以概括为，中职学校教师的专业发展不仅是一个外在的知识积累或专业训练的过程，也不仅是一个教师个体实践反思的过程，而是集三者为一体，基于一种文化引领的多种因素相互作用融合的过程。换言之，中职学校教师的专业化过程实际上是一个“学术性、技术性和师范性”相融合的文化集成的过程，是一个学术体系与工作体系、理论知识与实践操作、应用与创新、个体与群体相融合的教师职业生态化发展的过程。

第三章 我国中等职业学校教师专业化发展现状

中等职业教育是我国高中教育阶段的重要组成部分，也是职业教育体系的重要基础。但是，我国职业教育教师的专门培养工作起步较晚，长期以来没有获得比较充分的发展。职业学校教师的专业特性不强、专业化程度不高，职业辨识度和社会地位、声望仍不尽如人意，甚至没有得到职业学校教师自身普遍的认可。专业化发展是一个系统工程，需要从培养源头、后续发展、政策引导、制度保障等各方面推进和加强。本章将对我国职业学校教师专业化发展、有关现状及其对策进行梳理和剖析。

第一节 我国中等职业学校教师专业化发展的历程

自 1978 年党的十一届三中全会以来，全党、全国的工作重心转移到经济建设上来，中等职业教育获得了大力发展。1979 年，经国务院批准，国家劳动总局在吉林、山东、河南、天津各筹建一所技工师范学院。1982 年经过调整，并报国务院批准，河南、山东两所停建；将吉林技工师范学院下放到吉林省，由地方兴建，现为吉林工程技术师范学院。天津技工师范学院继续由国家劳动人事部主办，1983 年更名为天津职业技术师范学院，现名为天津职业技术师范大学，以培养中等职业学校师资为主要任务，拉开了我国中等职业学校教师专门化培养的序幕。

一、建立专门机构，定向培养职教专业教师

“文化大革命”十年，职业教育受到严重冲击和破坏，中等教育呈现普教化、教育结构单一化状态。据统计，1977 年我国普通高中毕业生 726.1 万人，中专毕业生 18.1 万人，技工学校毕业生 12 万人，后两类仅占高中阶段毕业生总数的 4%。[①]发展经济需要各级各类人才特别是大量的工程技术和技能人才。1980 年 10 月，国务院批转教育部、国家劳动总局《关于中等教育结构改革的报告》中指出：“教育部门、劳动部门和有关业务部门要有计划地为发展职业技术教育培养师资。省、市、自治区应积极筹办职业技术师范学院。各地师范院校和各级教育学院（教师进修学校）应开办专业课教师培训班。”至此，国家明确提出要在国家和省级两个层次建立职业技术师范学院。1984 年 4 月，教育部、国家计划委员会和财政部联合发出的《关于普通高等学校举办中等学校教师本科班和专科班的通知》指出：“为了尽快改变目前各类中等学校教师质量偏低的状况，决定从 1984 年起，在一部分普通高等学校举办中等学校教师本科班或专科班，培

① 杨明. 应试与素质——中国中等教育 60 年. 杭州：浙江大学出版社，2009：81.

训、提高普通中学、中等专业学校和职业学校（以上均含同类成人学校）中需要继续加以培养的教师。”1985 年 5 月发布的《中共中央关于教育体制改革的决定》中指出：“要建立若干职业技术师范院校，有关大专院校、研究机构都要担负培训职业技术教育师资的任务，使专业师资有一个稳定的来源。”1986 年 6 月，国家教育委员会颁发的《关于加强职业技术学校师资队伍建设的几点意见》中进一步指出：“理论课教师主要依靠现有各类普通高等院校解决。有关大专院校有计划地设置职业技术师资班、专业或系，纳入高校招生计划，为职业技术学校培养师资。高等师范院校，应根据学校师资、设备等条件增设相关或相近专业的职业技术师范系、科、班，担负起培养部分专业课、专业基础课师资的任务。各地职业技术师范院校或师资培训中心负担培养空白、短线专业及需要量大的通用专业教师。”“为了尽快解决职业中学的专业课师资问题，当前高等专科学校（含现有职业大学）要用主要力量来担负专业课师资的培养、培训任务。”1987 年 1 月，国务院办公厅转发国家教育委员会等部门的《关于全国职业技术教育工作会议情况的报告》中进一步明确：“现有的职业技术师范学院和高等职业技术学校要为中等职业技术学校和培训机构培养专业课师资，高等师范学校和其他有条件的高等学校也要承担为各类职业技术学校和培训机构培养师资的任务，并列入国家计划。可以从四年制中专和技工学校中选留优秀毕业生，经过进修和提高，担任中等职业技术学校或培训机构的实习指导教师，还要从企事业单位和社会上选调有实践经验和一定文化程度的能工巧匠担任这类教师；可以选派一些教师出国进修，学习国外职业技术教育的经验，以加强短缺薄弱的专业。”1987 年 3 月，国家教育委员会印发的《普通高等学校招收少数职业技术学校应届毕业生的暂行规定》中指出：“为适应职业技术教育迅速发展的需要，加速培养中等职业技术学校专业课和实习指导教师，在国家核定培养职业技术师资的招生计划中，安排从中等职业技术学校招收少数优秀应届毕业生升入普通高等学校学习，毕业后分配到中等职业技术学校任教。”“普通高等学校举办的中等专业学校专业课师资班，招收中等专业学校应届毕业生，采取中专校保送、招生学校复审的办法。”这一系列的政策，不仅改变了职业教育师资培养生源结构，而且在一些领域探索了中等职业教育与高等教育有效沟通的机制。

为了加强职业技术师范教育，国家教育委员会、财政部在 1995 年 12 月印发的《关于职教师资班学生享受师范生待遇的通知》（教职〔1995〕14 号）中指出：“这类师资班的学生，属于职业技术教育师范生。”根据《中华人民共和国教师法》及《国家教育委员会关于〈中华人民共和国教师法〉若干问题的实施意见》（教人〔1995〕81 号）的规定：“国家对师范生免收学费，并实行专业奖学金制度。”一方面明确了职教师资班是师范生，另一方面它是职业技术教育的师范生，进一步明确了职业技术师范教育的社会地位。为了进一步加强农业职业技术教育，保证农业中专和农村职业学校有稳定的师资来源，1996 年 2 月，农业部、国家教育委员会印发了《关于印发“高等农业院校对口招收农业职业高中、农业中专、农业广播学校应届优秀毕业生暂行办法”的通知》。

1984～1988 年，全国各地相继建立了河北职业技术师范学院、河南职业技术师范学院、安徽职业技术师范学院、常州职业技术师范学院、上海技术师范学院、南昌职业技术师范学院等 10 所职业技术师范院校。此外，一些省在高等院校设立职业技术师资班、专业或系来培养职教师资，如浙江工学院（现浙江工业大学）于 1985 年 7 月创建技术师范系，1986 年湖南农学院（现湖南农业大学）根据湖南省人民政府“关于在湖南农学院建立农村职业中学专业课师资培养基地”的指示，筹建并成立了职业技术师范部。截止到 1992 年，高等职业技术师范院校不断成长壮大，已从原来的几所发展到 14 所，同时还有 160 多所普通高校设立了职业技术师范系、专业或班，1992 年本、专科在校生已达 3.7 万人。参与的高校占当时 1053 所普通高等学校的 15.2%，培养出了一大批中等职业技术教育师资，为中等教育结构战略性调整提供了强有力的师资保障。[①]

从 20 世纪 80 年代末开始，国家在部属重点高校建立二级职业技术教育学院，开展职业教育师资培养工作。1989 年 10 月，国家教育委员会批准天津大学和浙江大学成立职业技术教育学院。1990 年 6 月，江苏省中等专业学校师资培训中心和江苏省职业技术教育研究所在东南大学正式挂牌；1994 年 9 月，东南大学职业技术教育学院正式成立；从 1995 年开始，招收优秀中职毕业生培养本科职教师资，1997 年 5 月，东南大学职教学院被国家教育委员会批准为国家教育委员会六所国家级职教师资培训基地之一；同年，被江苏省教育委员会指定为职业高中校长岗位培训基地。同济大学职业技术学院是 1994 年 10 月经教育部批准成立的全国六所国家级职教师资培训基地之一；西安交通大学 1995 年被国家教育委员会批准为首批全国职教师资培训基地并开始招生；四川大学 1997 年被国家教育委员会批准为职教师资培训基地。此外，1993 年，国家教育委员会批准湖南农学院和河北农业技术师范学院作为农科类职教师资培训基地。这些基地不仅起了很好的示范作用，也培养培训了大批职教专业教师。自 1986 年以来，湖南农业大学职业技术教育学院共培养专业教师 2640 人，从 1990 年开始至今，已为湖南省农村职业学校输送教师 1308 人。据调查统计，这些毕业生在中等职

① 孟庆国. 职业技术师范教育的现实、困境与发展路径. 中国职业技术教育，2012，(30)：26-31.

业学校任教的到岗率为 81.9%，至今仍坚守岗位的占 86%。毕业生周伯芳被评为全国优秀教师，还有 30 余位毕业生被评为省地一级的优秀教师，20 多名毕业生走上了校领导岗位。①

到 20 世纪 90 年代中期，以独立设置的职业技术师范学院和普通高校的职业技术教育学院（系）为主体的职业教育师资培养格局初步形成，此后，也有所发展。1995 年，根据国家教育委员会《关于同意浙江大学、天津大学一九九五年招收职业技术学校师资的通知》（教学司〔1995〕20 号），浙江大学、天津大学等院校开始招收职教师资班，招收师资计划纳入学校年度招生计划。1998 年，原广东民族学院改为广东职业技术师范学院。当然，在发展过程中也产生了一些不利的方面，如有 4 所独立设置的职业技术师范院校被合并到其他高等院校，分别是上海技术师范学院 1994 年被合并到上海师范大学，成为现在的上海师范大学奉贤校区；原河北职业技术师范学院 1996 年被合并到河北师范大学，成为现在的河北师范大学职业技术学院，原河北农业技术师范学院沿用河北职业技术师范学院，2003 年更名为河北科技师范学院；山西职业技术师范专科学校 1999 年被合并到山西师范大学；浙江农村技术师范专科学校被合并到浙江万里学院，有的已不再从事职业教育师资培养工作。2001 年，职业技术师范教育委员会秘书处在教育部师范司的支持下，对我国 31 个省（自治区、直辖市）（不含港澳台）教委、教育厅和新疆生产建设兵团教委，以及教育部直属 71 所高校和全国重点建设职教师资培养培训基地中的有关院校进行了问卷调查。调查结果表明，截止到 2001 年 7 月 31 日，全国共有 32 所普通高校建立了职业技术教育（或师范）学院或职业教育系承担职教师资的培养工作。目前，这 32 所已有部分不再专门培养职教师资，独立设置的职业技术师范院校只剩下 5 所（还有 3 所已改为非师范高校）。

二、重点建设职业教育师资培训基地，开展教师和管理人员培训

1983 年 3 月，教育部《关于 1983—1984 学年度全国中等专业学校选派教师到全国高等学校进修的通知》，对进修名额、进修教师条件、进修教学计划做出详细规定。这是教育部首次针对专业课教师进修工作提出的文件。1986 年 6 月，国家教育委员会颁发的《关于加强职业技术学校师资队伍建设的几点意见》中指出："各类职业技术学校文化课教师的培训提高，由高等师范院校、教育学

① 吴继宸. 部属职教师资培训基地成果概览. 中国职业技术教育，1998，(9)：16-17.

院和综合大学以及有条件的其他高等学校承担。专业课、专业基础课和实习指导教师的业务进修、技能培训，由职业技术师范院校、师范院校、教育学院、师资培训中心及有关高等院校、科研、企事业单位负责。”“为解决某些国内难于培养的空白、短线专业的师资来源和吸收国外职业技术教育经验提高师资水平，还应该有计划地派遣一些教师出国留学、进修。”1986年9月，国家教育委员会职业技术教育司专门下达《关于选派职业技术学校教师出国进修问题的通知》，明确了中等职业学校文化课、专业课及实习课两类课教师的培训机构，以及出国进修培训的途径。1989年1月，劳动部颁发的《关于加强职业技术培训师资队伍建设的意见》指出，“各地区、各部门要积极创造条件，建立师资培训基地，单独办或联合办职业技术师范院校、专科学校、进修院校或培训中心，也可以委托普通高等院校开办师资班，培养职业技术后备师资”。“各地区、各部门可以从高级技工或技师培训班、技工学校优秀毕业生中选择一部分人，经过教育理论、生产实习教学法以及有关企业管理知识培训后，充实生产实习指导教师队伍。”明确了我国职业技术培训师资的培养机构、培养对象、培训内容和毕业去向等。如前所述，自1989年10月起，国家教育委员会在8所委直属高校相继建立了职教师资培训基地，分别是：天津大学职业技术教育学院（1989年）、浙江大学职业技术教育学院（1989年）、湖南农业大学职业技术教育学院（1993年）、河北农业技术师范学院农村职教师资培训中心（1993年）、同济大学职业技术教育学院（1994年）、西安交通大学职业技术教育学院（1995年）、东南大学职业技术教育学院（1997年）、四川联合大学职业技术教育学院（1997年）。

各基地建立后，与各省教育部门配合，首先举办职业中学校长培训班，顺利完成了职业中学校长岗位培训任务。湖南农业大学职教学院举办中职校长培训班共16期及中专校长培训班等，共培训1152人。东南大学在3年多的时间里举办了中职学校校长、干部培训班14期，培训中职学校校长及管理干部416人。天津大学职教学院举办职业中学、中专校长及管理干部培训班27期，培训1034人次。基地在教学实践中探索出“学习理论—交流经验—研究问题—实地考察”四结合的培训模式，有的培训班学员把这种培训比作事业发展的“加油站”。近10年，河北农业技术师范学院举办职业中学校长及管理干部培训班35期，受训者达1678人；培训乡村党政干部、县乡农业技术员共901人。几年来，各基地共培训职教管理干部近5000人。①

① 吴继宸. 部属职教师资培训基地成果概览. 中国职业技术教育，1998，(9)：16-17.

三、推进培养培训一体化基地建设，大规模开展职教师资培训工作

1998 年国务院机构进行新一轮改革，国家教育委员会改为教育部，国家教育委员会师范司设立的职业师范教育处撤销，教育部职业技术教育司成立师资处，主要负责中等职业学校教师培训工作。1999 年 1 月，国务院批转教育部《面向 21 世纪教育振兴行动计划》提出："实施跨世纪园丁工程，大力提高教师队伍素质。""依托普通高校和高等职业技术学院，建设职业教育专业教师和实习指导教师培养培训基地。"同年 7 月，教育部办公厅下发《关于组织推荐全国重点建设职业教育师资培训基地的通知》，经过专家评审教育部审批，11 月教育部批准天津大学等 20 所学校为首批全国重点建设职业教育师资培训基地；2000 年 5 月，教育部批准哈尔滨工业大学等 24 所学校为第二批全国重点建设职业教育师资培训基地；2001 年 3 月，教育部批准北京师范大学等 8 所院校为第三批全国重点建设职教师资培训基地，教育部同时下发《关于调整部分全国重点建设职业教育师资培训基地的通知》（教职成函〔2001〕1 号），决定对部分全国重点建设职教师资培训基地进行调整，吸收青岛海洋大学、中德无锡高级职业技术学校、山东-巴伐利亚职教师资培训中心、湖北啤酒学校，分别与平度职教中心、常州技术师范学院、山东工程学院、湖北工学院等四个基地学校联合，组建为青岛海洋大学-平度职教中心、常州技术师范学院-中德无锡高级职业技术学校、山东工程学院-山东-巴伐利亚职教师资培训中心、湖北工学院-湖北啤酒学校等四个基地。2003 年 11 月，教育部批准华中科技大学、集美大学为全国重点建设职业教育师资培养培训基地；2007 年 10 月，教育部批准清华大学、北京理工大学作为全国重点建设职业教育师资培养培训基地，形成了 56 个全国重点建设职业教育师资培养培训基地。同时，为了建立和完善职业教育师资培养培训体系，充分发挥企业在培训职教师资中的作用，鼓励企业参与职教师资培训，探索职教师资培训工作的新路子。2001 年 3 月，教育部还确定了上海宝钢集团公司、海尔集团、四川长虹电子集团有限公司、中国第一汽车集团公司、东风汽车公司、苏州工业园区职业技术学院等 6 个单位为全国职业教育师资专业技能培训示范单位，此后，又确立了北京首都旅游集团有限责任公司和武汉华中数控股份有限公司。至此，形成了 8 个全国职业教育师资专业技能培训示范单位。各省（自治区、直辖市）按照实际需求，积极建立省级职教师资培训基地 300 多个。为贯彻落实 1999 年《中共中央国务院关于深化教育改革全面推进素质教育的决定》的精神，2000 年 5 月，劳动和社会保障部印发《关于加快技工学校改革工作的通

知》（劳社部发〔2000〕10号）指出："各省、自治区、直辖市劳动保障部门要依托高级技工学校和国家重点技工学校，经劳动保障部认定，建立1～2所师资培训基地，有计划地开展师资和管理人员培训。"至此，正如2000年8月教育部印发的《关于进一步加强中等职业教育师资培养培训基地建设的意见》（教职成〔2000〕9号）所指出的：全国初步建立起布局合理、功能完备的，与中等职业教育事业发展的规模和要求相适应的职教师资培养培训基地网络，为建立职教师资培养培训体系奠定了良好的基础。从此，职业教育师资的培训工作成为教师专业化发展的重点。

为推动职教师资基地建设，国家进一步完善了职业学校教师培训政策。2002年7月，《国务院关于大力推进职业教育改革与发展的决定》（国发〔2002〕16号）中指出："加强职业学校教师队伍建设。要积极开展以骨干教师为重点的全员培训，提高教师的职业道德、实践能力和教学水平，培养一批高水平的骨干教师和专业带头人。鼓励职业学校教师在职攻读相关专业学位、提高学历层次。要有计划地安排教师到企事业单位进行专业实践和考察，提高教师的专业水平。""加强职业教育师资培养培训基地建设，逐步完善职业教育师资培养培训网络。"2004年9月，教育部等七部委联合颁布的《关于进一步加强职业教育工作的若干意见》（教职成〔2004〕12号）中指出：要建立符合职业教育特点的教师继续教育进修和企业实践制度。职业学校专业教师每年脱产接受继续教育的时间应不少于规定的学时数，每两年必须有两个月以上时间到企业或生产服务一线进行实践，并作为教师提职、晋级的必要条件，其他教师和管理人员也应定期到企业或生产服务一线进行实践和调研。要加强职业教育师资培养培训基地建设，扩大专业教师培训和在职攻读硕士和博士学位的规模。各级教育行政部门要会同相关部门制定本地区职业教育师资队伍建设的整体规划和相关配套措施。2006年9月，教育部制定了《关于建立中等职业学校教师到企业实践制度的意见》（教职成〔2006〕11号）。

同时，国家加强了对职业学校教师培训工作的投入。2005年10月，《国务院关于大力发展职业教育的决定》提出：实施中等职业学校专业骨干教师素质提高计划。为了贯彻国务院的精神，2006年12月，《教育部 财政部关于实施中等职业学校教师素质提高计划的意见》指出：到2010年，培训15万名中等职业学校（含办学特色鲜明、成绩突出的技工类学校）专业骨干教师，其中中央财政重点支持培训3万名，省级培训12万名；支持全国重点建设职教师资培养培训基地和全国职教师资专业技能培训示范单位开发80个专业的师资培养培训方案、课程和教材，适应职教教师培养培训的需要；支持中等职业学校面向社会聘请专业技术人员、高技能人才兼职任教，促进教师队伍结构的优化，推动教师队伍建设的制度创新。整个计划中央财政投资5亿元。

四、探索教师教育模式，为职业教育教师专业发展提供平台

1999年6月，《中共中央国务院关于深化教育改革全面推进素质教育的决定》（中发〔1999〕9号）提出："加强和改革师范教育，大力提高师资培养质量。调整师范学校的层次和布局，鼓励综合性高等学校和非师范类高等学校参与培养、培训中小学教师的工作，探索在有条件的综合性高等学校中试办师范学院。"从此拉开了教师教育改革的序幕。2001年5月，《国务院关于基础教育改革与发展的决定》（国发〔2001〕21号）中指出：要"完善教师教育体系，深化人事制度改革，大力加强中小学教师队伍建设"。正式以"教师教育"的概念取代"师范教育"，并对教师教育改革与建设诸方面做出了具体规划和部署。[①]2002年，教育部印发的《教育部关于"十五"期间教师教育改革与发展的意见》更明确地提出：在终身教育思想指导下，按照教师专业发展的不同阶段，建立教师的职前培养、入职教育和在职培训一体化，以现有师范院校为主体、其他高等学校共同参与，培养培训相衔接，体现终身教育思想的开放的教师教育体系。2010年，《国家中长期教育改革与发展规划纲要（2010—2020年）》中提出，要"努力造就一支师德高尚、业务精湛、结构合理、充满活力的高素质专业化教师队伍"。在这一改革趋势的影响下，职业技术师范教育针对新的发展环境及发展面临的问题，积极探索从师范教育向教师教育转型的途径，在实践中已探索出一些有益的培养模式。例如，江西科技师范大学形成"三位一体分流培养"模式，其中三位一体为"综合素质、专业能力、职业方向"三位一体；分流培养是按职教类、普教类、应用类三类专业进行分流；广东技术师范学院建立起"3+2"专升本职教教师培养模式；广西壮族自治区试行"4+1"培养模式，根据职业学校专业教师需求，遴选理工科背景的毕业生进行培养，形成了"学科专业教育+教师专业教育+专业实践教育"的教师培养模式；天津职业技术师范大学在原有的"双证书一体化""本科+技师"模式基础上建立卓越职教师资实验班，从2011年开始，从全校二年级学生选拔有志从事职业学校教师的优秀学生，即首先优秀学生自愿填写申请表，然后对学生进行教师基本素质能力测试，通过测试的学生才能入选，组建了机械类（技校生源）、电气类（高中生源）实验班，旨在培养具

---

① 马啸风. 中国师范教育史. 北京：首都师范大学出版社，2003：58.

有现代教育理念、掌握现代职业教育教学方法、具有专业理论与实践技能“一体化”教学能力的高素质职业学校教师。这些模式的产生与发展，标志着我国职教师资培养培训从以往的师范教育逐步向教师教育转变，教师教育的思想将更加有利于促进教师专业化的发展。

第二节 我国中等职业学校教师专业化发展的现状

教师专业化包括教师职业专业化和教师个体专业发展。教师专业化是教师专业能力和素质不断提高的过程，这些能力和素质有的是可以量化评价的。为了有效地反映我国中等职业学校教师队伍专业化整体水平，采用一些量化的指标来反映教师专业化程度。教师专业化是指教师职业具有自己独特的职业要求和职业条件，有专门的培养制度和管理制度，评价中等职业学校教师专业化发展程度的指标有其独特性。

一、中等职业学校教师队伍发展变化情况

（一）教师队伍总量

改革开放以来，中等职业教育进入快速发展阶段，其中由普通中学改办的职业高中发展尤为迅速。1980～2010 年，各类职业学校教师总量从 20 多万人增加到 80 多万人（表 3.1）。总的来看，中等职业学校教师队伍的数量变化有两个重要的转折点。20 世纪 80 年代初到 1998 年，随着中等教育结构调整和职业教育大发展，教师数量从 20 万人增加到 85 万多人，达到一个历史的高点。1999 年至 2002 年，随着中等职业学校招生“滑坡”，教师数量也随之下降到不足 70 万人，降低到 90 年代初的水平。2003 年以来，随着中等职业学校招生止跌回升，进入内涵发展的新时期，教师数量又开始稳步上升。到 2008 年，教师数量增加到 86.84 万人，超过 1998 年的最高水平，此后基本保持在一个相对稳定的水平。

表 3.1　中等职业学校专任教师变化情况表（单位：万人）

年份	中等职业学校	中专学校	职业高中	技工学校	成人中职
1985	44.35	17.40	11.58	8.89	6.47
1990	66.31	23.45	19.54	13.55	9.78
1995	77.73	25.68	25.49	15.29	11.27
2000	79.65	25.64	28.18	14.0	11.83
2005	72.16	20.30	28.25	20.4	7.50
2010	84.89	29.50	30.70	19.05	5.70
2011	88.19	30.39	31.55	19.26	5.52
2012	88.10	30.56	31.17	19.69	5.42
2013	86.79	30.36	30.14	19.92	5.20
2014	85.84	30.69	29.33	19.46	5.31

资料来源：《中国教育统计年鉴》和《全国教育事业发展统计公报》

（二）专任教师占教职工总数比例

近年来，随着我国职业学校管理体制和人事制度改革，中等职业学校专任教师占教职工总数的比例不断提高，从 2005 年的 67.85%提高到 2014 年的 77.38%，每年提高 1 个百分点左右（表 3.2）。但与国家的要求来看，仍存在一定的差距。2007 年 5 月，《人事部 教育部关于印发高等学校、义务教育学校、中等职业学校等教育事业单位岗位设置管理的三个指导意见的通知》（国人部发〔2007〕59 号）指出：中等职业学校分为管理岗位、专业技术岗位和工勤技能岗位三种类别。根据中职学校的社会功能、职责任务、工作性质和人员结构特点等因素，综合确定中职学校管理岗位、专业技术岗位、工勤技能岗位总量的结构比例。岗位设置要优先满足教育教学、实习实训等工作的实际需要，严格控制非教学人员岗位。中职学校教师岗位占学校岗位总量的比例一般不低于 85%，其他岗位原则上不超过 15%。

表 3.2　2005～2014 年中等职业学校教职工与专任教师变化情况统计表

年份	教职工总数/万人	专任教师	
		数量/万人	比例/%
2005	86.77	58.87	67.85
2006	90.15	62.19	68.99
2007	93.59	65.46	69.94
2008	95.41	67.42	70.66
2009	95.30	68.22	71.58
2010	94.01	68.10	72.44
2011	93.11	68.94	74.04
2012	90.90	68.41	75.26
2013	87.41	66.88	76.51
2014	85.78	66.38	77.38

注：中等职业学校不包含技工学校

（三）专任教师队伍结构

1. 类型结构

中职学校课程分为文化课、专业课和实习实训课，其教师分为文化课教师、专业课教师和实习指导教师。总的来看，中职学校承担普及高中文化知识的重任，所以文化课教师占有较大的比例。2005 年，《国务院关于大力发展职业教育的决定》（国发〔2005〕35 号）提出，职业教育“以就业为导向，以服务为宗旨”的办学方针，积极推行工学结合、校企合作的培养模式，因此，中职学校加强了专业课教师队伍建设，专业课教师比例不断增加。另外，由于在实践中加强“双师型”教师队伍建设，实行理论和实践一体化教学，因此，实习指导教师比例变化不大。据 1998 年统计，职业高中专业课教师占教职工总数的 46.71%，实习指导教师仅占 2.70%；中等专业学校文化课教师占 42.18%，专业课教师占 56.19%，实习指导教师仅占 1.63%。2007 年，中职学校专业课教师占 50.54%，文化课教师占 46.14%，实习指导教师占 3.32%（表 3.3）。另外，由于历史上职业高中大多是普通高中转化而来等，职业高中文化课教师比例高于中等专业学校，中等专业学校高于技工学校。2010 年中等专业学校文化课教师占专任教师的比例是 37.59%，而职业高中的比例是 47.72%。

表 3.3　2005～2011 年中等职业学校文化基础课、专业课和实习指导教师结构比例变化（单位：%）

年份	文化基础课教师比例	专业课教师比例	实习指导教师比例
2005	47.94	49.13	2.92
2006	47.15	49.80	3.05
2007	46.14	50.54	3.32
2008	45.50	51.11	3.39
2009	44.51	51.91	3.58
2010	43.61	52.92	3.48
2011	43.59	52.71	3.70
2012	42.67	53.70	3.64
2013	42.40	54.14	3.45

注：此表中等职业学校不包含技工学校

2. 学历结构

按照《中华人民共和国教师法》规定，中等职业学校文化课、专业课教师应具备本科及以上学历；实习指导教师应具备各类中职、普通高中毕业及以上学历。1985 年，具有本科学历教师的比例，普通中专不足 50%，职业高中不足 20%；2006 年，普通中专提高到 80.69%，职业高中提高到 73.18%；2007 年，各类中等职业学校本科学历以上教师达到 76.7%，其中研究生层次教师的人数比 2003 年翻了一番，比例达到 2.31%。2011 年获得博士或硕士学位的专任教师占中职学校专任教师的比例为 0.12%、4.43%，本科学历的比例为 80.85%，研究生学历教师比例比 2007 年提高了近一倍。

按照 2011 年教育部《关于“十二五”期间中等职业学校教师队伍建设的意见》（教职成〔2011〕17 号）规定：“专任教师中，学历达标率超过 95%，研究生层次教师比例逐步提高。”由表 3.4 可以看出，学历达标是否符合国家资格标准。

表 3.4　中等职业学校专任教师学历结构比例变化情况（单位：%）

年份	本科以上	专科	高中、中专以下
1985	36.67	32.59	30.74
1990	40.57	41.79	17.64
1995	46.07	41.82	12.11
2000	57.92	35.72	6.36
2005	72.31	25.29	2.40
2010	83.29	15.89	0.82
2011	85.39	13.86	0.75
2012	86.95	12.45	0.60
2013	87.94	11.50	0.56
2014	89.29	10.24	0.47

注：此表中等职业学校不含技工学校

3. 职务结构

按照相关教师职务试行条例，中职学校教师职务分为高级、中级、初级教师职务。具有高级职务教师的比例，普通中专 1985 年仅为 0.37%，2006 年增长到 22.83%；职业高中 1991 年为 3.7%，2006 年增长到 14.25%；2007 年各类中职学校中具有高级职务教师的比例达到 19%。

表 3.5　中等职业学校专任教师职务结构比例变化情况（单位：%）

年份	高级职务	中级职务	初级职务	无职务
1990	10.36	31.95	36.32	21.37
1995	10.52	33.69	45.59	10.19
2000	13.52	37.97	41.49	7.02
2005	17.90	40.80	32.56	8.73

续表

年份	高级职务	中级职务	初级职务	无职务
2010	21.20	40.40	29.66	8.75
2011	22.05	40.36	28.87	8.72
2012	22.98	40.57	28.05	8.41
2013	23.76	40.17	27.30	8.87
2014	24.31	40.12	26.64	8.93

注：此表中等职业学校不含技工学校

4. 年龄结构

教师年龄结构是指各个年龄段的教师所占的比例，合理的教师年龄结构应是中间大、两头小。教师年龄结构在 20 世纪 80 年代，青年教师和年龄大的教师所占的比例较高，反映了我国 20 世纪 80 年代中等教育结构进行大规模调整，职业教育快速发展补充了大量的青年教师、外聘了一些兼职教师以补充不足。进入 90 年代以后，30～50 岁的教师比例增加，青年教师和年龄较大的教师比例在下降，反映了我国中等职业教育师资队伍年龄结构日趋合理（表 3.6）。

表 3.6　中等职业学校专任教师年龄结构比例变化情况（单位：%）

年份	30 岁以下	31～40 岁	41～50 岁	51 岁以上
1985	40.90	21.82	24.95	12.34
1990	44.71	22.67	17.36	15.27
1995	42.68	28.61	15.59	13.12
2000	36.86	37.83	15.42	9.89
2005	28.84	41.73	20.62	8.80
2010	25.91	39.33	26.44	8.32
2011	24.28	39.15	28.55	7.82
2012	23.04	39.02	30.06	7.88
2013	19.55	38.32	31.89	10.24
2014	18.38	37.46	32.24	11.82

注：此表中等职业学校不含技工学校；2013 年和 2014 年教师年龄分段为：29 岁以下、30～39 岁、40～49 岁、50 岁以上

（四）师资队伍整体素质

1. 生师比

它是指折合在校学生数与学校专任教师数的比例，是中职学校用来衡量或反映学校办学水平是否合格的重要指标。由于教师在学校中的重要地位，“生师比”从来就是学校教学工作中的重要数据。它在一定程度上体现了学校人力资源的利

用效率，也是影响中职学校教师专业发展的一个重要因素。我国中职学校生师比变化情况（表 3.7），既能反映出中职学校发展变化的趋势，也可以看出其中存在的问题。生师比是学校办学中的一把双刃剑，过高不仅不利于学校教学质量的提升，也影响教师专业发展，过低虽有利于提高教学质量和促进教师专业发展，但会带来办学效益低下及人员冗余带来的负效应等后果，因此需要合理确定。

表 3.7 我国中等职业学校生师比统计表

年份	中等专业学校	技工学校	职业高中	中等职业学校
1985	7.91	8.34	15.92	12.41
1990	9.57	9.83	12.65	11.51
1995	14.49	12.33	14.85	15.21
2000	19.09	10.01	14.71	16.13
2005	31.02	17.09	20.62	22.17
2010	29.75	22.15	23.66	26.37
2011	28.14	22.35	21.58	25.01
2012	26.59	21.52	19.99	23.99
2013	25.43	19.41	17.72	22.97
2014	24.41	17.42	16.12	21.34

资料来源：教育部发布的相关年份《全国教育事业发展统计公报》

2.“双师型”教师

由于“十一五”以来国家和地方政府加大了对“双师型”教师队伍建设的力度，“双师型”教师的数量和质量得到明显提高。统计资料表明，2007～2011 年，全国中职学校“双师型”教师比重分别为 14.26%、17.16%、19.05%、21.35%、23.70%，2014 年达到 27.6%。以 2010 年和 2011 年“双师型”教师比例变化情况来看（表 3.8），全国“双师型”教师总体比例增长了 2.3 个百分点。其中，东部地区“双师型”教师所占比例最高，增幅也最为明显，由 23.6%增加到 26.6%，增长了 3 个百分点；中部地区由 18.5%增长到 21.0%，增加了 2.5 个百分点；西部地区增幅相对较小，由 21.3%增长到 22.4%，增加了 1.1 个百分点。

表 3.8 2010 年和 2011 年全国和分地区中等职业学校“双师型”教师比例变化情况统计表（单位：%）

地区	2010 年	2011 年
全国	21.4	23.7
东部	23.6	26.6
中部	18.5	21.0
西部	21.3	22.4

资料来源：孙诚等. 中国职业教育发展报告 2012. 北京：教育科学出版社，2013

虽然我国各省份中职学校“双师型”教师所占比例均有了明显提高，但从分地区和各省来看，也存在一定的差异。以 2011 年为例（表 3.9），我国“双师型”教师比例大于 30%的省份有 3 个，分别是位于东部地区的浙江、江苏及西部地区的广西。大部分省份“双师型”教师所占比例为 25%～30%，它们分别为东部地区的北京、天津、福建、山东、广东，中部地区的湖南、安徽及位于西部的宁夏、青海、新疆。比例占 20%～25%的共有 8 个省份，它们分别是上海、辽宁、海南、湖北、江西、四川、重庆、贵州。其余省份中职学校“双师型”教师比例占 20%以下。

表 3.9　2011 年分地区中等职业学校“双师型”教育比例统计表

分档	东部	中部	西部
≥30%	浙江、江苏		广西
≥25 且≤30%	北京、天津、福建、山东、广东	湖南、安徽	宁夏、青海、新疆
≥20 且≤25%	上海、辽宁、海南	湖北、江西	四川、重庆、贵州
≥15 且≤20%	黑龙江、吉林、河北	河南	内蒙古、云南、陕西、甘肃
≤15%		山西	西藏

资料来源：孙诚等. 中国职业教育发展报告 2012. 北京：教育科学出版社，2013

3. 兼职教师

从教师构成总体情况看，兼职教师与“双师型”教师的构成密不可分。一般认为，“双师型”教师既指专任教师个体的双师素质，也指教师队伍的双师结构。因此，兼职教师是优化中职学校教师结构的重要组成部分，中职学校“双师型”师资队伍建设必须加强兼职教师队伍建设。兼职教师是指中职学校从社会上聘请的具有较高专业实践能力的专业技术人员或“能工巧匠”，并能胜任相应的教学工作。兼职教师从 1984 年的 1.99 万人，发展到 1990 年的 3.04 万人，2000 年的 3.33 万人，2005 年的 8.23 万人，2010 年已达到 10.18 万人。按照 2010 年《中等职业学校设置标准》的最低要求，兼职教师应占教师总量的 30%，但直至 2014 年，这一比例数值仍在目标一半的边缘徘徊（表 3.10）。

表 3.10　2005～2014 年中等职业学校校外兼职教师基本情况统计表

年份	数量/万人	占教师总量比例/%
2005	8.23	13.98
2006	8.99	14.46
2007	10.04	15.34
2008	10.29	15.26

续表

年份	数量/万人	占教师总量比例/%
2009	10.03	14.70
2010	10.18	14.95
2011	10.23	14.84
2012	10.65	15.57
2013	9.66	14.45
2014	9.97	15.01

注：此表中等职业学校不含技工学校

二、国家相关制度不断完善

（一）国家颁布《中等职业学校教师专业标准（试行）》

2013年9月20日，教育部印发《中等职业学校教师专业标准（试行）》，填补了我国教师专业发展没有标准的空白，具有里程碑式的意义。该标准是国家对合格中职学校教师专业素质的基本要求，是中职学校教师开展教育教学活动的基本规范，是引领中职学校教师专业发展的基本准则，也是中职学校教师培养、准入、培训、考核等工作的基本依据。

《中等职业学校教师专业标准（试行）》确立了“师德为先，学生为本，能力为重，终身学习”的基本理念，从三个维度出发，细化出教师规范的15个领域，并明确提出60项基本要求。在专业知识要求中，该标准对教师提出了教育知识、职业背景知识、课程教学知识、通识性知识等方面的多元化知识要求；在专业能力要求方面，则既对教师的教学设计、实施能力、班级管理等提出要求，又要求教师具有组织实训实习、沟通联系和课程开发能力等，这些都是对教师“双师型”素质要求的具体化，使“双师型”教师从概念走向了具体化和可操作化，进一步深化了“双师型”教师内涵。

（二）国家不断完善促进教师专业发展的相关文件

2011年12月印发的《教育部关于进一步完善职业教育教师培养培训制度的意见》（教职成〔2011〕16号），是我国关于职业教育教师培养培训制度的专门性文件，推进了我国职业教育师资培养培训制度进一步完善。2012年，教育部在原师范司的基础上组建成立新的教师工作司，对各级各类教育教师的培养培训和管理工作进行统一管理。2012年9月7日，国务院召开“全国教师工作暨‘两基’工作总结表彰大会”，这是新中国成立以来第一次关于教师工作的大会，温家宝同志到会并做了重要讲话。大会之前的2012年8月20日，印发了《国务院关于加强教师队伍建设的意见》（国发〔2012〕41号），这是新中国成立以来第一个国家层面的关于教师的文件。2012年9月6日印发的《教育部 国家发展改革委 财政部关于深化教师教育改革的意见》（教师〔2012〕13号），对教师教育标准体系、培养培训制度和模式、课程改革、队伍建设、质量评估、经费保障等方面提出全方位改革的思路。同年10月18日，教育部、财政部、人力资源和社会保障部、国务院国有资产监督管理委员会四部委印发了《职业学校兼职教师管理办法》，对兼职教师任职条件、聘用程序、组织管理及聘任兼职教师的经费来源等做出了明确规定。

（三）地方政府出台一系列相关政策和措施

"十二五"期间，全国各省（自治区、直辖市）也采取了相应措施，有效地推动了中职学校"双师型"教师队伍建设。吉林省在2009年进行首批中职"双师型"教师认定工作；重庆市2010年、2011年连续两年开展"双师型"教师"认证"工作；安徽省于2011年向社会公布首批中职"双师型"教师名单；江西省2011年年初出台有关中职"双师型"教师认定与管理办法的文件，并据此在2011年暑期和寒假举办了两期全省中等职业学校"双师"素质提高培训班。[①]

关于兼职教师队伍建设，江苏、江西、云南、浙江、上海等十几个省份实施省级中等职业学校特聘兼职教师资助计划，每年省（市）财政拿出一定专项资金用于兼职教师聘用；海南实施《中等职业学校教师"特岗、特聘、特邀"实施方案》；湖南、广西、辽宁、河南等省份通过建立实名编制、非实名编制等措施把兼职教师列入教师编制序列统一管理，兼职教师最高可达教师编制总额的35%；山东在中等职业学校实施"能工巧匠进职校"计划，省财政每年安排500万元专项资金，设立100个中等职业学校特聘技能教师岗位，每个岗位省财政补助5万元；湖北在中等和高等职业学校设置"楚天技能名师"教学岗位，向社会公开招聘技能名师；山东青岛市建立中等职业学校特聘兼职教师制度，从以往的设立项目支持变成了每年都可以聘任的长效机制。兼职教师已成为职业学校教师队伍的一个重要组成部分，成为"双师型"师资队伍建设的重要内容。[②]

---

① 卢建平，钟显东. 中职"双师型"教师认定与管理制度探析. 职教论坛，2012，(25)：63-65.

② 曹晔. 加强职业学校兼职教师队伍建设与管理. 江苏教育，2013，(12)：1.

第三节　我国中等职业学校教师专业发展面临的问题

1996年，联合国教育、科学及文化组织召开的第45届国际教育大会提出："在提高教师地位的整体政策中，专业化是最有前途的中长期策略。"目前，我国教师专业化的理念基本形成，政策举措也不断完善，但由于发展时间短，发展还面临着诸多问题，需要从长远的角度来审视这些问题，提出有效的对策，来加以逐步解决。

一、教师专业标准体系还不够完善

近年来，我国开始推行中等职业学校教师专业标准，无疑将推动中职学校教师专业发展。但与普通教育相比，教师专业化制度建设相对滞后。《国家中长期教育改革和发展规划纲要（2010—2020年）》提出，完善符合职业教育特点的教师资格标准和专业技术职务（职称）评审办法。目前，由于中职学校专业课教师专业标准只有学历和一般教育教学能力的要求，没有体现专业能力要求，致使大量不符合职业教育双师素质的人员进入教师队伍，加大了入职后"合格培训"的任务。2011年10月8日，国家颁布了《教师教育课程标准（试行）》，但是依然是主要针对普通教育教师，不完全适合中职学校教师。

二、教师专业化发展的管理制度尚不健全

现有的职教教师管理制度不健全、职教特色不突出的问题依然存在。2001年10月8日，中央机构编制委员会办公室、教育部、财政部联合印发《关于制定中小学教职工编制标准的意见》（国办发〔2001〕74号），而中等职业学校的编制标准还是20世纪80年代中期制定的，而且中等专业学校、技工学校、职业高中分别单列，目前尚未出台统一的中等职业学校教职工编制标准。中职学校教

师专业技术职务制度也是80年代中期分三类学校分别制定的，还没有统一的中等职业学校教师职务系列，教师职务评定标准和方式没有充分体现职业教育的特点。中职学校教师专业技术职务评聘参照高等院校存在学历、学术优先的取向，从企业引入的专业技术人员在中职学校评聘教师专业技术职务困难重重。中职学校人事分配制度改革滞后，平均主义现象严重，没有很好地体现多劳多得的原则；没有建立起有效地退出机制，致使中职学校教师专业结构与学校专业结构不能适时进行调整，因人设课成为不得已而用之的做法；学校聘请兼职教师缺乏正常的经费来源渠道，兼职教师仅仅是弥补教师数量不足的主要手段，而没有真正成为优化教师队伍结构的有效措施等。

三、教师培养培训体系有待完善

1999年以来，我国先后建立了101个全国重点建设职业教育师资培养培训基地（开始称作全国重点建设职业教育师资培训基地），其中有近40个基地既是承担职教教师培养任务的高校，也是培养培训基地单位，可以说在形式上建立起了培养培训一体化的职业教育师资教育发展体系。但由于客观原因，师资培养院校在全国分布差异较大。由于国家长期以来没有对职业教育师资培养单位进行过专门的投资建设，职教师资基地的培养培训的条件普遍没有显著的优势，职教师资培养的层次和学科专业与中职学校的需求还存在错位现象。对于培养“双师型”教师显得勉为其难，在师范教育向教师教育转型的过程中，职教教师教育模式仍需要进一步探索发展。在培训方面，各基地优势的培训资源还比较单一，与企业的合作机制也缺乏稳定性，大多数情况下还处于政府主导型的培训，如国家级和省级培训基本属于这种类型，市场驱动型培训占比较小，难以满足中职学校及教师专业发展多样化的需求。虽然“十一五”时期国家组织开发了70个专业培训包，“十二五”时期国家继续组织开发了88个专业培养包，但由于开发涉及面宽、专业情况又比较复杂，开发内容还需要在实践中进一步修改完善。

四、教师队伍的素质和结构还不适应教学改革的需要

由于大部分中职学校是20世纪80年代以后发展起来的，特别是占学校总量1/3以上的职业高中，绝大多数是由薄弱的普通中学改办的，大量专业课教师是由文化课教师转行过来的，教师队伍发展的基础一直比较薄弱。2012年，专任

教师虽然在学历层次上基本达到国家规定的合格标准，但高学历和高职称的教师比例偏低，取得硕士学位的仅占 5%，高级职称的比例仅达到 20%，专业课教师和实习指导教师比例较低，骨干教师和专业带头人严重短缺，绝大部分专业课教师缺少在企业生产服务一线工作的经历。教师的专业技能水平和实践教学能力普遍偏弱，“双师型”教师缺乏，持有与所教专业相关资格证书的专业课和实习指导课教师不足 30%。根据对 2007 年中等职业学校专业骨干教师国家级培训学员的问卷调查，教师反映最集中的问题是迫切需要提高专业技能水平和实践教学能力。兼职教师数量少且多年来增长缓慢，占教师总数的比例仅为 14%，对优化教师队伍结构的推动作用不大。

五、教师专业化地位有待提高

职业教育的大力发展并没有从根本上改变人们对职业教育固有的观念，同时受现实的收入分配体制的影响，中职学校及其教师的地位还不高。目前，许多非示范的中等职业学校办学条件较差，社会形象不佳，人才培养质量与社会需求存在一定差距，致使社会对职业教育的认可度较低，人们对职业教育的选择并非主动。特别是中职学校招收的大多是普通教育学业成绩较差的学生，许多学生是贫困家庭、单亲家庭、农村留守少年等所谓的“问题”学生，面对这样的学生，教育教学难度自然较大，中职学校教师存在教育教学内容多变、工作压力较大的问题。部分中职学校为了生存，还把学校的招生指标分配给教师，教师的角色任务更加复杂。再者，中等职业教育对教师总体素质要求高，不仅要求是“双师型”教师，还要懂得学生心理辅导、职业指导、班级管理等工作，专业化发展的空间并不是单一的、单向的，而是具有一定的综合性。而目前中职学校教师工资待遇与普通高中教师处于同一类型，这与他们的实际付出不成正比，与同是专业教育的高职院校、本科院校教师工资待遇存在较大差异，甚至专业教师与企业的优秀技术工人也存在一定的差距。可见，无论是社会对他们的认可度，还是自身工资待遇水平都处于较低的地位。

第四节 我国中等职业学校教师专业化发展的对策

在中等职业学校出现萎缩的背景下，如何提高中职学校的社会价值、教育价值和促进选择中职学校受教育者的个性发展，是中职学校教师专业化发展必须关注和遵循的主线。专业化发展是一个系统工程，要从补充机制、完善管理制度和工作体系等几个方面全面加强。

一、创新队伍补充机制，构建专兼结合的教师队伍

（一）积极拓宽专任教师补充渠道

加大职教师资培养力度，不断创新中职学校教师培养模式。职业技术师范院校要广泛吸收企业和中职学校加入职教师资培养行列，形成“培养院校+企业实践+职业学校教学实习”的人才培养模式。改善生源结构，缩短培养周期，广泛吸引技术技能人才、高职院校和普通高校本科优秀毕业生，通过职业技术教师教育、企业实践、教学实习等途径，使他们成为合格的中职学校教师。满足中职学校对高层次职教师资需求不断增强的要求，加快研究生层次职教师资培养力度。在进一步扩大现有职教师资研究生教育的基础上，积极开展职教师资专业硕士和博士培养工作，通过国内、国际合作等方式，探索高层次职教师资培养的新途径、新模式。针对农村和偏远地区职教师资不足的现状，扩大免费师范生教育覆盖面，通过财政资助、定向培养的方式，开展中等职业教育免费师范生教育。改革中职学校用人制度，提高中职学校教师待遇，吸引更多的优秀人才到中职学校任教。弱化“企业编”向“事业编”转变的人事政策障碍，吸引社会上具有一定工作实践经验、符合教师资格要求的各类优秀人才到中职学校担任专任教师。

（二）进一步完善兼职教师聘用制度

把兼职教师队伍建设纳入中等职业学校教师队伍建设整体规划，要积极探索

实名编与非实名编相结合、设立附加编等编制配备和管理方法，加强对专兼职教师配备的统筹，不断优化中职学校教师资源配置。鼓励中职学校通过多种渠道从社会上，特别是企事业单位聘请各类专业技术人员、高技能人才，以及具有丰富实践经验和特殊技能的能工巧匠，到中职学校教学一线兼职任教。在“十一五”期间财政支持聘请特聘兼职教师成果的基础上，落实好教育部等多部门《职业学校兼职教师管理办法》，加强考核管理，形成长效机制。把企业中从事实习实训指导人员纳入中等职业学校兼职教师队伍建设的范畴，以更好地适应工学结合、校企合作等办学模式改革的需要。

二、完善符合职教教师特点的教师管理制度

（一）完善教师编制管理

根据职业教育办学规律和特点，制定统一的中等职业学校教职工编制标准。实行“固定岗”和“流动岗”相结合的设岗和用人办法，在中职学校编制中预留一定比例的“流动编”，用于面向社会聘请兼职教师，逐步使中职学校的生师比达到动态合理水平。实行灵活的编制管理办法，对中职学校教职工编制实行定期调整、动态管理，不断优化中职学校人力资源配置，使教师配备与职业教育事业发展需要相协调。

（二）完善教师职务评聘制度

由于我国教师的工资待遇与教师评聘的专业技术职务（职称）挂钩，教师的专业技术职务制度是引导教师朝着专业发展的重要手段，专业技术教师职务评聘办法是否科学合理，很大程度上影响教师专业发展道路的选择和达到的水平。中职学校教师专业技术职务评聘制度，一是要体现“双师型”教师的特点要求，使其成为提高“双师型”教师素质的有力杠杆；二是要统一和规范四类中职学校教师专业技术职务系列，在中职学校教师专业技术职务系列中设立正高级教师职务，为他们提供更为高远的专业化成长空间。鼓励中职学校专业实践性较强的专业课教师按照相关规定，在取得教师原有专业技术职务的基础上取得第二个专业技术职务或职业资格证书，享受高一级的专业技术职务待遇。对于到中职学校担任教师的专业技术人员、技师和高级工，鼓励他们按照相关专业技术职务制度的要求评聘教师职务，增强教师综合素养。

（三）完善中等职业学校教师分配和保障制度

完善教师岗位绩效工资制度，探索建立以岗定薪、优劳优酬的收入分配办法，在保障教师基本工资待遇的前提下，扩大绩效工资分配额度，将教师收入与学校发展、所聘岗位及个人贡献挂钩，充分发挥收入分配的激励作用。按照国家有关规定和改革思路，探索建立教师失业、养老保险等社会保障制度，促进教师合理流动。

三、完善教师培养培训工作体系

（一）优化职教师资培养培训体系建设

进一步改善职教师资培养培训基地的条件，使每个基地都有独立的职教师资培训场所和比较充足的设施设备。在“十一五”期间取得的“中等职业学校重点专业师资培训方案、课程和教材开发”成果和“十二五”期间开发的培养职教师资的本科专业培养方案、课程标准和特色教材和教学资源等项目基础上，将工作重点转向重视发挥行业企业在职教师资培养培训中的作用，按照《国家中长期教育改革和发展规划纲要（2010—2020年）》提出的“加大职业学校教师培养培训力度。依托相关高等学校和大中型企业，共建‘双师型’教师培养培训基地”，重新核定和选定一批在行业中代表性较强、技术水平较高、职工培训基础较好的骨干企业，作为职教师资专业技能培训示范单位和教师企业实践基地，使基地与企业形成多元互洽的合作机制，积极参与职业教育师资培养培训工作。建立职教师资培养培训机构的资格认证和定期质量评估制度，不断完善职教教师培养培训体系和工作标准。

（二）创新和完善职教教师继续教育制度

由于产业结构调整和企业技术进步，中职学校教学内容需要不断更新，因此中职学校教师继续教育是一项常态性质的工作，这既是教师专业发展的必要手段，也是不断提高教学质量的保障措施。1999年9月13日，教育部部长陈至立签署中华人民共和国教育部第7号令，发布《中小学教师继续教育规定》，加强对中小学教师继续教育工作的指导。而迄今为止，国家还没有出台中职学校教师继续教育的制度规范，应尽快出台对中职学校教师继续教育的相关规定，形成长期坚持的继续教育制度。完善中职学校教师定期到企业实践制度，把企业实践作为职教教师继续教育的一种重要形式，积极推进实施，并在实践中探索有效的工作机制，完善管理办法，形成长效机制。

（三）持续开展以骨干教师为重点的培训活动

以五年发展规划为周期，继续实施好“中等职业学校教师素质提高计划”，在总结“十一五”和“十二五”期间采取的“基地+企业”培训模式的基础上，运用信息化手段等多种形式，积极探索突出教师自主成长的专业培训模式。鼓励教师在职攻读各种形式的研究生教育，以此为动力更新专业知识、提升综合素质。同时，创新职教教师研究生教育培养模式，增加与企业实践相关的学习内容。加大对中青年专业带头人的培养力度，使其专业化发展有更加明确的目标。建立健全中等职业教育“双师型”教学名师评选制度，营造做一名中等职业学校教师光荣的成长氛围。

四、加大教师队伍建设经费投入力度

《中华人民共和国职业教育法》规定：“省、自治区、直辖市人民政府应当制定本地区职业学校学生人数平均经费标准。”目前全国已有部分省（自治区、直辖市）建立了生均经费标准或生均财政拨款标准，但总体来看，出台的标准偏低，不能完全适应党中央加快发展职业教育的需要。各地应按照普通本科高校生均拨款不低于 1.2 万元标准的比例来制定中职学校生均财政拨款标准，并建立不断增长的机制。此外，地方政府切实履行好《中华人民共和国职业教育法》规定的“县级以上各级人民政府和有关部门应当将职业教育教师的培养和培训工作纳入教师队伍建设规划，保证职业教育教师队伍适应职业教育发展的需要”，加强对中职学校教师培养培训的财政支持。根据现阶段的发展情况，应结合实际需要，强化职教教师队伍建设专项经费制度，既给予强有力的支持，又避免造成不必要的浪费。2012 年，《国务院关于加强教师队伍建设的意见》指出：“教师培训经费要列入财政预算。幼儿园、中小学和中等职业学校按照年度公用经费预算总额的 5%安排教师培训经费。”各中职学校也要落实好国务院的这一规定，安排足额经费用于师资培训。必须提出的是，对兼职教师各级政府应设立相对稳定的专项经费予以支持，使兼职教师比例逐步提高到或稳定在教师总量的 30%左右。

第四章
中等职业学校教师专业标准体系建设

为了促进职业学校教师专业化发展，构筑具有中国特色的教师专业标准体系，国家正在采取积极的政策予以引导。2010年，《国家中长期教育改革和发展规划纲要（2010—2020年）》指出：“严格教师资质，提升教师素质，努力造就一支师德高尚、业务精湛、结构合理、充满活力的高素质专业化教师队伍。”2012年，《国务院关于加强教师队伍建设的意见》进一步提出：“根据各级各类教育的特点，出台幼儿园、小学、中学、职业学校、高等学校、特殊教育学校教师专业标准，作为教师培养、准入、培训、考核等工作的重要依据。制定幼儿园园长、普通中小学校长、中等职业学校校长专业标准和任职资格标准，提高校长（园长）专业化水平。制定师范类专业认证标准，开展专业认证和评估，规范师范类专业办学，建立教师培养质量评估制度。”本章基于对国际大背景的认识，梳理我国中等职业学校教师专业标准体系建设的政策、理论与实践。

第一节　中等职业学校教师专业标准的国际背景

联合国于1966年10月发布的《关于教师地位的建议》，第一次以国际跨政府间的名义确认教师是一种崇高的专业，教师是至关重要的“专业工作者”，并就改进职前教师培养和职后教师培训、提高教师社会经济地位提出了一系列重要的政策建议。20世纪80年代，最早在美国兴起标准本位运动，教育系统内各个层次的管理者们都在忙于制定具体标准，规定学生应该了解和能够掌握学科领域的知识和技能。地方及州政府、专业组织、行业协会、学区都在建立相应的标准。他们认为，有了标准可以使学校、教师对学生的学习和成长真正负起责任。继美国之后，欧洲各国也先后制定教师专业标准，亚洲部分国家如日本、菲律宾、泰国、越南等近年也纷纷着手制定不同形式的专业标准，开展标准本位的教师教育改革①。

一、教师专业标准内涵

关于专业可以从两个方面进行理解。一是从教育学的角度理解，是指高等学校或中等职业学校根据社会专业分工的需要设立的学业类别；二是从社会学角度来看，人类所有的职业大致可以分为一般性职业和专业。严格地说，专业是职业的一个亚类，故专业也称为专业性职业（professional occupation）。换句话说，社会职业分为一般性职业和专门性职业，“专业”或称“专门性职业”（profession），是指经过专门教育或训练、具有较高深和独特的专门知识与技能的一群人，按照一定专业标准从事专门化的活动，获得相应报酬待遇、社会地位，并促进社会发展的专门性职业。可见，专业性职业区别于一般性职业在于它需要非同寻常的系统知识和复杂技能，即每一个专业都有一个科学的知识体系做支撑。比较典型的专业性职业，如医生、律师等。

① 周南照. 科学构建教师专业标准体系势在必行. 上海教育，2007，(12A)：27.

关于“标准”，一方面是“衡量事物的准则”，具有“规范、样板、尺度”等含义；另一方面可以表示本身合于准则，可供同类事物比较核对的事物。正如美国学者瑞维奇（Ravitch）所言，“标准”是一种目标，同时，“标准”又是一种模式，是一个样本，是大家做出判断或决定的依据，是测量通向目标进展的测量仪。[①]

国内外社会学家对专业标准有多种解释，班克斯（Banks）认为，专业的标准有六方面：须有长期的专业训练；有确定的知识领域；具有伦理规范；强调服务重于利益；具有专业资格的限制；具有相当的自主权。[②]舒尔曼（Shulman）等认为，当代专业原则上至少有六个特点，并对专业教育加以限定，即服务的理念和职业道德；对学术与理论知识有充分的掌握；能在一定的专业范围内进行熟练操作和实践；运用理论对实际情况做出判断；从经验中学习；形成一个专业学习与人员管理的团体。[①]我国学者刘捷认为，成熟专业的标准是：运用专门的知识与技能，强调服务的理念和伦理，经过长期的培养与培训，需要持续的学习与进步，享有有效的专业自治，形成坚强的专业团体。[③]

可见，专业标准就是一种以文件形式发布的统一协定，其中包含可以用来为某一范围内的活动及其结果制定规则、导则或特性定义的行为规范，或者其他有精确规定的准则，为教育工作提供依据，使其培养的人才能够符合社会需要。

现代的教师职业不是一般性职业，而是一种专业性职业，教师专业标准是为教师从事复杂的教育教学活动及其达到预期结果制定的行为规范或准则。它是国家对合格职业学校教师的基本专业要求，是职业学校教师开展教育教学活动的基本规范，是引领职业学校教师专业发展的基本准则，是职业学校教师准入、培养培训、考核评价等工作的重要依据。

二、国外教师专业标准基本框架

国外教师专业标准制定始于20世纪80年代，为了进一步提升教师教育的质量，建立教师队伍高标准资格框架，奠定教师持续性专业发展的评价基础，发达国家和地区均纷纷制定教师专业标准，提出规约性的标准框架，并运用于教师检定、认证与考核，逐步形成了较为完善的教师专业发展标准体系。制定教师专业标准已成为许多国家促进教师专业发展、提高教学质量、改善学生学习的重要举

---

① 李·S. 舒尔曼，王幼真，刘捷. 理论、实践与教育的专业化. 比较教育研究，1999，(3)：37-41.

② Banks O. The Sociology of Education. London：Batsford，1968：157.

③ 刘捷. 教师专业标准及其达成：以中国为例. 课程·教材·教法，2011，(2)：80-88.

措。教师专业标准框架一般包括维度、领域和基本要求三个方面。

（一）部分国家教师专业标准及其维度概览

教师专业标准维度关系到教师专业素质结构的构建问题，不同的维度反映了对教师专业素质的不同认识和要求。各国由于对教师的要求不同，因此专业维度的构建存在一定的差异（表4.1）。

表4.1 各国教师专业标准主要领域

各国教师专业标准名称	年份	维度/领域
美国州际新任教师评价与资助协会（Interstate New Teacher Assessment and Support Consortium，INTASC）制定的新任教师标准	1987	专业知识、专业品质、实践能力、协调能力
澳大利亚《全国教师专业标准》	2003	专业知识、专业素养、实践能力、协调能力
澳大利亚《全国教师专业标准》	2010	专业知识、专业实践、专业发展
荷兰《教师教育工作者专业标准（第一版）》	1999	职业态度、专业知识、一般能力标准和特殊能力标准
荷兰《教师教育工作者专业标准（第二版）》	2003	专业知识、教学技能、职业态度、个性品质和价值观
荷兰《教师教育工作者专业标准（第三版）》	2008	主要对教育工作者“技能”维度的要求进行了完善
英国教育与就业部颁发的《职前教师教育课程要求》	1998	知识与理解；计划、教学和班级管理；监控、评价、记录、报告和责任；其他专业要求
英国教育与就业部颁发的《合格教师的标准》	2002	专业品质与实践、知识与理解、教学能力
英国《教师专业标准框架》	2007	专业品质、专业知识与理解、专业技能
新西兰《专业标准：优质教学标准——中学教师与学校所有者标准》	1999	专业知识、专业发展、教学技巧、学生管理、学生激励、毛利教育、有效沟通、支持同事并与其合作、对学校活动的贡献
美国《生涯与技术教育教师专业能力标准》	2001	营造高效的学习环境，促进学生学习，帮助学生向工作和成人角色过渡，通过专业发展改善教育品质
欧盟《职业教育教师专业能力标准框架》	2009	管理、教学、专业发展与质量保障、建立人际网络

通过比较世界多国教师专业标准发现，不同的国家在教师专业标准的认识上存在一致之处，即都强调专业知识能力、教师专业训练、教师专业道德、教师专业、组织与自主性。①

（二）美国、澳大利亚、欧盟职业教育教师专业能力标准

由于职业教育是跨界教育，与普通教育存在较大差异，欧美发达国家职业学校教师除了遵循教师普遍的专业标准外，还制定了符合职业教育特点的教师专业能力标准（表4.2）。

① 檀传宝. 建立教师专业标准应当考虑的三个问题. 教育科学，2004，(2)：36-37.

表 4.2　美国、欧盟、澳大利亚职业教育教师专业能力标准对比表

国家或地区	领域	专业能力
美国：《生涯与技术教育教师标准》	1. 营造高效的学习环境	（1）关于学生的知识：关心所有学生的学习和成长，运用专业知识分析学生，采用个性化的教学方式满足学生的需求； （2）专业知识：关于工作基本常识和基本就业能力的知识，关于所属行业的基本知识，将职业教育内容与其他学科整合的知识，由此建立课程目标、设计教学、促进学生学习并评价学生的成长； （3）学习环境：创设情境化的、独立或集体的实践学习、工作模拟学习等活动，通过有效课堂管理帮助学生学习知识、养成能力； （4）创设平等、公正、充分尊重多样性的环境，为所有学生提供优质的生涯技术教育机会
	2. 促进学生学习	（1）促进专业学习：促进经验性的、概念性的和结果导向性学习，运用各种方法、策略和资源为学生设计参与性的活动；有效整合职业教育课程和学术课程； （2）评价：运用一系列评价方法获得有用信息，帮助学生了解自己的成长，并改进教师教学
	3. 帮助学生向工作和成人角色过渡	（1）工作准备：培养学生的生涯决策和就业能力，帮助学生了解工作文化和要求； （2）管理和平衡各种角色：引导学生平衡各种生活角色； （3）社会发展：促进学生自我认知发展，鼓励形成健康的个人、社会和公众价值观
	4. 通过专业发展改善教育品质	（1）反思性实践：不断分析、评估教学实践以提升其有效性和质量； （2）合作：与同事、社区、行业及中等后教育机构合作，为学生提供更丰富的学习机会； （3）推动教育革新：与同事和教育专业团队合作，促进学校变革，完善教育领域的理论和实践； （4）家庭和社区关系：与家庭和社区合作，形成共同的教育目标
欧盟：《职业教育教师专业能力标准框架》（2009 年正式发布。已获得 21 个欧盟成员国的认可）	1. 管理	（1）组织和规划：参与招收学生、参与学生选拔、记录学生成长、记录自己的活动、计划和组织课程、参与团队活动并与其他员工合作、指导新教师； （2）项目管理：书写项目申请书、建立合作伙伴、申请经费、管理项目、项目经费控制、汇报项目成果
	2. 教学	（1）教学设计：与同事和企业合作设计课程或学习项目；分析学生的学习需求及劳动力市场需求；将培训与政治和社会发展重点问题联系起来；规划学习活动和过程，包括结构、内容和材料；建立个人学习计划；与企业合作组织工作场所学习； （2）学习指导：管理和实施学习过程和活动；将培训与实践联系起来；指导学习；支持、激励和引导学生；处理紧急事件；创造并使用资源和素材；与家庭合作；支持和指导学生向工作本位培训和劳动力市场过渡； （3）评价：管理诊断性技能测试；与同事和企业培训师一起评价学生的学业成就；监督企业培训师；提供反馈以支持学生学习和培训师专业发展
	3. 专业发展和质量保障	（1）教师个体专业发展：了解专业领域的发展动态；规划自己的长期专业发展；参与在职专业发展活动； （2）促进组织发展； （3）质量保障：参与设计质量保障工具；收集反馈意见和数据；规划改进措施；进行自我评价
	4. 建立关系网络	（1）内部网络：参与组织内部的网络和团队；促进同伴学习； （2）外部网络：与其他教育机构建立联系；与社会建立联系；与劳动力市场和利益相关者合作；参与国际网络和合作；参与专业网络
澳大利亚：职业教育教师核心能力模块	1. 学习设计	（1）针对学习者需求设计和开发学习项目，包括明确项目目标、开发项目内容、设计项目结构并开发学习资源和策略； （2）使用培训包和学习项目，实现行业、组织和个体的能力发展需求

续表

国家或地区	领域	专业能力
澳大利亚：职业教育教师核心能力模块	2. 培训实施	（1）通过讲授和演示工作技能进行教学； （2）计划和组织小组学习； （3）计划和组织工作场所学习； （4）参与组织实施远程学习； （5）监督工作场所的学习； （6）实施网络教学
	3. 运行高级学习项目	（1）开发组织环境中的高级学习项目，包括评估和设计最佳学习方式，进行管理和监督，分析并完善学习方案； （2）作为高级管理团队的成员，设计、检查和落实企业网络学习方案
	4. 评价	（1）积极参与评价活动； （2）设计评价方案和实施计划； （3）实施评价：建立和维护评价环境、收集信息、做出评价决定、记录和汇报评价决定； （4）参与评价监督； （5）设计和开发评价工具
	5. 培训咨询服务	（1）收集整理培训和评价信息，提供关于培训和评价服务的信息和咨询； （2）进行组织培训需求分析，提供咨询建议
	6. 国际教育管理	（1）为国际学生提供关照服务； （2）遵守国际教育的相关法律规定解决国际教育中的事务和问题，推动项目实施，包括国际学生招生和选拔、安置和教学过程的管理等； （3）开发和管理跨国教育合作项目，包括联合培养、交换生等； （4）进行国际教育组织的财务和行政管理； （5）研究当前国际教育的发展趋势，开发国际教育项目
	7. 分析并将持续发展能力应用到学习项目中	（1）研究行业领域需要的持续发展能力； （2）在持续发展能力与培训之间建立联系； （3）开发针对性的学习项目

三、教师专业标准与教师资格标准

从国际上看，教师专业标准与教师资格标准的关系大致有三种模式，具体简述如下。

（一）与教师资格标准相分离的专业标准

美国是这种模式的代表。在这种模式下，教师取得了教师资格，并不等同于达到了专业标准的程度。一个教师从取得教师资格到达到专业标准，还有一个漫长的过程。美国之所以采用这种模式，与其地方分权、教师资格证书制度各州相对独立运作有极大关系。国家证书的出台，其目的也是致力于创立统一的、一致的、涵盖面广的国家鉴定系统和证书系统，从而培养新型的专业教师。[①]

① 施克灿. 国际教师专业标的三种模式及启示. 比较教育研究，2004，(12)：81-85.

（二）与教师资格标准相挂钩的专业标准

这种模式英国和日本比较典型。以英国为例，在20世纪80年代后开始重视教师专业标准的制定，1984年，英国政府成立了教师教育资格认定委员会。在该委员会的推动下，1989年，英国的教育行政部门（原教育科学部，现教育与就业部）规定所有由地方政府兴办或补助的学校教师必须是合格的教师，并对合格教师的标准做了明确的界定。此后，依次制定了合格教师、骨干教师、资深教师、优秀教师、高级技能教师的专业标准。

在这种模式下，教师专业标准与教师资格证书的颁发挂钩，一方面有利于保证教师的质量，另一方面有利于教师资格证书的专业水准。该模式的教师专业标准呈现出来的特点是合作性和合格化。

（三）分类分级型的教师专业标准

这种教师专业标准以澳大利亚、中国香港较为典型。在该模式下，教师专业标准被分为若干范畴，而每一个范畴又有总体标准与阶段标准，其益处在于既保证了教师的总体质量，又有利于针对不同教师进行分层评估，综合了前两种模式之长，兼顾教师标准的合格性、高标准化。澳大利亚2010年颁布《全国教师专业标准》，教师需要达到的四种专业技能水平，即毕业教师专业标准、熟练教师专业标准、娴熟教师专业标准、主导教师专业标准。教师可以此为基础，规划、评估自身的专业学习与实践。按照要求，所有教师都必须达到“新任教师”和“熟练教师”等级，而经过努力，他们还可以达到“娴熟教师”和“主导教师”水平。[①]表4.3、表4.4列举其有关情况。

表4.3　一些国家教师专业标准种类

国家	标准制定机构名称	年份	标准的对象	标准名称
美国[②]	美国国家教师专业教学标准委员会	1954	候选教师（candidate teacher）	职前标准
	州际新教师评估与支持联合会	1987	新教师（beginning teacher）	入职标准
	国家教师专业教学标准委员会	1987	优秀教师（accomplished teacher）	在职标准（1）
	优质教师证书委员会	2001	杰出教师（distinguished teacher）	在职标准（2）
荷兰	荷兰教师教育工作者协会 教师教育工作者专业标准（第一版）	1999	候选教师	职前标准
	教师教育工作者专业标准（第二版）	2003	各类教师	在职标准

① 唐科莉. 澳大利亚：颁布全国统一教师专业标准. 中小学教师培训，2010，（12）：64.

② 张治国. 美国教师专业标准说略. 世界教育信息，2008，（11）：50.

续表

国家	标准制定机构名称	年份	标准的对象	标准名称
英国	教育与就业部和教师培训司（Teacher Training Agency，TTA）颁布《职前教师教育课程要求》	1998	候选教师	职前标准
	教育与技能部和教师培训司《英国合格教师资格标准与教师职前培训要求》	2002	合格教师	合格标准
	《教师专业标准框架》	2007	合格教师 普通教师 资深教师 优秀教师 高级技能教师	合格标准 在职标准（1） 在职标准（2） 在职标准（3） 在职标准（4）
新西兰	—	1999	新教师	入职标准
			注册教师	合格标准
			有经验教师	在职标准

表 4.4　英国教师专业标准框架——“专业品质”之二：职责与规章

合格教师	知道教师的专业职责和教师工作的相关法规；知道并共同执行学校的相关政策和惯例
骨干教师	了解与教师专业职责和教师工作相关的最新法规；对发展、执行和评价学校的相关政策和惯例，包括那些旨在促进机会均等的政策和惯例做出贡献
资深教师	在适当的时候，为执行学校政策和惯例及促进集体参与执行政策和惯例做出引人注目的贡献
优秀教师	在开发工作场所的政策和惯例及促进集体参与执行政策和惯例中发挥领导作用
高级技能教师	在开发工作场所的政策和惯例及在自己和其他的学校促进集体参与执行政策和惯例中发挥战略性领导作用

从世界部分国家的教师专业标准的发展历程来看，许多国家最初的教师专业标准都是综合性的，具有多方面的功能，由于其进一步发展才不断细分。不同层级的教师专业标准，反映了教师发展过程中应具备的专业素质和履行的专业职责是不同的，是递进式的。

四、教师专业标准与教师职务评审标准

从世界各国的实践来看，教师专业标准是教师职务制度的重要基础，英国五个级别的教师专业标准与我国的教师职务制度相类似。英国《教师专业标准》将教师由低到高划分为五个等级，与工资级别相对应，即合格教师（qualified teacher status，Q）、骨干教师（teachers on the main scale，T）、资深教师（post threshold teachers，P）、优秀教师（excellent teachers，E）和高级教师（advanced skills teachers，A），并且规定了每个级别教师所应具备的素质，包括专业品性、专业知识和专业技能三个方面。在教师专业标准的五个等级中，合格教师专业标准是最基础的，因为任何想要当教师的人首先都要通过接受教师教育获得“合格教师资

格”。其他的标准都是建立在合格教师专业标准的基础上的，教师只有通过考核被确认达到下一个标准的要求，才能晋升到下一个等级。[①]新西兰通过引进专业标准加强教师绩效管理制度，为教师绩效评价提供了框架，使得绩效管理的维度得到更为清晰的说明，使每个学校的雇主和管理期望清晰一致，便于人们清楚地确定需要优先发展的事项，同时加强绩效与报酬之间的联系[②]。

可见，一些国家的教师分层次专业标准，在一定程度上起到教师职务的作用，教师专业标准中包含了教师职务标准。我国中高等职业学校都有自身的专业技术职务制度，各省份制定了各自的标准，从这个意义上来说，我国是有教师专业标准的。制定我国教师专业标准应充分参考现有的职业学校教师专业技术职务方面的制度。

五、各国教师专业标准的差异性

由于国家教育价值观念的差异，各国教师专业标准存在一定的差异。例如，美国着重强调学生个体发展在教育教学中的特殊地位，把学生个体成长与发展作为教师的重要责任；把教学中的师生互动作为课堂教学的重要组成部分。澳大利亚则强调教师的心理、专业素质的重要性，注重教师良好教学心态的培养；把养成高尚的道德情操作为教师专业的品性标准；把教师的教学反思、学生成绩反馈作为提高教师专业水平的重要指标。[③]我国教育历来关注学生的全面发展，教师的专业发展与促进学生的全面发展直接相关。在制定教师专业标准时，以学生的全面发展反观教师的专业发展，也就是说，在制定教师专业标准时充分考虑促进学生素质和人格的全面发展。

第二节 中等职业学校教师资格制度建设

《中华人民共和国教师法》规定国家实行教师资格制度，《国务院关于加强教

① 孙珂，马健生. 促进教师的专业发展：英国教师教育标准述评. 比较教育研究，2011，(8)：30-34.
② 郭宝仙. 新西兰教师资格与专业标准及其启示. 外国中小学教育，2008，(9)：57-62.
③ 闫兵，张亮. 美澳两国教师专业标准比较研究及启示. 当代教育论坛（综合版），2010，(1)：116-118.

师队伍建设的意见》指出：严格教师资格和准入制度。全面实施教师资格考试和定期注册制度。完善符合职业教育特点的中职学校教师资格标准。严格教师资格标准、严把教师入口关是提高教师队伍整体素养，加强“双师型”教师队伍建设的重要举措，也是中职学校教师管理的基本制度。

一、教师资格制度

1992年，我国提出建立社会主义市场经济体制，劳动就业逐步走向市场化。1993年11月，中共中央《关于建立社会主义市场经济体制若干问题的决定》指出：“要制定各种职业的资格标准和录用标准，实行学历文凭和职业资格两种证书制度。”为此，1994年，我国开始实行国家职业资格证书制度。国家职业资格证书是持有者具备某种职业所需要的专门知识和技能的证明，是持有者求职、任职、开业的资格凭证，是用人单位招聘、录用员工的主要依据，也是境外就业、对外劳务合作人员办理技能水平公证的有效证件。与学历文凭证书不同，职业资格证书与某一职业能力的具体要求密切结合，反映特定职业的实际工作标准和规范，以及劳动者从事这种职业所达到的实际能力水平。职业资格包括从业资格和执业资格。从业资格是政府规定技术人员从事某种专业技术性工作的学识、技术和能力的起点标准。从业资格是有等级的，如我国技术性职业（工种）的职业资格证书，分为“初级技能”“中级技能”“高级技能”“技师”“高级技师”五种。执业资格是政府对某些责任较大、社会通用性强、关系公共利益的专业技术工作实行的准入控制，是专业技术人员依法独立开业或独立从事某种专业技术工作学识、技术和能力的必备标准。执业资格实行注册登记制度，取得《执业资格证书》后，要在规定的期限内到指定的注册管理机构办理注册登记手续。所取得的执业资格经注册后，全国范围有效。可见，执业资格是一种入职标准。教师职业是具有“责任较大，社会通用性强，关系公共利益”的专业技术工作。因此，教师资格证书相当于执业资格证书，取得教师资格证书，就具备从事教学工作的资格，与律师和医生的执业资格证书一样；而教师职务资格证书相当于从业资格证书。

从1994年1月1日起施行的《中华人民共和国教师法》对教师资格以法律的形式加以明确，《中华人民共和国教师法》规定：“取得高级中学教师资格和中等专业学校、技工学校、职业高中文化课、专业课教师资格，应当具备高等师范院校本科或者其他大学本科毕业及其以上学历；取得中等专业学校、技工学校和职业高中学生实习指导教师资格应当具备的学历，由国务院教育行政部门规定。”1995 年 12 月 12 日，国务院颁布的《教师资格条例》规定：“取得中等职业学校实习指导教师资格，应当具备国务院教育行政部门规定的学历，并应当具有相当助理工程师以上专业技术职务或者中级以上工人技术等级。”对实习指导教师的专业技术资格做出了规定。关于实习指导教师的学历要求，1996 年 7 月 11 日，国家教育委员会专门印发的《国家教委关于取得中等职业学校实习指导教师资格应当具备的学历的规定的通知》规定：“取得中等职业学校实习指导教师资格，应当具备各类中等职业学校、普通高级中学毕业及其以上学历，但对于确有特殊技艺者，经省级教育行政部门核准，其学历要求可以适当放宽。”明确了中职学校实习指导教师的学历要求。

2000 年 9 月，教育部印发《〈教师资格条例〉实施办法》；2001 年 5 月，《教育部关于印发〈关于首次认定教师资格工作若干问题的意见〉的通知》，国家首次开展全面实施教师资格认证工作。中职学校教师资格的实施，对教师的学历提高起到了积极的促进作用。据 1996 年教育统计，职业高中的专任教师中具有大学本科及以上学历者只占 31.0%，技工学校为 37.4%。而到 2008 年，职业高中的专任教师中具有大学及以上学历者占 77.8%，中专学校为 81.6%。

二、“双师型”教师弥补教师资格制度的不足

对于中职学校教师，仅有学历资格要求是不能满足职业教育发展的。多年的实践中，无论是教育部主管的中等专业学校和职业高中，还是劳动部门主管的技工学校，均在积极探索符合职业教育特点的教师资格标准。总的来看，教育部门强调建立“双师型”师资，劳动部门强调建立“一体化”师资，其内涵实质要求基本一致，只是称谓不同而已。

1997 年，教育部门在首次召开的全国职教师资队伍建设工作座谈会上明确提出：“职教师资工作以建设‘双师型’师资队伍为重点，今后中等职业学校要不断提高师资队伍中的‘双师型’教师所占比重，至 2010 年‘双师型’教师所占比例应不少于 60%。”1998 年 2 月，《国家教委关于印发〈面向二十一世纪深化职业教育教学改革的原则意见〉的通知》（教职〔1998〕1 号）指出：“要采取教师到企事业单位进行见习和锻炼等措施，使文化课教师了解专业知识，使专业课教师掌握专业技能，提高广大教师特别是中青年教师的实践能力。要注意从企事业单位引进有实践经验的教师或聘请他们做兼职教师。要重视教学骨干、专业带头人和‘双师型’教师的培养。”该意见初步提出了中职学校教师到企业实践的设想，对文化课和专业课教师资格做了补充说明。1998 年 12 月，《教育部关

于贯彻十五届三中全会精神促进教育为农业和农村工作服务的意见》指出："要切实抓好'双师型'师资队伍建设，通过多种形式的培训和加强考核评估等措施，着重提高专业教师的操作和动手能力，同时注意聘请有实际经验的专业技术人员和能工巧匠作为兼职教师。"初步构建"双师"素质和"双师"结构的双师型师资队伍。1999 年，《中共中央国务院关于深化教育改革全面推进素质教育的决定》（中发〔1999〕9 号）进一步指出："加快建设兼有教师资格和其他专业技术职务的'双师型'教师队伍。""注意吸收企业优秀工程技术和管理人员到职业学校任教，加快建设兼有教师资格和其他专业技术职务的'双师型'教师队伍。"2002 年，《国务院关于大力推进职业教育改革与发展的决定》指出："广泛吸引和鼓励企事业单位工程技术人员、管理人员和有特殊技能的人员到职业学校担任专、兼职教师，提高具有相关专业技术职务资格教师的比例。"2006 年，《教育部关于建立中等职业学校教师到企业实践制度的意见》指出："中等职业学校专业课教师、实习指导教师每两年必须有两个月以上时间到企业或生产服务一线实践。"这些政策为建立"双师型"师资提供了重要的制度保障。

技工学校在不断完善教师资格标准的同时，进一步加强"一体化"师资的建设。1993 年，《劳动部关于深化技工学校教育改革的决定》指出："实行技工学校教师资格证书制度和考核制度。"2002 年，劳动和社会保障部《关于加强职业培训教师队伍建设的意见》指出："既能讲授专业理论又能指导生产实习的'一体化'教师不断增多，逐步形成一支数量适当、结构合理、专兼职相结合、具有较高职业道德水平、较强创新意识和实践能力的新型教师队伍。"2007 年，劳动和社会保障部印发《关于印发国家重点技工学校标准的通知》（劳社部发〔2007〕26 号）指出："文化、技术理论课教师具有高级讲师职务的占 25%以上；技术理论课教师至少具备本专业相关职业的初级工操作技能水平，其中达到中级工及以上技能操作水平的应占 40%以上；实习指导教师具备高级工及以上技能操作水平的达 80%以上；高级实习指导教师、技师和高级技师占实习指导教师总数的 40%以上。理论实习教学一体化教师达到专业课教师总数的 50%以上。"

中职学校教师资格制度实施以来，由于国家中职学校教师资格标准只有学历和一般教育教学能力的要求，反映中职学校教师的特色要求不够，因此在实践中探索构建学历以外的教师资格制度，教育部门的中职学校形成了以"双师型"师资为特色的教师资格补充标准，劳动部门的技工学校形成了以"一体化"师资为特色的教师资格补充标准。二者名称虽有所不同，但实质内涵基本是一致的。

三、中职学校教师资格制度的完善

教师资格证书制度是国家法定的职业许可制度，中职学校教师资格制度是国家教师资格制度的重要组成部分。纵观世界各国职业学校教师资格制度，大多包括了与职业相关的工作经验、教育或学历要求、教师培训和教学体验三方面的内容，只有具备了这些条件才具备申请教师资格的条件。

许多国家都制定了符合职业教育特点的职业学校教师资格标准。北欧国家职教教师资格中都有对职业经验方面的要求。对于职业经验的年限要求，如芬兰和冰岛要求1～2年，瑞典和挪威要求4～5年。挪威还提出职教教师应具有技术工人资格。在教育要求方面，北欧国家对职教教师的教育要求，不仅体现在对教育程度的要求，更为突出的是体现在与所教授职业相关的继续教育方面的要求。瑞典对职教教师接受正式教育有不同程度的要求，一些专业教师，只需具有三年普通高中教育程度，但必须在高等教育中学习至少两年的相关职业理论。丹麦职教教师所接受的最低普通教育水平，可以是学术性高中毕业水平，但同时需要接受与职业相关的继续教育。挪威要求职教教师具有大学入学考试资格，同时接受过两年有关职业理论的继续学习。芬兰的职教教师必须在大学或综合学院中学习过5～6年。近些年，我国借鉴这些标准也在积极进行符合职业学校教师特点的资格标准制定。例如，2012年12月，《山东省人民政府关于加快建设适应经济社会发展的现代职业教育体系的意见》，对职业学校教师职业资格提出如下要求：中等职业学校新进专业教师一般应具有3年以上所需专业工作经历、三级以上职业资格或助理以上非教师所需系列专业技术职务；高等职业学校半数以上新进专业教师一般应具有3年以上所需专业工作经历、非教师所需系列中级以上专业技术职务或二级以上职业资格（执业资格）。天津市出台了新引进的具有硕士学位的青年教师选送到企业培训的制度。其实，制定职业学校教师资格标准并不难，难的是有了标准后能否有效实施，即教师资格制度实施的条件是否具备。由于我国的职业教育一直处于改革发展阶段，而且情况相对复杂，制定出符合我国国情的职业学校教师资格标准还比较难。纵观各国的教师资格制度，其往往是本国人事分配制度、教师地位和教育制度及职业资格制度实施情况等多种因素共同决定的产物。因此，分析我国中等职业学校教师资格制度实施的条件，是制定我国中等职业学校教师资格标准的重要前提。

从现实来看，我国职业学校教师资格制度在21世纪初才开始实施，推行的时间较短，人们对职业资格的认识还不够深入。为了加强社会对职业资格的重视，我国往往把职业资格纳入职务资格中，导致人们有重职务资格、轻职业资格的观念。总之，社会对职业资格的重视程度还有待提高，职业资格证书制度的严肃性还有待强化，在这种情况下，职业学校教师资格制度仍宜粗不宜细。

从我国教师教育来看，为了保持教师资格制度的先进性，借鉴了许多国家的经验。教师资格制度的实施与教师职后继续教育是相辅相成的，而目前职业学校教师职后继续教育制度还缺乏长期稳定的制度保障。1999 年，教育部颁布了《中小学教师继续教育规定》（中华人民共和国教育部令第 7 号），而中等职业教育还没有相应的法律法规保障。职业学校教师继续教育的体系也不完整，虽然我国有了 101 个国家级师资培训基地和 300 多个省级培训基地。但这些基地在培训设施、培训课程和体现职业教育特色的教师资格认证等方面还存在较大差异，难以提供尺度统一、高质量的满足职业学校教师的资格认证及其所需的培训。

我国职业学校教师的社会地位还有待提高。我国职业教育采取初中后分流制度，分"留"出来的基本是普通教育的"末端产品"，客观上面对这样的教育对象办成高水平的职业教育难度很大，这种教育现状想拥有较高的职业声望和社会地位实非易事。从经济待遇来看，中等职业教育是专业教育，与高等教育中的高职高专和本科院校从事的教育性质具有相似性，但待遇远远低于高等教育的教师。现实中，把中等职业教育纳入高中阶段教育，工资级别按普通高中相应教师职务级别标准执行，但在教育资源不均等、升学热的情况下，中职学校教师收入与普通高中，尤其是重点高中教师的实际收入也难看齐。中职学校专业课教师虽然是专业技术人员，但没有专业技术人员的发展空间大，致使中职学校很难留住技术出色的技术人才。一句话，中职学校教师职业缺乏吸引力。完善教师资格制度，无疑又提高了入门门槛，一种职业在没有吸引力的情况下实施职业资格制度，情况可想而知。因此，在目前的工资制度和分配制度情况下，实施中职学校教师资格制度会束缚职业教育发展。

从以上分析不难看出，我国中等职业教育全面实施符合中等职业教育教学要求的教师资格制度还有许多制约因素。《国家中长期教育改革和发展规划纲要（2010—2020 年）》提出：要"完善符合职业教育特点的教师资格标准和专业技术职务（职称）评聘办法"。因此，需要我们下大力气创设有利于实施中职学校教师资格制度的条件，只有这样，我国实施符合职业教育特点的教师资格制度的春天才会到来。

第三节　中等职业学校教师专业技术职务的评聘标准

教师专业技术职务（职称）是对教师专业知识、能力和水平的一个综合性评价。由于教师的专业技术职务等级与工资等待遇挂钩，教师非常重视专业技术职务评聘工作，教师的专业发展很大程度上是按照专业技术职务的标准来构建的。因此，科学合理的教师专业技术职务评聘标准是引导教师专业发展一个非常重要的指标，必须建立符合职业教育特点的中等职业学校教师专业技术职务评聘标准，才能建立起以“双师型”教师为重点的教师队伍。

一、中等职业学校教师职务制度

我国中等职业学校教师职务制度从20世纪80年代初开始试行。1980年2月，经国务院批准，教育部印发《关于中等专业学校确定与提升教师职务名称的请示报告》及《关于中等专业学校确定与提升教师职务名称的暂行规定》(〔80〕教专字002号）两个文件。《关于中等专业学校确定与提升教师职务名称的请示报告》指出：“建国以来，中等专业学校教师一直没有职称，50年代曾经一度酝酿，但后来不提倡学位学衔而终止。”《关于中等专业学校确定与提升教师职务名称的暂行规定》规定了中等专业学校教师职务名称为副教授、讲师、教员、实习教员四级，并对四级教师职务条件做了明确规定。在任职条件中均强调理论知识和实践技能并重。1980年12月，国务院批复“同意技工学校文化、技术理论课教师职称的确定和提升，按照国务院批准教育部的《关于中等专业学校确定与提升教师职务名称的暂行规定》试行。至于生产实习课教师的职务名称，可按各主管业务部门的有关技术职称的规定执行”。可见，当时中等职业学校教师职务名称与普通高等教育具有一致性。

1980年2月，教育部印发《关于中等专业学校确定与提升教师职务名称的暂行规定》(〔80〕教专字002号)；7月又发布《关于中等专业学校确定与提升教师职称试点工作的通知》(〔80〕教专字007号);经试点后,1981年2月又发布《关于中等专业学校评定教师职称工作的通知》,在全国中等专业学校开展教师职称的评定工作。在这个阶段,中等专业学校教师专业技术职务评定以评为主,只评不聘,专业技术职称只作为一种荣誉性的学术称号,由本人申报提交材料,并附所在单位的意见,然后由各级专业技术职务评审委员会进行评定,评审通过后,由主管行政机关授予专业技术职称。教师专业技术职务评定制度的恢复和重建,极大地调动了教师工作的积极性和创造力,尤其对于缓解当时教师队伍年龄断层起到了积极的作用。但是,由于专业技术职务评定过程中因人设岗、论资排辈现象比较突出,不能充分反映教师真正的教学水平和能力,青年教师因资历不够而得不到晋升,影响了青年教师的积极性和主动性。为了总结经验教训,克服专业技术职务评定工作中出现的混乱现象,1983年,我国决定暂停专业技术职务评定,研究制定新的专业技术职务管理制度。

20世纪80年代中后期,随着经济体制改革的深入,我国开始探索建立专业技术职务聘任制度。1984年10月,中共十二届三中全会通过了《中共中央关于经济体制改革的决定》,1986年1月,《中共中央、国务院转发〈关于改革职称评定、实行专业技术职务聘任制度的报告〉的通知》(中发〔1986〕3号)指出:"当前,为了适应经济体制改革和科技、教育体制改革的需要,需要总结过去职称评定工作经验的基础上,改革职称评定制度。改革的中心是实行专业技术职务聘任制度,并相应地实行以职务工资为主要内容的结构工资制度。"1986年4月,中央职称改革工作领导小组《关于转发〈技工学校教师职务试行条例〉及〈实施意见〉的通知》及《关于技工学校教师职务聘任试点工作安排意见的报告》(职改字〔1986〕第48号)。《技工学校教师职务试行条例》对技工学校教师职务名称规定如下:①技工学校文化、技术理论课教师职务名称定为高级讲师、讲师、助理讲师、教员;②技工学校生产实习课教师职务名称为高级实习指导教师、一级实习指导教师、二级实习指导教师、三级实习指导教师。1986年5月17日,中央职称改革工作领导小组转发了国家教育委员会发出的《中等专业学校教师职务试行条例》及《实施意见》中提出:"根据中等专业学校教师工作的特点和师资队伍建设的需要,现将中等专业学校原设的实习教员、教员、讲师、副教授四级教师职称依次调整为教员、助理讲师、讲师、高级讲师四级职务。"《技工学校教师职务试行条例》对教师的职务、职责、任职条件、任职资格评审、聘任或任命均做了详细规定。1987年7月16日,国家教育委员会印发的《关于职业中学专业课教师职务聘任工作的补充意见》规定:"职业中学教师职务聘任工作,应根据中央职称改革工作领导小组和国家教委关于中小学实行教师职务聘任制工作的有关文件执行。”“在教师职务聘任工作中，对教师任职条件的掌握，要坚持理论和实践并重的原则，主要考察教师的政治思想、文化专业知识水平、教育教学能力、实际操作技能、本行业的实践经验和履行职责的实绩。达到相应职务要求的，可以聘任相应职务。”至此，我国形成了三类中等职业学校三种教师职务聘任制度。

20世纪90年代初，我国开始从计划经济体制向市场经济体制转轨，打破计划经济体制下的教师职务终身制，逐步建立择优聘任上岗的教师职务聘任制度，成为中等职业学校教师职务管理制度改革的重要内容。1993年10月颁布的《中华人民共和国教师法》明确规定“国家实行教师职务制度”，标志着我国教师队伍管理进入法制化、规范化的轨道。2000年7月，组织部、人事部《关于印发〈关于加快推进事业单位人事制度改革的意见〉的通知》（人发〔2000〕78号）中指出：“破除干部身份终身制，引入竞争机制，在事业单位全面建立和推行聘用制度，把聘用制度作为事业单位一项基本的用人制度。所有事业单位与职工都要按照国家有关法律、法规，在平等自愿、协商一致的基础上，通过签订聘用合同，确定单位和个人的人事关系，明确单位和个人的义务和权利。通过建立和推行聘用制度，实现用人上的公开、公平、公正，促进单位自主用人，保障职工自主择业，维护单位和职工双方的合法权益。通过聘用制度转换事业单位的用人机制，实现事业单位人事管理由身份管理向岗位管理转变，由单纯行政管理向法制管理转变，由行政依附关系向平等人事主体转变，由国家用人向单位用人转变。”2002年7月，《国务院办公厅转发人事部〈关于在事业单位试行人员聘用制度意见〉的通知》（国办发〔2002〕35号）明确规定，在人员聘用过程中坚持按需设岗、竞争上岗，根据岗位确定工资待遇，并要求建立和完善考核制度，规范聘用行为，妥善做好未聘人员的安置工作。2006年7月，人事部出台了《事业单位岗位设置管理试行办法》和《〈事业单位岗位设置管理试行办法〉实施意见》（国人部发〔2006〕87号），进一步明确要求事业单位实行专业技术岗位聘用制度。

按照上述文件的要求，2007年5月《人事部、教育部关于印发高等学校、义务教育学校、中等职业学校等教育事业单位岗位设置管理的三个指导意见的通知》（国人部发〔2007〕59号），提出中职学校分为管理岗位、专业技术岗位和工勤技能岗位三种类别。根据中职学校的社会功能、职责任务、工作性质和人员结构特点等因素，综合确定中职学校管理岗位、专业技术岗位、工勤技能岗位总量的结构比例。岗位设置要优先满足教育教学、实习实训等工作的实际需要，严格控制非教学人员岗位。中等职业学校教师岗位占学校岗位总量的比例一般不低于85%，其他岗位原则上不超过15%。中等职业学校岗位设置实行岗位总量、结构比例和最高等级控制。学校各类岗位及结构比例的确定，要充分体现学校的性质和特色，特别是适应中职学校重点专业、紧缺专业建设的需要。中职学校专业技术岗位与相应教师职务序列相对应，设高级岗位、中级岗位和初级岗位，共划分9个等级。其中，高级岗位设3个等级，分别对应事业单位专业技术岗位等级的五级、六级、七级；中级岗位设3个等级，分别对应事业单位专业技术岗位等级的八级、九级、十级；初级岗位设3个等级，分别对应事业单位专业技术岗位等级的十一级、十二级、十三级。中等职业学校教师专业技术职务加强了岗位管理。

截至目前，聘用制度已在各地全面推行，与其紧密相关的各项制度，如监督考核制度、评估指标体系等也正在完善之中，中职学校的人事管理已由身份管理转向岗位管理，由行政任用关系转向平等协商的聘用关系。

二、中等职业学校教师职务制度的完善

从国家层面来看，我国中等职业学校教师专业职务是在20世纪80年代中期制定的，以后一直没有修订完善。而我国职业教育已从以往的计划经济体制下办学发展为面向市场经济体制办学，教师的教育教学能力要求与以往有了很大的不同。1997年12月颁布的《国家教育委员会、国家计划委员会关于普通中等专业学校招生并轨改革的意见》（教职〔1997〕10号）提出，中等职业学校学生开始实行缴费上学、自主择业、双向选择的招生就业制度，就业指导成为中职学校教育教学的重要组成部分。1999年6月，中共中央、国务院颁发《关于深化教育改革，全面推进素质教育的决定》，提出“扩大高中阶段教育和高等教育的规模”。从此，随着高校大规模扩招，我国中职学校的招生对象和招生办法发生了很大的变化，招生、教育和管理的难度加大。2005年11月，《国务院关于大力发展职业教育的决定》（国发〔2005〕35号）提出，“坚持‘以服务为宗旨、以就业为导向’的职业教育办学方针，积极推动职业教育从计划培养向市场驱动转变，从政府直接管理向宏观引导转变，从传统的升学导向向就业导向转变”。“大力推行工学结合、校企合作的培养模式。”上述一系列的教育教学改革，使中职学校教师的教育对象、教学内容及方式和以前相比发生了很大的变化，在国家各类中等职业学校教师职务试行条例没有改变的情况下，各地根据教师工作任务的变化，积极完善教师专业技术职务评聘标准。从近年来各地出台的有关中等职业学校教师职务资格、职务聘评条件等来看，与1986年国家制定的各类教师职务

试行条例相比有了很大的改变，但各地的差异性也较大。为此，建议国家重新制定《中等职业学校教师职务条例》，指导各地制定中等职业学校教师专业技术职务评审（评聘）办法。在充分借鉴各地有益经验的基础上，我们提出新的中等职业学校教师职务制度框架建议。

（一）定岗定编，明确教师岗位职责

教师职务是学校依据教育教学需要而设置的教师工作岗位，有明确的职责。有效设置教师岗位，需要核定科学的教师编制，根据教师编制确定教师工作岗位，根据工作岗位确定各类教师职责，所以定岗定编是确定教师工作岗位的重要前提。教师的岗位职责也是确定教师任职条件和制定教师专业技术职务资格评聘条件的基础，有了岗位职责才能明确任职条件，有了任职条件才能制定出教师专业技术职务评聘条件。可见，岗位职责在教师职务制度中具有基础性的地位和作用。

中职学校在建立科学的教职员工编制标准的基础上核定好教师岗位，根据中职学校教育教学目标确立岗位职责，教师岗位职责的确定应突出这样几个方面：既要重视教学工作，也要重视各类教育工作，包括学生管理与教育、生涯与就业指导、德育、体育、美育等工作；既要重视传统的理论教学工作，也要特别重视实践教学工作；既要重视校内教学能力建设，也要重视与行业企业合作育人；既要重视人才培养，也要重视学校改革创新与协调发展等。

（二）制定统一的中等职业学校教师专业技术职务资格标准

目前，各地区在制定三类中等职业学校教师专业技术职务资格时仍分而治之，但由于三类中等职业学校人才培养目标和培养模式已经趋同，教师相应的资格标准无明显差异，已没有分别制定的必要。相反，统一标准有利于规范中等职业教育发展，有利于强化中职教育教师整体的社会形象，推动教师校际间的合作与流动，促进中职学校教师专业化，为深化中等职业学校教师聘用制改革创造条件。

（三）形成兼容文化课、专业课和实习指导教师三类教师的专业技术职务评审条件

技能型人才成为我国中等职业教育人才培养目标的定位，工学结合、校企合作、顶岗实习，是具有中国特色的职业教育人才培养模式和中等职业学校基本的教学制度。实现上述人才培养目标和培养模式，要求中职学校强化并明晰“双师

型”教师的专业技术职务评审条件，同时对传统的文化课、专业课和实习指导三类教师队伍能够有所兼容和兼顾，或者有一个引导性的过渡办法，建立新的以“双师型”为主体的教师队伍体系。中职学校文化课程，要按照培养学生基本科学文化素养、服务学生专业学习和终身发展的功能来定位。专业课教师要在专业技术理论的基础上，突出实践教学能力，具备双师素质；实习指导教师要在突出实践教学能力的基础上，完成“双师型”教师的转变。

（四）制定兼职教师专业技术职务任职资格标准

由于中职学校专业变动频繁，加之学校将工学结合、校企合作作为基本教学制度，并且要求中职学校建立起固定岗和流动岗相结合、专职和兼职相结合的设岗和用人办法，兼职教师将越来越成为中等职业学校教师队伍的重要组成部分。因此，中职学校也要有一整套完善的管理办法，建立兼职教师专业技术职务任职资格标准。兼职教师任职资格标准也不可一概而论，要分别制定技能型人才和非教师系列专业技术职务的任职条件，技能型人才可分为高级工、技师、高级技师及能工巧匠四个层次；非教师系列专业技术职务分为中级、高级两个系列。这两类六种非教师系列专业人才任职资格标准的确定，一是要符合教学要求和兼职教师管理的要求，二是要参照其原工作岗位的任职资格标准。

（五）“双师型”教师认定不能与教师职务制度相混淆

2005年11月，《国务院关于大力发展职业教育的决定》（国发〔2005〕35号）指出，加强“双师型”教师队伍建设。为了落实好国务院的精神，近些年来吉林、安徽、重庆、成都等地区开展了中等职业学校“双师型”教师认定工作。有的把“双师型”教师也像教师职务制度一样分为初级、中级、高级三个级别；有的还制定了“双师型”教师职务津贴，有的甚至称“双师型”教师资格或职务[①]。“双师型”教师一直是一个内涵不十分明确的用语，而中等职业学校实行教师职务制度在《中华人民共和国教师法》中有明确规定。因此，在目前的情况下，“双师型”教师作为一个强化手段纳入教师职务制度之中，替代教师职务制度既缺乏依据，在现实中也难以全面推行。

（六）进一步落实中等职业学校教师“双职称”制度

“双师型”教师是职业教育师资队伍建设的重点，“双师型”教师最初的含义

① 刘韵琴.“双师型”教师资格认证与实施绩效研究. 中小企业管理与科技（上旬刊），2010,（5）：146-148.

是“双职称”，即既是教师系列的讲师等，又是职业领域的技师或工程师、农艺师等。《关于中等专业学校确定与提升教师职务名称的请示报告》中还指出：“中等专业学校的教师，在调来学校前，或在兼任社会职务时，已有其他部门授予某种职称，可兼有双重职称。”这就充分考虑了中等职业学校教师的职务特点。1994年，《国家教育委员会办公厅关于印发〈全国骨干职业技术学校（中心）建设工作研讨会纪要〉的通知》指出：“专业课教师和实习指导教师逐步实行‘双职称’制。”1997年9月，《国家教委关于印发〈关于加强中等职业学校教师队伍建设的意见〉的通知》（教职〔1997〕8号）指出：中等职业学校的专业课教师及实习指导教师，不仅可以评聘教师职务，同时，也可以申请评定相应专业（工种）的技术资格。此后，国家在多个文件中都做出明确规定。但从实践来看，绝大多数地区没有落实，但也有一些地区积极试点。例如，天津市从2008年开始率先在职业教育专业教师中推行评聘第二专业技术职称的制度，即专业教师既可在教师职务系列取得专业技术职称，也可按照相应专业技术职务系列的要求评聘第二个专业技术职务，取得相应的职业资格证书。一批既懂理论知识又掌握专业技能的教师被评聘为“双职称”。当然，“双职称”评聘由于受工作范围及政策等限制，具有一定难度，但其符合职业教育特点是不言而喻的，实际执行中可以认定“双职称”教师享受高一级待遇等办法，进一步创造条件和鼓励中等职业学校教师成为“双职称”教师。

第四节　教职工编制对中等职业学校教师标准体系建设的影响

中等职业学校教职工编制是我国事业编制的重要组成部分。制定科学的中职学校教职工编制标准和实施办法，合理核定中职学校教职工编制，直接关系到我国职业教育的健康发展。教师在学校人力资源中处于主体地位，科学确立生师比是教职工编制标准制定中最基础的一项内容，作为一个宏观的标准问题对教师标准体系建设具有深刻的影响。长期以来，我国在这方面的研究比较粗浅和薄弱。

一、确定生师比应考虑的主要因素

影响中等职业教育生师比的因素较多，有宏观的，也有微观的；有政策方面的，同时也受到社会经济条件等办学条件的影响。概括起来，主要有以下几个因素。

（一）班级容量

学校教育基本的组织形式是以班级为单位开展教学活动，无论是学年制教育，还是弹性学制教育，都以班级为单位开展教学活动。班级容量既受制于硬件条件与学生数量的制约，也受软环境的影响，尤其是国家强制性政策的影响。班级容量直接关系到教学的效率和效果，因此也是制定教师教学标准工作量考虑的重要因素。1952 年 10 月，教育部印发的《中等技术学校（包括专业学校）试行组织编制》规定：中等技术学校每班 50 人左右。2002 年 6 月，《教育部关于贯彻〈国务院办公厅转发中央编办、教育部、财政部关于制定中小学教职工编制标准意见的通知〉的实施意见》（教人〔2002〕8 号）规定：中小学根据教育教学规律和教学要求安排班额，并根据班额组织教学班级。原则上普通中学每班学生 45～50 人，城市小学 40～45 人，农村小学酌减，具体标准由各省（自治区、直辖市）根据实际情况确定。

（二）教师工作量

教师工作量是指教师一年或一周需要完成的标准教学时数。由于教师工作包含备课、批改作业、教学辅导、自我学习等内容，因此教师应完成的标准学时数，就不能按每天完成 8 学时授课任务计算，而应将备课、批改作业、教学辅导等折算成标准学时数，从而计算教师一周应完成多少标准学时数的教学任务。明确了教师授课标准学时数，就可以确定任课教师数量。例如，1954 年 4 月，《劳动部关于技工学校暂行办法草案》中规定：政治、文化、技术理论课教师按每人每周平均授课约十五课时配备。

（三）实践教学条件

中职学校培养技能型人才，需要加强学生实践能力和职业技能培养，要求学校具备必要的实践教学条件。实践教学条件也是确定理论课与实践课教学比例的重要因素，没有相应的实践教学条件，就只能加大理论课教学时数的比例；相反，实践教学条件充足，就可以扩大实践教学的比例，增强学生实践能力和职业技能的培养。当然，理论教学与实践教学的比例从根本上要遵循人才培养目标和教育教学规律。由于不同产业、不同专业的职业教育对实践教学条件的要求不尽不同，这也是造成不同产业、不同专业学校生师比存在差异的重要原因。例如，国家教育部 1952 年 10 月印发的《中等技术学校（包括专业学校）试行组织编制》规定：中等技术学校教员（包括助理教员）每班按 2.5～3 人配备，不同科类的学校，教职员工人数与学生人数的比例不尽一致。例如：工业学校设有实习工厂者最高不超过 1∶6.5，未设实习工厂者最高不得超过 1∶7；农林学校，最高不得超过 1∶7.5；卫生学校，最高不得超过 1∶8；财经类学校，最高不得超过 1∶9。

由于实践教学条件包括校内实践教学条件，也包括校外实践教学条件，因此实践教学条件也是确定教学模式的重要依据。

（四）人才培养模式

简单地说，职业教育人才培养模式就是如何培养技能型人才的问题，它是职业教育机构和教育工作者群体在一定的职业教育思想和理论指导下，根据现有的办学条件，为完成技能型人才培养目标而构建起来的人才培养结构范式，或人才培养过程的某种标准样式和运行方式。人才培养模式既受教育理论的影响，也受办学条件的制约。人才培养模式是由人才培养目标决定的，同一人才培养目标可以有多种人才培养模式。例如，1954 年 4 月，《劳动部关于技工学校暂行办法草案》中的第三条规定：技工学校以培养四、五级技工为主；第八条规定：技工学校是培养理论与技术兼备的技工。其各类课程的一般比例应是：技术实习占 50%～60%，技术理论、政治、文化、体育等课程共占 40%～50%。进入新世纪，由于我国社会经济的快速发展，中职学校办学条件的明显改善，2005 年，《国务院关于大力发展职业教育的决定》提出：大力推行工学结合、校企合作的人才培养模式。这一人才培养模式使得职业教育教师的内涵和外延发生了变化，中等职业学校教师不仅包括学校编制教师，也包括合同聘用的兼职教师，还包括企业选配的指导顶岗实习学生的技术人员，使得生师比的计算变得复杂。

（五）教学模式

教学模式是指在一定教学思想（教学理论）指导下，为完成规定的教学目标，在某种教学环境和资源支持下的教与学活动中各要素之间建立起来的较为稳定的具有范式意义的教学活动结构框架和活动程序。教学模式主要取决于人才培养模式，不同的人才培养模式可以采取不同的教学模式。例如，近年来为了有效地培养技能型人才，提高学生的实践操作能力，国家大力推行工学结合、校企合作的人才培养模式，许多学校加大了与企业结合的力度，加大实践教学比例，形成了工学交替、半工半读、理论和实践一体化等教学模式。教学模式也是影响教学工作量、教学效率和教学质量的重要因素。

（六）教学方法

教学方法是教师的教法和学生的学法的统一。方法与人的活动相结合，具有一定灵活性，所以有“教学有法，教无定法”的说法。一般而言，教学方法取决于人才培养目标、培养模式、教学模式和教学内容等。2009 年颁布的《教育部关于制定中等职业学校教学计划的原则意见》（教职成〔2009〕2 号）规定：中等职业学校培养与我国社会主义现代化建设要求相适应，德、智、体、美全面发展，具有综合职业能力，在生产、服务一线工作的高素质劳动者和技能型人才。随着我国职业学校培养综合职业能力的技能型人才培养目标的提出，要求中职学校的教学体现“做中学、做中教”的教育思想，因此在实践中产生了项目教学法、案例教学法等职业教育常用的教学方法。教学方法也会影响教师教学的工作量，即同一教学内容，可以采取不同的教学方法，但不同的教学方法教师花费的教学工作量是不一样的，教学效果也有所不同。当然，教学工作量与教学质量不一定成正比，如果教学方法得当，可以在减少教学工作量的同时，提高教学质量。因此，教学方法的改革具有多重意义。

（七）教学手段

教学手段是师生教学相互传递信息的工具、媒体或设备。随着科学技术的发展，教学手段经历了口头语言、文字和书籍、印刷教材、电子视听设备和多媒体网络技术等五个阶段。现代化教学手段与传统教学手段是相对而言的。传统教学手段主要包括教科书、粉笔、黑板、挂图、教具等，现代教学手段则在很大程度上引入信息技术，呈现的内容更加生动多样，但并不能全面替代传统教学手段。教学手段也是影响教师教学工作量的一个重要因素，采用先进的教学手段能节约教师的工作量。因此，制定教师标准工作量对教师采用的教学手段也要有所考虑。

二、计算指标标准的确定

（一）班级容量

按照《教育部关于〈贯彻国务院办公厅转发中央编办、教育部、财政部关于制定中小学教职工编制标准意见的通知〉的实施意见》（教人〔2002〕8号），对中小学每班学生的人数做了明确规定，中学45～50人；按照2001年10月《国务院办公厅转发中央编办、教育部、财政部关于制定中小学教职工编制标准意见的通知》（国办发〔2001〕74号文件）的编制标准折算，普通高中每班可配备教师3.0人。1999年7月，山东省人民政府办公厅关于印发《山东省全日制中小学职业中学机构编制管理暂行规定》的通知（鲁政办发〔1999〕46号）规定：理工类，48人/班，教师3.5人，职工1.5人；文科类，48人/班，教师3.2人，职工1.3人。中等职业教育也属于高中阶段教育，加之近年来实践教学比例加大，一般每班应以40人为宜。

（二）教师工作量

中等职业教育与普通高等教育一样，属于专业教育，同时，由于中等职业教育与社会经济联系最为密切，社会经济条件、技术进步和企业组织形式的变化，专业内容需要不断进行调整，教学内容需要不断更新，教师需要不断补充和更新专业知识与技能，由于中职学校专业调整、增减比较频繁，经常需要跨专业教学。因此，职业教育无论是与普通高中教育，还是与普通高等教育相比，教师自我补充新知识、备新课的工作量都比较大。假设中职学校教师授课时间占全部教学任务的1/3，教师授课时数为每周13学时，1学年按40个教学周计算，为520个授课学时，教学工作量至少达到1560学时（不含班主任等工作量）。

（三）教学计划时数

2009年1月，《教育部关于制定中等职业学校教学计划的原则意见》（教职成〔2009〕2号）中规定：招生对象与学制全日制中等职业学校学历教育主要招收初中毕业生或具有同等学力者，基本学制以3年为主；招收普通高中毕业生或同等学力者，基本学制以1年为主。每学年为52周，其中教学时间40周（含复习考试），假期12周，每周一般为28学时。顶岗实习一般按每周30小时（1小时折1学时）安排，3年总共为3000～3300学时。

（四）公共基础课教学时数与技能课教学时数比例

根据《教育部关于制定中等职业学校教学计划的原则意见》（教职成〔2009〕2号）规定：中等职业教育是高中阶段教育的重要组成部分，其课程设置分为公共基础课程和专业技能课程两类。公共基础课程学时一般占总学时的1/3，累计总学时约为1学年。专业技能课程学时一般占总学时的2/3，其中顶岗实习累计总学时约为1学年。要在加强专业实践课程教学、完善专业实践课程体系的同时，积极探索专业理论课程与专业实践课程的一体化教学。

从文件规定来看，中等职业学校的课程可分为公共基础课、专业理论课、专业实践课及理论与实践一体化的课程。由于公共基础课、专业理论课和专业实践课在教学条件、教学内容、教学方式、教学方法等方面存在较大差异，因此它们之间的教学工作量存在差异，需要进行折算。为此，需要对它们之间的教学学时进行四方面的确定和折算：一是公共基础课与专业技能课学时的折算；二是专业技能课中的专业理论课与专业实践课学时比例的确定，以及二者之间学时数的折算；三是专业理论和专业实践一体化课程与专业理论课学时的比例及其二者学时之间的折算；四是到企业顶岗实习1年教学任务的确定。假如公共基础课、专业理论课与专业实践之间折算系数按1∶1.2∶1.4计算，专业实践课占专业技能课的2/3，每年教学时数按3300学时计算，那么，前两年的实际教学时数为2567学时。

第三年的企业顶岗实习，学校应如何安排实习指导教师，目前没有明确规定。2007年6月，教育部、财政部印发的《中等职业学校学生实习管理办法》（教职成〔2007〕4号）指出：学校应当建立健全学生实习管理制度，要有专门的实习管理机构，要加强实习指导教师队伍建设，要建立学生实习管理档案，定期检查实习情况，处理实习中出现的有关问题，确保学生实习工作的正常秩序。为此，我们假定每个班安排1名实习指导教师，假如实践教学教师按照实际工作日250天、每天8小时计算，1年实习指导工作量至少为2000小时。

（五）短期培训学时的计算

目前，我国中等职业学校形成了学历教育与短期培训、长学制与短期办学相结合的办学体制。根据《中国教育统计年鉴》的统计数据，2006年中职学校短期培训人数为774.81万人，在校生人数为1809.89万人，短期培训人数约为在校生人数的1/2，可见，短期培训已成为我国中职学校重要的教学内容。假如中职学校开展短期培训的班级容量也按40个人计算，短期培训的教学时数平均为1

个月（4 周）/年。由于短期培训主要是实践教学或理实一体化教学，其教学时数约为 224 学时。

三、生师比的计算方法

（一）生师比计算的假设条件

（1）学校教学秩序正常；
（2）理论课教学班级容量为 40 人；
（3）学校实验、实习、实训条件能够满足教学需要；
（4）教师是全专职教师，不包括校内外兼职教师；
（5）教师能够很好地胜任教学工作；
（6）学生中途没有辍学现象；
（7）学生在学校学习时间累计 2 年，在企业顶岗实习累计为 1 年；
（8）学生在企业顶岗实习期间，学校每班配备 1 名实习指导教师。

（二）生师比计算公式

本计算方法是以一个 40 人标准班级、3 年的教学计划学时数为依据，以学历教育的公共基础课教学时数为基础，把学历教育的技能课教学时数、指导企业顶岗实习教学时数和短期培训教学时数全部折算成学历教育公共基础课教学时数。其中，学历教育年平均教学时数取 3 年的公共基础课教学时数、专业技能课教学时数和指导企业顶岗实习教学时数之和的平均数。其计算公式如下：

$$\text{生师比公式}=\frac{\text{班级学生人数}}{\text{全年实际教学时数}/\text{教师全年完成的标准教学工作量}}$$

其中，全年实际教学时数=（公共基础课学时+专业技能课学时+企业顶岗实习学时）/3+短期培训教学时数=3087 学时/3+224 学时=1253 学时；教师的全年标准教学工作量=520 学时。所以，

$$\text{生师比}=\frac{40}{1253/520}=16.6$$

四、生师比计算的重点和难点

以上计算的数据是假设的，并非反映实际的情况，对于许多中职学校，生师比远远高于此理论计算数据。要计算真实的生师比，需要做大量的科学测算，最

为重要的是以下几个指标的确定。

（一）教师工作量的确定

根据我国现行的劳动制度，全职在岗人员每周工作 5 天，每天工作 8 小时，每周工作 40 小时。由于教师工作性质的特殊性，在课程教学以外还有大量的如备课、批改作业、教学辅导、教学管理、课外活动等工作任务，也包括自我学习、更新知识、教学研究等隐形的工作任务。即使是备课、辅导这样的显性工作任务，也很难准确衡量。因此，教师的教学工作任务通常以授课时数作为衡量基数。如何测算授课以外的教学工作量，并把它折算成授课教学时数，是计算教师工作量需要明确的一个问题。

（二）理论课教学与实践课教学的折算系数

如前所述，中等职业学校的课程分为公共基础课和专业技能课，专业技能课又分为专业理论课与专业实践课，这三类课程性质不同，同样的教学时数，教师所付出的教学工作量不一样，因此在计算生师比时还需要进行折算，尽量使其同质化。确定三者之间的折算系数需要明确三个方面：一是专业理论和专业实践课之间的教学时数比例。公共基础课与专业技能课之间的教学学时比例，国家有明确规定，而对于专业理论课与专业实践课，各专业之间由于存在一定差异，应区别对待，但计算生师比首先应确定二者的教学时数比例。二是专业理论课、专业实践课与公共基础课之间的折算系数。对于专业基础课，由于教学内容需要不断更新，同时开设一些实验实习课，因此工作任务应大于相对稳定的公共基础课；专业实践课有时需要面对面、手把手进行教学，有时由于实习实训条件所限，还需要分班或分组进行教学，专业实践课工作任务一般大于专业理论课。三是实行专业理论和专业实践一体化教学的课程，需要明确专业理论课与一体化课程教学时数的比例，以及二者与公共基础课之间的折算系数。

（三）企业顶岗实习教学时数

无论是从 2005 年国务院《关于大力发展职业的决定》（国发〔2005〕35 号）的精神，还是 2008 年《教育部关于进一步深化中等职业教育教学改革的若干意见》（教职成〔2008〕8 号）中的规定，尤其是 2009 年《教育部关于制定中等职业学校教学计划的原则意见》（教职成〔2009〕2 号）中已明确规定：专业技能课程学时一般占总学时的 2/3，其中顶岗实习累计总学时约为 1 学年。中职学校学生到企业顶岗实习 1 年是一个教学环节，但关于这一教学环节学校究竟承担多大的教学任务，从目前的文件来看，2007 年，教育部、财政部印发的《中等职业学校学生实习管理办法》（教职成〔2007〕4 号）等相关文件还没有明确规定；从实践来看，许多学校教师并不完全参与到学生在企业的顶岗实习指导工作之中。因此，如何规定和确定第三年学生在企业顶岗实习时的学校教学任务，是正确计算生师比不可忽视的内容。

（四）短期培训的教学时数

短期培训教学时数的确定难点主要集中在两个方面：一是短期培训时间长短不确定，短的几天、十几天，长的半年、甚至一年，长短不一。对于一所学校，可以比较准确的计算出其教学工作量，但对于计算某一地区或国家层面的生师比，需要折合计算一个有效的培训期限。二是培训内容的差异也是计算培训教学工作量的一个难点，有的培训理论课占的教学时数较大，有的培训可能实践课占的教学时数较大，培训内容和实质的不确定性，使得计算培训工作量也存在一定的难度。现实中由于难以计算，也可以把短期培训的教师编制在学历教育的基础上进行附加，然后在此基础上再迂回计算生师比。例如，1990 年福建省省委机构编制委员会、劳动局、财政厅联合印发的《福建省技工学校机构设置和人员编制标准暂行规定》（闽编〔1990〕142 号）曾规定：有函授教育的技工学校，可核定函授人员编制，每 75 名中专函授学生配备 1 名教职工，所需经费从中解决；函授人员编制中，专任教师占 80%，管理人员占 20%。

以上介绍的仅是一个简便的生师比计算方法，实际上生师比计算的方法有很多。实际工作中，生师比与学校的专业性质、学生规模还有很大关系。同时，学校办学不仅需要专任教师，还需要教辅人员、管理人员和工勤人员，如果充分考虑到这些因素，生师比问题就成为确定教职工、教师编制的基本问题。

第五章
中等职业学校专业教师能力标准解析

标准是衡量和判断事物的准则。我国国家标准《标准化基本术语》（GB3935.1-83）把标准定义为："对重复性事物和概念所作的统一规定。它以科学、技术和实践经验的综合成果为基础，经有关方面协商一致，由主管机构批准，以特定形式发布，作为共同遵守的准则和依据。"国际培训、绩效、教学标准委员会（The International Board of Standards for Training，Performance and Instruction，IBSTPI）将能力标准定义为：一套使得个人可以按照专业标准的要求有效完成特定职业或工作职责的相关知识、技能和情感态度。教师能力标准是教师准入、培养培训、考核评价的重要依据，是推动教师专业发展的重要手段，能为中等职业学校教师对其教育教学活动进行反思和自我评价提供框架，为教师自主成长提供指南。本章从典型案例出发，着重对课程实施能力标准和教学能力标准进行讨论。

第一节　国内典型的中等职业学校专业教师能力标准

科学合理的教师能力标准是提高教师专业水平、促进教师专业发展的指南。随着教师专业发展问题被深入关注和教师队伍建设步伐的加快，中等职业学校教师能力标准问题已经呼之欲出，从中央到地方都在积极行动，教育部出台《中等职业学校教师专业标准》，重庆市、大连市分别制定了《重庆市中等职业学校专业教师能力标准》和《职业学校教师专业能力标准》，它们均具有一定的代表性。中等职业学校教师能力标准的研制和施行对于全面促进职业教育科学发展具有基础性的作用。

一、重庆市中等职业学校专业教师能力标准

为建设一支适应中等职业学校教育发展需要的教师队伍，促进中等职业教育的持续健康发展，根据《中华人民共和国教师法》《中华人民共和国职业教育法》《中华人民共和国教师资格条例》和教育部有关加强中等职业学校教师队伍建设的意见，借鉴澳大利亚等国家职业教育教师队伍建设的经验，结合重庆市中等职业学校教师队伍建设的实际，特制定《重庆市中等职业学校专业教师能力标准（试行）》。本标准在教师应具备的职业道德、基本知识和一般能力的基础上，按照中职学校教师职业的特殊要求，确定了中职学校专业教师的能力领域、单元、要素和表现指标。本标准将中等职业学校专业教师级别分为初级、中级和高级，能力要求依次递进，高级别要求涵盖低级别要求。

重庆市中等职业学校教师能力标准突出以下特点：一是能力标准内容的完整性。整个能力标准包括了开展职业道德教育能力、开展行业联系能力、从事课程开发能力、实施教学与培训能力、实施鉴定能力、开展教育交流与合作能力、指导职场健康与安全能力、学生服务与管理能力、保持专业发展能力。实际上涉及中职学校教师工作的全部内容。二是能力标准强调职业性，如对教师行业联系能

力、职业指导能力等方面尤为关注，突出中职学校教师工作的职业性。三是能力标准的级别性。能力标准的设定并不是“一刀切”，而是结合教师专业发展的阶段和水平划分为初、中、高三个等级。

二、大连市研制的《职业学校教师专业能力标准》①

该标准从本体性能力、条件性能力和实践性能力三个方面分析、概括、描述专业能力标准。《职业学校教师专业能力标准》中的教师导向是：既可以从事专业理论教学，又可以从事专业实践指导的“一体化”教师，分为一般教师、骨干教师、专业带头人三个层级。与此对应，《职业学校教师专业能力标准》也分为三个层级，即一般教师应具有的能力标准；骨干教师除应具有一般教师的能力标准要求外，还要具有带上标为“☆”的标准；专业带头人除应具有骨干教师的能力标准要求外，还应具有带上标为“★”号的标准。《职业学校教师专业能力标准》设有 3 个一级指标，编号为：1、2、3；设有 7 个二级指标，编号为 1.1、2.1……3.4；设有 27 个三级指标，编号为 1.1.1、1.1.2、1.2.1……3.4.1；三级指标内涵共涉及 100 个方面，以（1）、（2）、（3）……（100）等表示（表 5.1）。

表 5.1　《职业学校教师专业能力标准》体系

一级指标	二级指标	三级指标
1. 本体性能力	1.1 专业知识与技能素养	1.1.1 文化知识素养
		1.1.2 专业知识素养
		1.1.3“双师型”能力
2. 条件性能力	2.1 职业学校教师职业的有关素养	2.1.1 职业道德素养
		2.1.2 教育法规素养
		2.1.3 教学自我管理能力
		2.1.4 班级管理能力
	2.2 职业教育基础知识与基本技能素养	2.2.1 现代职业教育观念
		2.2.2 把握与借鉴课改动态的能力
		2.2.3 认识把握职校生身心特点的能力
		2.2.4 职业学习规律认识把握能力
		2.2.5 职业教育质量测量与评价能力
		2.2.6 学分制和弹性学制认识能力

① 大连教育学院职业学校教师教育中心. 职业学校校本研训规范与教师专业能力标准（下）. 职业技术教育研究，2006，(3)：12-15.

续表

一级指标	二级指标	三级指标
3. 实践性能力	3.1 职业教育实践基本技术与方法能力	3.1.1 专业课程设置能力
		3.1.2 教学设计能力
		3.1.3 教学实施能力
		3.1.4 表达能力
		3.1.5 德育指导能力
		3.1.6 课外实践活动指导能力
		3.1.7 心理指导能力
		3.1.8 就业指导能力
	3.2 现代教育技术能力	3.2.1 教育信息与计算机网络技术素养
		3.2.2 教育技术应用能力
	3.3 操作性实践与指导能力	3.3.1 课程标准修订与学习能力
		3.3.2 教材教法指导能力
		3.3.3 反思性实践能力
	3.4 教育科研能力	3.4.1 教育科研能力

三级指标的内涵如下。

1. 文化知识素养

（1）具有足够的经济学基本理论和实践知识，具有准确、透彻地理解经济改革、企业竞争的策略，准确地从经济体制和经济增长方式的转变对劳动者素质的需求和职业结构的调整出发，研究、探讨发现职业教育的新增长点的能力。

（2）具有足够的劳动经济与人力资源开发知识，具有对人才市场进行预测、调查、分析，并能正确地把握宏观就业形势及职业教育演变的趋势的能力。

（3）具有一定的法律、法规及程序等广泛的社会知识，具有与工商、税务、金融等社会职能部门主动联系，为职校生创业提供相关服务的能力。

（4）具有一定的行为科学知识，具有顺利完成自身的学习和工作，并能指导学生的学习、实践及今后发展需要的能力。

2. 专业知识素养

（5）系统掌握所任专业的专业知识（概念、原理、方法），具有所任专业或相近专业大学本科学历；如所学专业与所从事的专业教学不相同或不相近，必须取得所从事专业全部主干课程（国家指导方案中指定的主干课程）本科水平的培训后方可从事教学。

（6）具有将专业新技术、新工艺、新方法、新知识等前沿内容及时渗透到专业教学中的意识及能力。

3.“双师型”能力

（7）具有一定操作能力，包括熟悉技术工作的内容要求和操作流程，掌握职业技术规范、熟练的专业技术能力、基本的实验能力和设计能力等。

（8）既是教学行家，也是生产好手，能将各种知识、技能、技术相互渗透、融合和转化。既具有教育系列职称，又取得与所在教学岗位相同或相近专业的其他同级别的职称☆。

（9）具有本专业生产服务一线的工作经历。每两年有两个月到企业或生产服务一线实践的经历。

（10）具有一定的组织生产、经营、创业和科技推广能力★。

4. 职业道德素养

（11）忠诚人民教育事业，热爱职业教育，懂得职教规律，爱岗敬业。

（12）热爱、关心学生；尊重、信任学生；学会激励学生，严格要求学生。

（13）团结协作，顾全大局；善于团结同志，能融洽相处；严于律己，宽以待人，乐于助人，处理好个人利益与集体利益的关系。

（14）以身作则，为人师表，勤奋学习，进取向上，提高职业素质，不断反思。

（15）平易近人，热情待人，作风正派，处事公正。

5. 教育法规素养

（16）具有认识职业教育法制目的及内涵的愿望，能说出职业教育法制的内涵和意义。

（17）具有认识《职业教育法》《劳动法》《职业培训法》《职业资格制度》等法律法规主要内容的能力，能识记职业教育法律法规的主要内容。

（18）具有强烈的法制意识，能在工作中自觉遵守并维护法律法规的严肃性，并且熟悉职业教育法制实施的要点，有把握职业教育法制趋势的能力。

6. 教学自我管理能力

（19）具有严格执行教学文件的意识与能力，明确职业学校主要教学文件——教学方案（教学计划）、教学大纲（课程标准）、学期授课计划的编制要求及实施作用。

（20）具有严格执行教学资料的意识及能力，明确职业学校主要教学资料——校历、教学进程表、教学任务分配表、教学任务书、课程表等在教学管理中的作用。

（21）具有质量意识和标准意识，具备自觉按照职业学校的质量标准和工作规范进行工作的意识和能力。

7. 班级管理能力

（22）具有实施班级目标管理的能力，班级目标具有远景性、阶段性、现实性及激励性，有利于良好班风和优秀班集体的形成。

（23）具有实施学生行为管理的能力，包括学习行为管理、纪律行为管理、卫生行为管理、学生宿舍管理、体育锻炼管理及班级干部管理等，学生行为管理具有矫正学生不良行为习惯并逐步养成良好的行为习惯的效应。

（24）具有实施礼仪规范养成的能力，学生认识礼仪内涵并遵守礼仪规范、养成现代文明。

（25）具有加强班级生活管理的能力，学生生活管理具有促使学生形成懂得、学会、热爱、创造生活能力的效应。

（26）具有通过管理使学生形成学会求知的能力，班级的学风好、学生的学习兴趣浓。

（27）具有正确运用操行评定激励学生的能力，操行评定起到积极的教育效果。

8. 现代职业教育观念

（28）具有自我调整观念的觉醒品质，有观念不断更新、与时俱进的愿望。

（29）具有对职业教育的目标类型、专业类型、课程类型、教学类型有深刻的认识能力，对学术性教育、工程性教育、技术性教育、技能性教育有比较性的认识。

（30）具有“基于职业属性的专业观”“基于行动导向的教学观”“基于工作过程的课程观”“基于多元智能的人才观”“基于开放评价的质量观”“基于全面发展的能力观”“基于生命发展的基础观”及“基于情境创设的建设观”等现代职教观，能够说出并认同现代职教观念的主要内容，自觉反省自身教育教学行为，并立意在教育教学中勇于实践且取得一定成效。

9. 把握与借鉴课改动态的能力

（31）具有把握与借鉴国外“双元制”、CBE、MES 等课程模式的能力。

（32）具有对国内“三段式”“宽基础、活模块”等学问导向课程模式学问化倾向有比较清楚的认识能力，对我国职业教育课程存在的主要问题有比较深刻的认识。

（33）具有按实践导向课程模式组织课程的愿望并有初步尝试☆。

10. 认识把握职校生身心特点的能力

（34）具有较好地认识职校生由年龄因素表现出的特点并按照特点实施教育教学的能力。

（35）具有较好地认识职校生存在自卑心理、渴望理解、希望获得他人尊重、不能容忍他人的轻视，学习自觉性两极分化，认识模式职业化，理想现实化等特点并按照这些特点实施教育教学的能力。

11. 职业学习规律认识把握能力

（36）把握职业学习的目标与内容、方式、条件和结果的特殊性，在职业教育教学工作中，具有以下自觉地教学行为及能力：按照职业技能重于书本知识确定目标与内容，按照职业活动训练重于读书与听讲选择教学方式，按照职场情境重于信息创设学习条件，按照实践重于应试的取向确定学习结果。

（37）领会职业学习过程模式遵循技能形成的实践逻辑，认识单项职业技能的学习阶段（感知、形成联系、自动化），认识综合职业能力的发展阶段（接受阶段、具体化阶段、整合阶段），把握职业学习效率曲线，具有有意识地按照职业学习过程模式实施教学的能力。

（38）把握职校生学习特征，具有善于在教育教学实践中运用启动原理、能量潜在原理、学习中介原理、活动学习原理、群体制约原理及自我调节原理来激发学生的学习兴趣的能力。

12. 职业教育质量测量与评价能力

（39）具有对传统的职业教育教学“符号式”应试测量与评价的深刻反思与觉醒能力。

（40）具有尝试能力本位的测量与评价的能力，变学业成绩为能力评价，尝试笔试向口试、实操考试的转变，由适应教育结构向适应就业结构的转变，具备把考试内容与职业岗位能力标准对接的能力。

（41）具有模拟与现场测量与评价的能力。

13. 学分制和弹性学制认识能力

（42）具有教育服务意识，树立课程即“产品”的现代服务型教育观念。

（43）具有初步认识学分制在教学管理机制、在教育选择方式、在能力培养过程几方面的优势以及学分制有关基本概念的能力。

（44）具有学分制下学籍管理、教学秩序管理、学生管理的一些基本认识。

（45）具有认识信息化技术在学分制管理中作用的能力。

14. 设置专业课程的能力

（46）具有准确理解、定位培养目标的能力，能正确处理就业和升学的关系。

（47）具有社会需求分析、行业分析（职业分析、工作分析、专项能力分析）的意识及能力，能够说出专业所对应的岗位群有哪些，能够比较清楚地说出岗位所对应的职业能力要求。

（48）具有设置主干课程支撑培养目标的实现并说明理由的能力。

（49）具有对学科导向课程结构、学科整合导向课程结构、主题导向课程结构、行动导向课程结构一定认识能力，并尝试构建学科整合的课程结构及主题导向的课程结构，对行动导向的课程结构有探索的愿望☆。

15. 教学设计能力

（50）具有“以实践知识为课程内容主体，以实践知识为学习起点，按实践逻辑组织课程内容，以开放学习为主要学习形式”的教学设计意识☆。

（51）具有比较现代教学设计与传统教案（课时计划）异同的能力，能说明进行现代教学设计的意义。

（52）具有认识教学设计的程序与方法的能力，学会“学习需要分析、学习内容分析、学习者分析、行为教学目标的编写、教学策略的选择与制定及教学评价的设计”等内容。

（53）具有依据教学设计的程序与方法编写出现代教学设计稿的能力。

16. 教学实施能力

（54）具有采用适当的教学策略与教学方法、创造有利于学生主动学习、促进学生主体发展的能力，能实现学生在广度、深度、长度三维度上的主动参与，合作学习的实质进行，学生自主学习与个性发展情况良好，创新特质得到鼓励。

（55）具有较高的课堂驾驭能力，能较好地对课堂教学进行组织、管理和监控，根据课堂上不同的情况调节课堂教学节奏，调整课堂教学内容与教学结构，合理分配教学时间等。

（56）具有熟练的课堂实践操作能力，能够灵活运用现代教学技术手段，演示实验及教具的运用适时适度，并且操作规范、熟练。

（57）具有热情、真诚、民主、平等，以及能换位思考等教育品质。

17. 表达能力

（58）具有较强的口头表达能力，语言清晰，准确圆润，简洁易懂，生动有趣，富有幽默感，逻辑性强，主次分明，抑扬顿挫，对学生有强大的感染力和吸引力。普通话水平应达到国家语言文字工作委员会颁布的《普通话水平测试等级标准》的二级甲等。

（59）具有较强的文字表达能力，字迹工整，文字修养好，流畅、简明，生动，条理清楚，能写出具有较高水平的文字材料，如工作总结、教改实验报告、班级情况分析等，并能指导和帮助学生修改文字；板书凝练、清晰、能处理好“电子板书”与“传统板书”的关系、板书语言和教学口语的关系、主板书和副板书的关系。

（60）具有适度、得体、自然的态势语言表达能力，即在教学过程中，教师的面部表情、手臂活动、身体移动等动作，应有助于促进教学过程的开展，在教学中产生“此时无声胜有声”的教学效果。

18. 德育指导能力

（61）具有充分认识德育在职业学校的地位和作用的能力，能够认识职业学校德育的核心是“职业道德”，明确“职业道德”和“岗位技能”是职业学校学生职业生涯的两大支点。

（62）具有“人人德育、事事德育、时时德育、处处德育”的大德育观。

（63）具有对德育的本质——“参与”“认同”深刻理解和认识能力。

（64）具有创建职业学校德育基本途径的能力，能创建“完善的过程化课堂教学、丰富的生活化德育实践、立体的时效性平等交往、主体取向的发展性评价”★。

19. 课外实践活动指导能力

（65）具有做好课外实践活动的管理能力，能制订好课外实践活动计划，能切实加强活动计划实施过程中的指导与检查，并做好课外实践活动的总结。

（66）具有认识课外实践活动的自愿性原则、自主性原则、教育性原则、整体性原则、面向多数原则、因地制宜原则、趣味性原则的能力，并能灵活地按照以上原则组织实施科技、专业、学科、体艺及社会等课外实践活动。

（67）具有在课外实践活动中较好地处理多数学生和少数学生的关系、普及与提高的关系、学校与社会的关系、学校与家庭的关系等综合协调能力。

20. 心理指导能力

（68）具有心理健康标准适度理解把握能力，对心理健康指导工作意义有充分认识。

（69）具有指导学生心理健康的能力，能按照协同工作、学生主体、平等对待、点面结合、积极适应等原则开展工作。

（70）重视学生常见人格障碍及心理疾病的疏导与预防，帮助学生认识挫折，增强承受挫折的能力，克服人际交往障碍，培养人际交往能力。

（71）具有在心理指导工作中自觉地杜绝心理教育“德育化”“学术化”“医疗化”倾向的能力。

（72）身心健康。

（73）具有心理咨询师职业资格※。

21. 就业指导能力

（74）具有识别职校生职业类型（风险性、事业性、实惠性、虚荣性、平庸性、负载性、超越性）的能力。

（75）具有指导学生正确择业的能力，能根据学业特点、社会环境、各用人单位的情况指导学生择业。

（76）具有收集就业信息、处理就业信息的能力。

（77）具有指导学生准备求职材料、准备求职面谈和面试的能力。

（78）具有对影响毕业生度过适应期的若干因素的理性分析能力，能引导毕业生成功迈好第一步。

22. 教育信息与计算机网络技术素养

（79）具有及时掌握各种信息，准确把握与职业教育相关的各种必要条件的变化趋势，为搞好教育教学工作提供有利条件的能力。具有重视来自学生的反馈信息，不断提高教育教学工作的能力。

（80）具有获取信息、积累信息、分析信息和运用信息的能力，能通过互联网上传、下载、收发邮件，搜寻信息等。

（81）具有良好的计算机网络知识和利用计算机进行信息检索、数据处理、分析综合的能力。

23. 教育技术应用能力

（82）具有掌握基本的计算机操作技能与理解技术概念和术语的能力，会使用 Word、Excel、PowerPoint。

（83）具有能用教育技术从事个人的研究和交流的能力。

（84）具有能够以多种多样的方式（教学内容模式、教学过程模式、教学方法模式等）用计算机把技术整合到课堂中来支持学生学习的能力。

（85）具有把握以下原则使用技术与设备的能力。这些原则是：使用技术与设备时，必须有明确的教学目标；注意技术使用中教师语言的正确配合；注重发挥教师的主导作用；符合学生思维发展的特点；技术性与科学性、艺术性相统一。

24. 课程标准修订与学习能力

（86）具有课程标准意识。

（87）具有新课程的基本理念及课程标准设计思路，能编写出符合职业教育培养目标、适应职业岗位能力要求、尽可能与国家职业资格标准对接的三维（知识与技能、过程与方法、情感态度与价值观）课程目标，并以学习结果的形式细化各领域的内容标准☆。

（88）具有提出实施性建议（教学建议、评价建议、教材编写建议及课程资源开发与利用建议）的能力。

25. 教材教法指导能力

（89）具有强烈的“教什么，为什么教，怎么教，教到什么程度”价值意识，熟悉教学大纲、职业资格标准及企业用人标准，清楚所任课程在专业大类、专业、职业、岗位中的地位及要求。

（90）具有教学内容再度开发的能力，能正确理解教材并根据学生的实际发展水平和特点，创造性地使用教材，合理确定重点和难点，抓住关键。内容的安排与选择具有挑战性，能激发学生的学习兴趣和求知欲望，引导学生积极思考，吸引学生主动参与。能将教学内容的科学性、人文性和社会性有机地融合。

（91）具有根据教学内容特点、学生实际水平及教学现实条件，提出合理选择教学方法建议的能力，如认识过程方法、发现探究法、动作技能训练法、参观教学法、项目教学法、范例教学法、模拟教学法等。

26. 反思性实践能力

（92）具有在工作中学习，在学习中研究，在研究中工作的职业习惯，在校本研训中不断反思实践，逐步增长才干。

（93）养成写教学反思的习惯，并用教学反思指导教学工作，取得积极效果，每学年能撰写一篇教育教学经验材料。

（94）每学年在省级以上刊物发表一篇教育教学方面的论文☆。

27. 教育科研能力☆

（95）具有教育科研活动定向能力，即在大量教育问题中准确地抓住今后有发展前途的一个研究方向，把握住自己最突出的兴趣和特色，有科学的预见能力。

（96）具有理论思维能力，即善于提炼问题的实质，善于从一个基本的思想导出一系列新见解，善于从理性上思考教育问题。

（97）具有发现创新能力，即产生新思想、发现新问题和创造新事物的能力。

（98）具有动手实践能力，即运用一定的方法、手段，进行有意识有目的的变革教育现象的物质活动能力。

（99）具有评价分析能力，即综合力和判断力。

（100）具有组织科研活动的能力。

三、职业学校专业教师能力标准的研制方法论

（一）以相关的法律法规和职业学校教师职业活动特点为基本依据

以《中华人民共和国教师法》《中华人民共和国教师资格条例》《中华人民共和国职业教育法》《标准化法》《标准化法实施条例》和《中等职业学校教师专业标准》等法律法规为基本依据，同时要特别考虑中等职业教育的特点、职业学校

学生的特点和教师工作的特点，明确职业学校专业教师能力标准的基本方向和特点。

（二）设计能力标准开发方案

职业学校教师专业能力标准的开发方案需要进行科学的设计，组建能力分析工作小组。应明确能力标准研制的目标、内容、主体、方法、成果适用范围等方面，为能力标准研制提供一个可行的、可操作的思路和蓝图。

（三）参与标准研制者具有一定的广泛性

能力标准的制定至少应该包括以下人员：职业学校专业教师、职业教育理论工作者、职业学校教学管理者、职业学校人事管理者、政府主管部门、教师培训机构人员、培训课程与计划的制订者、企业技术专家和培训师等。

（四）界定能力标准的内容要素

能力标准内容要体现出整体性、等次性和可操作性。能力标准要对教师的专业知识、职业道德、教学行为、情感态度价值观等进行全方位规定；同时，要考虑教师自身成长的过程性、阶段性规律。标准应分等级和水平，标准要具有可操作性，可以转化为具体的行为或可测量的要点。

（五）能力标准研制方法

通过头脑风暴法，召集相关参与者参加会议，让所有参加者在自由愉快、畅所欲言的气氛中，自由交换想法或观点，使他们共同的职业经验和能力在分析讨论过程中得以充分展现，并以此激发与会者的创意及灵感，以产生更多有创意的方法。在此基础上，通过德尔菲法，采用专家匿名发表意见的方式搜集各方意见，经过反复征询、归纳、修改，达成共识，解决复杂任务难题。这种管理技术和方法，具有广泛的代表性，较为可靠。同时，还可以采用工作任务分析的方法，分析职业教育一线教师的工作任务与职业能力，体现整体合理性和现实可行性。

第二节　中等职业学校专业教师课程实施能力标准①

课程实施是将课程方案付诸实践的过程，也就是课程落实展开的过程。在这个过程中，教师的作用至关重要。课程能否顺利有效实施，这与教师的课程实施能力直接相关。教师课程实施能力是教师在参与一系列的课程实施活动中所具备的心理特征，或者说教师顺利完成各项课程活动所具备的能力。教师课程实施能力，就是教师把课程计划付诸实践的能力。中等职业学校教师课程实施能力是教师在其课程实施中所表现出来综合素质，其不仅仅表现为教师的教学能力，还应包括教师对课程的认识、实践、创生和反思能力。教师课程实施能力影响和制约着其课程实施的效果。

一、中等职业学校专业教师课程实施能力结构

一般认为，个体的活动可以划分为三类②：一类是认知活动，另一类是实践活动，以及在这两类活动基础上形成的第三类活动，即价值评价活动。那么，与三类活动相对应，个体也有三类能力：一是认识能力，二是实践能力，三是评价能力。据此，可以将中职学校教师课程实施能力分解为课程实施的认识能力、课程实施的实践能力和课程实施的反思能力。这三种能力相互作用，共同构成了中职学校教师课程实施能力的结构。

（一）课程实施的认识能力

教师课程实施的认识能力实质上是指教师是如何认识课程、如何认识课程实施的能力，其内在的核心是教师的课程观与课程实施观。具体来说，涉及对课程

① 本节内容在赵文平发表的《论中职教师课程实施能力的结构》（职教通讯，2013 年第 10 期）、《中职教师课程实施能力现状及培养策略研究》（广州职业教育论坛，2013 年第 5 期）、《工作过程导向的职业教育教师课程实施能力》（江苏教育研究，2013 第 21 期）基础上整理完成。

② 孙显元. 论人的素质和能力. 教育与现代化，1996，（1）：25-32.

本质、课程实施过程、课程实施策略等方面的认识。教师把课程理解为知识、教育活动、教材、学生获得的经验，还是职业活动的工作过程？也就是说，在中职教师的头脑中，课程到底是什么？对课程的认识直接关系到课程实施的取向和策略，如果将课程视为知识，那么就会简单地将课程实施作为一个传递知识的过程；如果将课程视为职业活动中的工作过程，那么就可能将课程实施视作在过程中探索和体验的活动。对其课程实施过程的认识主要是，他们将课程实施简单地理解为是一项教学活动、一个教课本的活动，还是理解为是师生共同理解文本的活动，还是理解为包括课程改变调整等在内的课程落实过程。中职教师对其课程实施策略的认识关键是关于“如何进行课程实施”的认识，在观念上把课程实施策略概括为忠实地按照课程计划和教材按部就班实施课程，或根据需要对课程本身和教学活动进行相互调适，或根据教师理解、学生需要和特殊教育情境等，灵活地创生新的课程。

根据调查，目前中职教师的课程实施认识能力现状表现为以下几个方面：一是将中职课程简单化为教材、书本、教学科目；二是将课程实施窄化为教学，“课程实施就是教教材”“课程实施就是把书本中的内容传递给学生”等观念体现出教师窄化了课程实施的观念；三是对课程实施的取向，表现出忠实教材的策略。

课程实施的认识能力发展是一个观念的形成与改变过程。对于中职教师课程实施的认识能力的培养，需要理念上的学习和教育，重在理论素养的提升。受传统“大教学”观念的影响，教师们头脑中的“课程”概念还未得到普遍性的认同，简单地理解为教学内容。在欧美课程理论一直盛行的背景下，我们应加强对中职教师的课程理论素养的教育。在职前教育中，开设“课程论”课程，学习多种课程理论；在职后的培训中，应有针对性地开展关于职业教育课程方面的培训；同时需要教师自身不断努力学习相关的课程知识。要使教师树立起一种“过程性”的课程观，使课程实施策略取向从固化转向创生。

（二）课程实施的实践能力

课程实施的实践能力，是指教师在其课程实施过程中完成各种具体实践活动所需要的能力。按照古德莱德（J. I. Goodlad）的五层次课程理论，理想课程→正式课程→领悟课程→运作课程→经验课程，在从正式课程到领悟课程的转化过程中，就需要教师将普适的正式课程领悟为教师个性化的课程，进而再转化为便于运作的课程。这两个转化过程需要教师具备一定的课程能力，这也说明教师在课程实施过程中自身角色的重要性。课程实施能力具体应包括课程需求的把握能力、课程目标的定位能力、课程内容的选择与调整能力、教学活动设计与开展能力、课程规划能力等。课程需求的把握能力，主要强调在正式的课程实施开始前教师是否能够明确和把握学生对课程的需求状况，这是下一步有效开展课程实施的依据。课程目标的定位能力强调教师在把握学生课程需求的基础上，结合课程内容，能够确定所实施课程要达到什么样的目标。课程内容的选择与调整能力，强调在课程实施中教师能够依据特殊的教育情境和课程需求，对课程文本进行合理选择、适度增删调整。关于教学活动设计与开展能力，是指教师在其具体课程的教学活动中，能够有效开展，确保课程教学目标的实现。课程规划能力，主要强调教师能够对其所执教的课程进行整体规划，恰当处理好与其他课程的关系，因为中职学校课程具有工学结合的特点，体现工作过程导向，强调理论实践的一体化，特别需要教师从学生综合职业能力发展的角度科学地规划把握课程。

课程实施的实践能力发展一般需要经历几个阶段和水平，不可能一蹴而就。依据教师对课程文本处理的状态（实质上渗透着教师与课程之间的关系），可以将中职教师课程实施能力发展阶段划分为三个层次。一是机械执行的课程实施能力。教师在课程面前实际上是被动的执行者，课程实施的过程基本上是教师机械执行课程计划的过程。教师整体驾驭课程的能力还不足，将课程与行业企业发展结合的程度还不够紧密。这一阶段的教师多为初入职的新教师，或严重缺乏对行业企业了解的理论教师。二是理解调整的课程实施能力。经过3～5年的经验积累与专业发展，这一阶段的教师对课程文本不再局限在机械执行的水平，而是表现出一定的创造性。试图依据工作情境的需要对课程进行合理调整，但还只是小范围的调整。三是创造生成的课程实施能力。经过多年的实践经验积累和理论水平的提升，这一阶段的教师在很大程度上能够超越既定的文本教材，能够因地制宜、因需制宜、灵活实施所任课程，能够根据教学目标将具体的专业理论与实际工作情境紧密联系起来。

可以说，中职教师的课程实施实践能力发展，是一个实践经验积累与理性认识提升的过程。这也就意味着其实践能力的发展需要长期探索、坚持和积累。当然，其课程创生能力的发展也需要在教育体制中解放教师，赋予教师一定的课程权力，使其成为课程开发的主体。“教师拥有课程权力的状况极大地影响着其对课程的领悟和运作程度。”①

① 赵虹元. 基础教育教师课程权力研究. 西南大学博士学位论文，2008：112.

（三）课程实施的反思能力

反思是个体对于其自身及所从事的行为活动过程进行的认识与思考。“反思能力可以概括为认识的主体对自身活动的体察，相当于我们说的内省，是指一个人反省和评价自己的思想、信念、价值观和行为的一种能力。”[①]中职教师课程实施的反思能力，是指其在课程实施活动中和活动后对其所做出的行为的诊断和思考，实质上是教师的一种自我认知过程和能力。舍恩在其“反思性实践”的相关理论中认为，实践者是复杂情境中能动的探究者，而非技术理性主导下的工具性问题解决者。之所以强调中职教师课程实施的反思能力，就在于中职课程实施不仅是一种简单的认识活动和实践活动，更是一种反思性的活动。中职教师课程实施的反思能力实质上是教师在课程实施中的主体性的体现，教师作为自觉的主体有意识地对灵活多变的情景创造性地做出自主判断和选择。中职教师课程实施的反思能力主要是指教师在工作过程导向的课程实施中能够主动思考其自身的行为、相关的教育情境及职业活动，进而主动做出课程实施策略的理性决定，不断提升自身的课程实施认识能力和实践能力，进而增强其适应性、有效性。

中职教师课程实施的反思能力体现出了教师在课程实施中的主体性、实践性、探究性和批判性等特征。教师对其自身及课程实施过程的反思所突显的正是教师自身的主体价值，通过反思而改进自己的行为，是一种变革性的实践；中职课程实施过程中的教师反思也是一种探究性的活动，通过反思自身的行为而获得问题的解决，探索新问题的解决途径；中职课程实施过程中的教师反思也可以理解为一种自我理性的批评。

中职教师课程实施的反思能力一般会贯穿于其认识能力和实践能力的全过程，甚至与其他能力融为一体。“教师的专业形象是‘反思性实践家’，其‘专业能力’不停留于所规定的科学技术、理论知识、合理技能，而是视为融合这些知识所展开的对于问题情境的‘反思’，以及适应这种问题情境的判断之基础——‘实践性学识’。”[②]这种能力实质上是教师在理性和实践基础上的自我成长和自我改进。

一般来说，中职教师课程实施的反思能力需要经历无反思意识、被动反思和主动反思三个发展阶段。刚入职的中职教师多处在无反思意识，也就谈不上课程实施的反思能力了，因为这一时期教师多处在课程实施的适应阶段，对课程简单地

---

① （美）Fielstein L，Phelpss P. 教师新概念——教师教育理论与实践. 王建平译. 北京：中国轻工业出版社，2002：6.

② （日）佐藤学. 课程与教师. 钟启泉译. 北京：教育科学出版社，2003：240.

顺应，全盘接受和机械执行。随着课程实施经验的丰富及在实践中遇到一些需要解决的问题，这时为了应付问题解决而有了被动的反思，表现为局部的归因和反思。比如，当课程实施过程中发现教材和学生之间不匹配，这时可能反思到学生的问题，而没有从教材与企业行业的对接、教学与职业的衔接等方面综合反思。有了多年实践智慧的积淀，会发展到主动反思的层次上，能够全方位、合理地对自己的课程实施活动进行整体性反思。中职教师课程实施的反思能力培养需要教师自身的成熟和努力，也需要教师之间的相互学习、激励、交流与合作。“有机会与同事们谈论一些问题是一天里对他们最有帮助的一个方面”。①

其实，在中职课程实施的过程中，往往需要的是整合能力，也就是说仅仅有上述一个方面或两个方面的能力是不够的。中职课程实施所需要的能力是教师课程实施认识能力、教师课程实施实践能力和教师课程实施反思能力三者的有机整合（图 5.1）。应该说，中职学校教师是在认识能力的基础上运用实践能力开展实践活动，并且在实践中通过反思能力不断提升自己的认识能力和实践能力。中职教师课程实施能力的发展是一个长期在实践中生成和积淀的过程，需要其在参与课程活动中不断提高和发展。

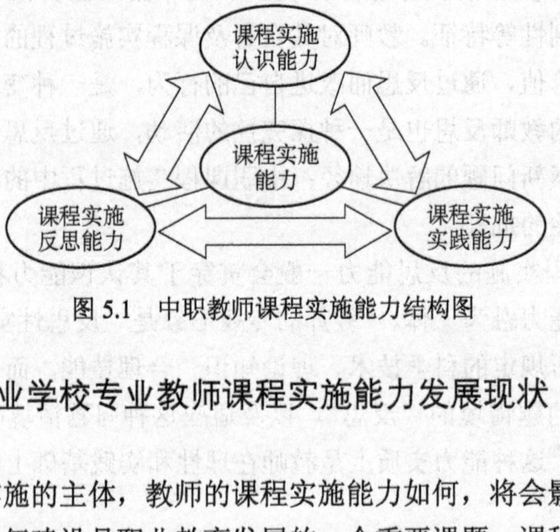

图 5.1　中职教师课程实施能力结构图

二、中等职业学校专业教师课程实施能力发展现状

教师是课程实施的主体，教师的课程实施能力如何，将会影响课程实施的效果。当前，师资队伍建设是职业教育发展的一个重要课题。课程实施能力是教师在课程实施过程中所具有和表现出来的心理素质，提升中职学校教师课程实施能力是中职学校师资队伍建设在课程方面的重要体现。编者通过问卷调查、访谈等方式搜集资料，在天津、江苏、重庆、内蒙古各随机选取一所中职学校，共发放

① （美）Danielson C，McGreal T L. 教师评价——提高教师专业实践能力. 陆如萍，唐悦译. 北京：中国轻工业出版社，2005：23.

调查问卷400份，回收问卷382份，有效问卷374份，问卷有效率为98%。

（一）课程实施认知能力：认识取向多元但教学行为普遍滞后

观念会决定行为，中职教师如何看待课程实施的相关问题，会影响到其在课程实施中的具体行为。从调查来看，教师对课程、职业教育课程及课程实施的认识均体现出多元化的取向。

对课程的认识，5.3%的教师认为课程就是知识，37.4%的教师认为课程就是教育活动，4%的教师认为课程就是教材，13.9%的教师认为课程就是教学内容，32.4%的教师认为课程就是学生在教育活动中的经验，另外，还有7%的教师认为难以用上述观点解释课程。

对于职业教育课程的认识，2.1%的教师认为职业教育课程主要向学生教授职业知识，20.1%的教师认为职业教育课程主要向学生教授职业技能，19.8%的教师认为职业教育课程是模拟职业工作过程的活动，58%的教师对上述三种观点都赞同。

对于课程实施的认识，3.7%的教师认为课程实施就是教学活动，24.3%的教师认为课程实施是把课程计划付诸实践的活动，8.8%的教师认为课程实施就是向学生教授课程的过程，63.2%的教师认为课程实施是师生之间围绕课程授受的互动。

通过与教师们深度交流后发现，之所以会呈现出多元化取向的认识，有多方面的原因：①传统学科化的体系对职业教育课程有直接的继承性影响。长期以来，职业教育课程主要以理论课程为主，教学就是传授专业理论知识，习惯的模式导致教师采取习惯的教学行为，相当一部分教师认为课程就是知识。②不少中职教师毕业于普通师范大学和普通工科院校，一直接受学术化的教育，缺乏教育理论基础，对职业教育更是知之甚少，因此，按习惯一般会持有知识取向、理论取向的职业教育课程观。③随着当前工作过程课程、行动导向课程等观念和实践模式的引入，一部分教师青睐新理论新模式，所以有些教师倾向于持一种实践取向、能力本位、职业活动导向的课程观。从中可以看出，要想改变教师的课程观，需要从具体的课程运作实践模式做起，通过实践模式感染和默化教师的课程认识能力。

调研中还发现，在教师身上存在着课程认识观念与实施行为不一致的现象。关于应该如何进行课程实施，2.4%的教师认为应该忠实地按照课程计划和教材按部就班实施课程，15.8%的教师认为应该根据需要对课程本身和教学活动进行相互调适，81.8%的教师认为应该根据教师理解、学生需要和特殊教育情境等灵活地创生新的课程。关于在课程实施中是否会按照教材的顺序按部就班地开展教学活动，10.2%的教师认为“一般不”，15.8%的教师认为“很少”，35.5%的教师认为“有时”，38.5%的教师认为“经常”。显然不少教师都主张创生课程、相互调适课程，但是在中职学校进行课堂观摩时发现，具体的课程实施活动中，教师依然按部就班地执行课程。教师们也反映，限于种种原因，课程上一般按约定俗成的常规进行教学，推行改革的难度很大。可见，尽管观念呈现出多元，但是真正付诸实践还有较大距离。

（二）课程实施实践能力：融入实际的生产属性有待进一步强化

中职教师课程实施实践能力主要表现在课程目标确定、内容更新、教材设计、教学方法选择等方面。

1. 期望学生综合职业能力发展，但不太了解新技术对人才素质要求状况

调查显示，教师教学都有明确的目标，而且从课程和学生的需求出发关注学生的综合职业能力发展。

例如，关于在课程实施活动之前是否有明确的课程目标，85.3%的教师认为“有”，11.2%的教师认为“说不清楚”，3.5%的教师认为“没有”。关于在课程实施中最关注学生哪方面的发展，4.8%的教师认为“最关注专业理论知识”，9.4%的教师认为“最关注专业实践技能”，53.5%的教师认为“最关注综合职业能力”，32.4%的教师认为“最关注专业综合素质”。关于在所教课程正式开始之前是否会了解或调查学生的课程需求，5.3%的教师认为“一般不”，14.7%的教师认为“很少”，39.4 的教师认为“有时”，40.6%的教师认为“经常”。

调查发现，中职教师对新技术、职业发展新动态普遍缺乏了解，把握职业能力需求相对还不足。关于是否经常去与自己所从事专业的相关企业或相关工厂进行参观、实践实习，20.9%的教师认为“从没去过”，35.6%的教师认为“很少去”，29.1%的教师认为“有时去”，只有14.4%的教师认为“经常去”。关于对所教专业课程的相关职业工作过程的了解程度，9.1%的教师认为“不了解”，61.2%的教师认为“了解一点”，29.7%的教师认为“了解很多”。如果对职业发展的新动态及职业的人才素质要求把握不足，显然不能准确地确定课程目标。

2. 学生与教材内容、教学设计之间的不适应要求教师在课程实施过程进行动态调整

面对教材内容与学生水平不一致、学生自身素质与教师的教学设计相脱节等

问题，事先规划设计好的课程方案很多时候无法如期施行，导致教师不得不调整实施方案。调查显示，关于在学期初是否会对所教课程进行整体规划，45.5%的教师认为“规划很多”，38.5%的教师认为“规划较多”，13.4%的教师认为“规划较少”，2.7%的教师认为“没有规划”。关于是否会根据教学情境的需要对课程内容进行调整，4.3%的教师认为“一般不”，5.9%的教师认为“很少”，38.5%的教师认为“有时”，51.3%的教师认为“经常”。显然，尽管有不少规划，但最终还是要根据情况进行调整。出现这个现象的原因是多方面的：①由于中职学校生源质量下降，已有的基础与现有的教材内容、教学设计存在较大差距，难以接受沿袭下来所谓成熟的教学内容，教师不得不调整方案，降低难度。正如有的教师反映，“不要教那么多、那么难了，能够使他们够用就可以了”。②在一定程度上也反映出，中职学校课程实施过程不应该是一个程式化的执行过程，动态生成的特点在职业教育教学中表现的更加突出。

3. 在课程内容更新中，缺乏与企业生产实践适时对接的常态机制

面对中职学校教材不适应现代职业生产技术需求，与行业企业生产实践脱离或不衔接的现象，教师一般会努力将新的职业信息、相关职业精神等内容纳入教学之中。调查显示，关于是否会将相关的职业信息（如相关行业岗位技能要求和知识）补充进来，5.1%的教师认为“一般不”，7.8%的教师认为“很少”，31%的教师认为“有时”，56.1%的教师认为“经常”。关于在课堂教学中是否会介绍一些与职业精神、职业制度和职业文化相关的内容，3.2%的教师认为“一般不”，7.5%的教师认为“很少”，39.3%的教师认为“有时”，50%的教师认为“经常”。关于在教学中是否会以职业工作过程中所需的知识与技能整合的项目或任务开展教学活动，2.9%的教师认为“一般不”，13.1%的教师认为“很少”，45.7%的教师认为“有时”，38.2%的教师认为“经常”。尽管有一半以上的教师经常会将职业信息融入教学，会介绍相关的职业精神、职业制度和企业文化等内容，但仍然有一半的教师并不这样做，可见，在课程内容更新中，教学与企业生产实践对接还不够常态化。这种状态的主要原因在于，相当一部分教师缺乏企业实践经验和对职业工作的认识，不是不想为，而是不能为。这也说明教师的“双师”素质依然不足。

4. 有使用新的教学方法的尝试，但实际应用中问题不少

随着课程改革新理念的引入，如任务驱动教学、项目教学等也得到了教师的广泛认可。关于是否会使用任务驱动教学法，4.8%的教师认为“一般不”，

14.7%的教师认为“很少”，44.4%的教师认为“有时”，31.8%的教师认为“经常”，4.3%的教师认为“还不知道这种教学方法”。关于是否会使用项目教学法，10.7%的教师认为“一般不”，16.3%的教师认为“很少”，46%的教师认为“有时”，25.1%的教师认为“经常”，1.9%的教师认为“还不知道这种教学方法”。尝试使用新的教学方法，会遇到学生不配合的情形，如学生认为行动导向教学等方法就是教师不愿好好上课、偷懒，学生也可以不做，把课堂教给学生却被学生推回来，有反复。其实，教师在教学中对新教学法可能还不得要领，到底什么时候可以运用任务驱动教学、什么时候可以运用项目教学，访谈中了解到大部分教师还未熟练掌握，有时生搬硬套，效果反而不好。

（三）课程实施反思能力：有反思但主动性和深入性不够

对课程实施效果状况的反思评价，1.8%的教师认为“以学生掌握职业工作过程中的理论知识为标准”，7%的教师认为“以学生掌握职业工作过程中的专门技能为标准”，40.4%的教师认为“以学生掌握职业工作过程中的综合能力为标准”，50.8%的教师认为“以上要点都要考虑”。关于是否会对课程实施过程进行反思批判，4.3%的教师认为“一般不”，8.8%的教师认为“很少”，38.5%的教师认为“有时”，48.4%的教师认为“经常”。关于是否会反思或发现课程本身的不足，1.3%的教师认为“一般不”，7%的教师认为“很少”，48.9%的教师认为“有时”，42.8%的教师认为“经常”。关于是否会反思或发现自身的不足，2.9%的教师认为“一般不”，3.3%的教师认为“很少”，33.4%的教师认为“有时”，60.4%的教师认为“经常”。关于是否在下一步的课程实施中进行改进，1.3%的教师认为“一般不”，7.2%的教师认为“很少”，38%的教师认为“有时”，53.5%的教师认为“经常”。从访谈中也了解到，教师的反思还比较随意，缺乏系统性、研究性，所以课程教学基本还是一遍遍地重复呈现，真正的改变并不大。

三、中等职业学校专业教师课程实施能力标准体系

教师是课程实施的主体，教师的课程实施能力直接影响课程目标的实现。当前，工作过程导向是职业教育课程改革中带有方向性的一个重要理念，那么，贯彻落实该理念的职业教育课程需要教师具备什么样的课程实施能力？职业教育课程研究存在关注课程开发多，而对课程实施关注不足的问题。开发和设计好的课程能否发挥其教育功效，其中一个非常重要的方面就是教师能否有效实施课程。由于中职教师对工作过程导向课程的实施缺乏一定的实践经验和能力，有针对性

地培养中职教师的课程实施能力显得相当迫切。根据编者调查，关于是否去过与自己所从事专业相关的企业或工厂进行参观、实践实习，20.9%的教师认为“从没去过”，35.6%的教师认为“很少去”，29.1%的教师认为“有时去”，14.4%的教师认为“经常去”。关于是否了解所教专业课程的相关职业工作过程，9.1%的教师认为“不了解”，61.2%的教师认为“了解一点”，29.7%的教师认为“了解较多”。关于是否会以职业工作过程中所需的知识与技能整合的项目或任务开展教学活动，2.9%的教师认为“一般不会”，13.1%的教师认为“很少”，45.7%的教师认为“有时”，38.2%的教师认为“经常会以职业工作过程中所需的知识与技能整合的项目或任务开展教学活动”。从以上数据看出，不少中职学校教师缺乏相关的职业工作经验，相当一部分中职学校教师对职业工作过程不了解，经常性地按照工作过程导向的理念开展教学活动的中职学校教师并不多。因此，目前工作过程课程实施中教师尚需提升其能力。

基于工作过程的课程开发是一个综合性的过程，它应当建立在整体的、对工作过程进行职业分析基础之上，将职业分析、工作任务分析、企业生产（或经营）过程分析、个人发展目标和教学分析设计等结合在一起。按照工作过程来序化知识，重建课程结构，以工作过程为坐标，将理论知识与实践知识重新编排，课程不再一味地强调对学科体系中理论知识的复制与“装配”，而着眼于动态的行动体系有助于实践知识的生成与构建，目的是增长从业中实际应用的知识与技能；以经验和策略的知识为经，以“事实、概念”和“理解、原理”的知识为纬，综合编织在一起。工作过程课程的实施对中职教师提出新的要求，教师及其完成课程的角色在改变，工作过程的职业性要求教师具备职业文化的角色，工作过程的生成性要求教师具备课程创生的角色。教师角色的转换实质上是一种课程观的转变和一种教师观的革新。职业教育课程实质上是动态化的过程、职业性的文化和创生性的经验；教师实质上是工作过程的整合者、职业文化的传播者和课程的创造者。

教师课程实施能力是教师在其课程实施中所表现出来的综合素质，其不仅仅表现为教师的教学能力，还应包括教师对课程的认识、实践、创生和反思评价能力。工作过程导向下的教师课程实施能力更加强调教师的课程创生、课程实践能力。按照古德莱德的五层次课程理论，实际上，教师的课程实施一般开始于领悟课程，行动于运作课程，反思于经验课程。结合上述关于教师课程能力的理解，我们将教师课程实施能力解构为教师课程实施认知能力、课程实施实践能力和课程实施反思能力。教师课程实施认知能力就是教师在实施课程之前，对课程本身及预计课程实施计划的认识能力，实质上是领悟课程的能力。教师课程实施实践能力是指教师在课程实施过程中所涉及的课程转化、课程整合、课程调整、课程创生等能力。教师课程实施反思能力是教师在课程实施过程中和课程实施结束后对其实施过程的反思评价能力。

“工作过程是对人的‘职业行动’这一复杂系统进行科学分析的工具，是工作人员在工作情境中为完成一件工作任务并获得工作成果而进行的一个完整的工作行动的程序。”[①]工作过程导向的教师课程实施能力应体现出工作过程的本质属性。首先，工作过程导向的教师课程实施能力始终与生产实践过程密切结合。也就是说教师在课程实施过程尤其是具体教学过程中能够直接教学生进行生产。教师教学过程与生产过程对接，脱离了与生产实践过程的对接，其课程实施能力将会弱化。其次，工作过程导向的教师课程实施能力发展与工作过程中的新技术、新工艺融入是分不开的。最后，工作过程导向的教师课程实施能力体现出教师对专业课程内容选择与职业标准对接。通过对中职学校教师访谈，并对其课程实施过程进行观察，归纳出他们在工作过程课程实施中的能力。工作过程导向下中职学校教师最突出的课程实施能力表现为：对职业教育课程教材的理解、对职校学生的了解、职业目标行业要求分析、对课程实施过程的策划、根据社会发展对人的需求及时调整教学思路与内容、实训教学与理论教学有机结合的能力、新技术掌握能力、与职校生沟通及对学生心理问题疏导能力、对职业发展新动态新技术的了解应用等方面。具体形成如表 5.2 所示的工作过程导向的中职学校教师课程实施能力指标体系。

表 5.2 工作过程导向的中职学校教师课程实施能力指标体系

一级指标	二级指标	三级指标
1. 认知能力	1.1 课程本质认知	1.1.1 能够将课程视为职业活动中的工作过程 1.1.2 能够将工作过程知识作为课程的组成部分
	1.2 课程目标认知	1.2.1 能够将课程目标定位为综合职业能力发展 1.2.2 能够将工作过程知识、工作价值观、职业态度情感等作为课程目标的内容
	1.3 课程实施认知	1.3.1 能够将课程实施理解为工作与学习结合的过程 1.3.2 能够将课程标准与职业标准对接 1.3.3 能够遵循学生职业能力培养的基本规律
2. 实践能力	2.1 课程需求把握	2.1.1 能够从职业工作需要出发把握学生课程需求
	2.2 课程目标确定	2.2.1 能够对典型工作任务进行分析并转化为课程目标 2.2.2 能够制定符合工作过程所需要素质的课程目标
	2.3 课程内容选择	2.3.1 能够融入最新的技术工艺 2.3.2 能够融入相关企业文化、职业文化 2.3.3 能够与实际工作过程紧密结合 2.3.4 能够向学生传授过程性知识 2.3.5 能够以真实工作任务及其过程为依据整合、序化内容

① 赵志群. 对工作过程的认识. 职教论坛，2008，(14)：1.

续表

一级指标	二级指标	三级指标
2. 实践能力	2.4 教材创生解读	2.4.1 能够突破教材限制结合自身经验形成新的教学载体 2.4.2 能够根据工作过程需要更新陈旧的教材内容
	2.5 教学活动设计	2.5.1 能够坚持与具体工作情境相联系的原则 2.5.2 能够坚持教、学、做结合的原则
	2.6 教学方式运用	2.6.1 能够将学生置身于真实或模拟的工作世界中 2.6.2 能够将理论学习与实践训练相结合 2.6.3 能够引导学生自主探究
	2.7 课程整体规划	2.7.1 能够依据工作过程需要灵活调整课程结构顺序 2.7.2 能够依据工作过程需要整体充实删减课程内容 2.7.3 能够依据工作过程需要协调各门课程间的关系
3. 反思能力	3.1 反思自身	3.1.1 能够从课程实施过程中发现自己观念的不足 3.1.2 能够从课程实施过程中找到自己行为的缺点 3.1.3 能够从课程实施过程中总结自身实践性经验
	3.2 反思课程	3.2.1 能够从课程实施过程中找到课程的问题 3.2.2 能够从课程实施过程中富有价值的经验
	3.3 反思课程实施	3.3.1 能够对课程实施过程进行有意识的监察、评价和反馈 3.3.2 能够在课程实施过程中将课程与工作过程进行对比

四、中等职业学校专业教师课程实施能力发展策略

（一）研制中职学校教师课程实施能力指导标准

工作过程导向的中职学校教师课程实施能力的培养，首先需要明确教师课程实施能力是什么？其应表现在哪些方面？这些问题的回答需要研制教师课程实施能力指导标准。教师课程实施能力指导标准是一个基准和方向性的问题，是教师课程实施活动科学有效开展的重要指导，是教师课程实施能力提高的导向，也是教师教育工作的指南。研制教师课程实施能力指导标准，便于我们把握工作过程导向的教师课程实施能力发展方向。重庆市出台的《重庆市中等职业学校专业教师能力标准（试行）》，推动了中职学校专业发展水平的提高。中职学校教师课程实施能力指导标准要体现在教师课程实施的价值取向和行为实践中，规定教师在课程实施中应具备的课程观念和行动准则。为有针对性地进行指导，建议分类研制中职学校教师课程实施能力指导标准，如实训类课程实施能力标准、理论类课程实施能力标准、一体化课程实施能力标准、中职学校教师教育课程标准等。

（二）确立工作过程导向的中职学校教师课程观

教师的课程观直接决定其课程行为，是课程实施能力的精神和灵魂。“课程

是在特定的教育情境中多主体对话互动、动态生成的促进学生个体发展的文化事件。”[①]究竟如何认识职业教育课程？这是一个根本性的问题。根据对中职学校教师的调研，大多数教师将课程视为教学内容或预定的方案和计划，而没有认识到课程的动态性和生成性。工作过程导向的课程实施能力培养需要确立起工作过程课程观。就职业教育课程本质观而言，改变过去的学科本质观，将职业教育课程本质理解为具有教育性的职业工作经验体系。就职业教育课程目的观而言，改变过去的知识获得观，而注重学生的综合职业能力发展。就课程内容观而言，改变过去的抽象语言符号系统，而构建形象职业行动世界。“职业教育的课程内容，具有应用性的特征。这一应用性表现在职业教育课程的内容应紧密联系职业实践，所传授的技能和知识能在生产、服务或管理工作中直接应用。”[②]就课程文化观而言，改变过去的书本式文化观，而确立一种跨界性的课程文化观。工作过程课程是一种“学校与企业、工作与学习、理论与实践”等多领域复合的课程文化。

（三）加强教师职前课程素养教育

中职学校教师如何树立正确的课程观，提升创设新课程的意识？首先是一个观念问题、认识问题。调查表明，92.3%的中职学校教师没有学习过课程论。即使毕业于普通师范院校和职业技术师范院校的老师，在师范教育中均学习过教育学和心理学，但是大部分没有学习课程论这门课程。至于来自非师范院校的毕业生，就更知之甚少了。缺乏课程论方面的知识，教师在其教育教学行为中就不会有自主的课程意识。因此，在职前教师教育体系中加强课程素养的培养，开设课程论，使未来的教师懂得课程目标、课程内容、课程实施、课程开发、课程设计、课程评价等方面的理论非常必要。另外，在教师教育中强化他们参与课程的意识，不被动执行课程也需要有一定的理论基础，否则无从下手。“课程实施不再是机械地、直线式地、原汁原味地执行课程计划的过程，而是在具体的教育情境中通过不断调整课程计划而生成新的课程意义的过程。”[③]

（四）实施实践化取向的中职学校教师培养模式

相当一部分中职学校教师为普通大学毕业生，缺乏职业技术的实践背景。优

① 赵文平. 论课程作为教育过程中生成的文化事件——基于复杂科学理论的审视. 当代教育科学，2012，(5)：18-21.

② 姜大源. 论职业教育课程的基本特征与课程观. 课程·教材·教法，1997，(8)：12-16.

③ 赵文平，于建霞. 论课程实施的复杂性及其应对策略. 教育导刊，2007，(12)：30-33.

化中职学校教师知识结构，需要补充技术性知识和工作过程知识。教师要有目的、有计划地深入企业或培训单位，接触或参与产品生产、维修等实际工作，熟悉企业里到底需要什么样的人。只有具备这样的基础，才能够围绕职业能力的形成组织课程内容，才会选取企业典型工作任务作为学习内容来整合相应的知识和技能，并及时反映专业领域的新知识、新技术、新工艺和新方法。再进一步，对本专业课程相关行业、企业的技术标准及生产一线技术技能型人才的实际需求进行研究，将国家职业资格标准的内涵要求与行业、企业的需求进行有机融合，以此作为课程目标需求确定的依据。教师学会运用隐性课程的背景力量提升课程实施能力，贯穿职业文化、企业文化，养成学生正确的职业意识、职业情感、职业态度、职业价值观。在课程实施中，渗透式进行职业德育教育，启发学生规划自己的职业人生，瞄准发展目标不懈努力。

由于职业的快速发展，加之中职学校教师普遍缺乏工作和实践经验，加强教师职后培训是一项长期的任务。但是，目前教师职后培训也面临一些难题。一是教师进入企业实践存在一定难度，缺乏一套对企业支持教师培养的具体考核标准和政策保障体系，企业安排较多的教师实践有一定难度，而教师参与企业生产等项目也很难马上上手，二者之间很难形成一致。二是尽管政府和学校都组织了一些富有成效的国家级、省级培训项目，但由于工学矛盾，以及主要由高校承担的培训，针对性不够强，不能满足教师的实际需求。此外，中职学校近年来引进的教师还是以普通高校毕业生为主，缺乏职业教育与生产实践方面的经历，导致后期培训的工作量较大，延缓了其成熟的期待。但是，正视现实还必须强化职后培养的实践化取向，具体如下。

首先，要加强两个重点：一是培训中克服学科化倾向，提高实践教学比重，引入现代企业的新技术、新工艺、新方法，跟上科学技术的发展；二是完善企业培训基地建设，使教师能真正到企业参与系统的学习与锻炼，切实提高教师的专业实践能力。针对不同的专业特性和教师类型，合理规定工作量和课时数，使其有时间、有精力按国家有关规定参与培训和深造活动。其次，职业学校创造条件，让教师有更多的机会去企业见习、实习、挂职、参与企业研发工作等，使教师能够与产品开发、企业文化、车间管理等方面零距离接触，融入到真实的生产实践中，提高教学做一体化能力。同时，要建立有关制度，对教师到企业实践的实效性进行考核评价。对于专业带头人、骨干教师和一般教师到企业实践的时间要求和待遇不搞“一刀切”，通过制定相应的鼓励政策，激发教师到企业一线带教实习及工作的积极性。最后，研究制定兼职教师管理办法。制定企业技术人员到学校兼职的鼓励政策，提高他们的职业尊严和薪酬待遇，使企业、学校、兼职教师三方形成利益与发展的共同体。

（五）优化中等职业学校教师课程实施的外部环境

中职学校教师在课程实施中还面临着一些外部环境因素的制约，诸如场地不够、设备落后、数量不足，不能保证每位学生得到充分训练，这其实也是一种正常现象，需要通过加强管理、加深校企合作来解决。还有一个突出的问题是，教材建设不能适应中职学校课程需要，教材内容滞后于新技术的发展，与中职学校课程相适应的考试评价制度严重滞后等。面对这些问题，一方面要不断改进物质和技术环境与条件，提高中职学校有效教学能力。另一方面是软环境的优化，为教师创造积极的发展环境、制度环境和文化环境，赋予成熟教师更大的课程权力，允许教师创造性地实施课程。例如，现有教材滞后，鼓励教师自主开发校本教材，增设有关新技术的知识和内容；现有评价制度滞后，允许教师采取新的评价考核办法，全面提升教师的课程实施能力。“教师的参与将打破课程实施的障碍并获得责任感。”[①]

第三节　中等职业学校专业教师教学能力标准

教学能力是教师能力结构中的核心，是教师各种素质的集中表现，是教师的基本职业素养。实践表明，教师教学能力的水平是影响教学质量的关键因素。无疑，教学能力标准成为教师能力标准体系中必须要关注的课题。“中等职业学校专业教师教学能力标准是衡量中等职业学校专业教师胜任专业教学活动和实现自我发展目标应该达到的专业教学能力的准则。”[②]

① Connelly FM & Ben Peretz. Teacher's roles in the using and doing of research and curriculum development. Journal of Curriculum Studies. 1980，12（2）：99.

② 李晓东，王刚，沈金亮，等. 中职学校专业教师教学能力标准研究. 中国职业技术教育，2010，（31）：88-90.

一、中等职业学校专业教师教学能力内涵

“教学能力是指教师在一定的教学情景之中，依据一定的教学知识和教学技能，顺利完成教学任务，促进学生生命发展所表现出来的个性心理特征。”①

罗树华、李洪珍在其《教师能力学》一书中指出：教师的教学能力，是教师从事教学活动，完成教学任务的能力，它是教师业务能力的主要方面，包括教学设计、教学实施到教后评价，即从内化教材到外化教材整个过程的驾控能力，依据教学活动过程将教学能力分为：掌握和运用教学大纲及教材能力、编写教案能力、说课能力、因材施教能力、指导学生学习方法和学习迁移能力、课堂教学开讲能力、创设最佳教学情境能力、教学应变反馈能力、教学检测能力、操作示范能力、制作教具能力、使用现代教育技术能力、设置学科作业能力、课堂教学总结能力等。②

有的研究者认为，中职学校专业教师教学能力包括热爱中等职业教育事业、基本的信息沟通能力、实践示范能力、教学分析能力、专业教学法应用和创新能力、情境化教学环境构建能力、多元教学评价能力、现代教育技术手段的应用能力、指导学生进行实际操作的能力。③

也有研究者主张，中职学校教师应该具备的教学能力包括把握课程标准和教材的能力、选择运用教学参考书的能力、设计教案的能力、非语言表达能力、检查教学效果的能力。④

还有研究者专门研究了中职计算机软件专业教师的专业教学能力构成，认为这一能力包括岗位理解与分析能力、专业教学评价能力、行动导向授课能力、实训实习指导能力。⑤

综合以上观点，中职学校专业教师教学能力应突出体现以下特点：首先是实践性。教师的教学能力不仅体现为教授理论知识，还必须传授生产实践知识和技能，即理论与实际结合起来进行教学。其次是职业性。教师不仅仅是专业知识与技能传播者，而且要培养未来合格的职业人才，在教学中要有意识地传授有关的职业道德、职业情感和职业精神等要素。最后是整体性。教师不是片面地传授知识和技能，而要有全面育人的观念，重视人文素养的陶冶与培养，强化学生正确

① 王宪平，唐玉光. 课程改革视野下的教师教学能力结构. 师资培训研究，2005，(3)：38-43，62.
② 罗树华，李洪珍. 教师能力学（修订本）. 济南：山东教育出版社，2000：157.
③ 刘君义，方健. 中职专业课教师教学能力测试方案研究. 职教论坛，2010，(3)：60-62.
④ 王文军，黄荣贵. 中职院校专业教师教学能力分析. 兰州教育学院学报，2010，(6)：258-259.
⑤ 张小青. 中职计算机软件专业教师专业教学能力标准. 福建师范大学硕士学位论文，2009：22-26.

的职业观、价值观和世界观。

二、中等职业学校专业教师教学能力标准体系

关于中职学校专业教师教学能力标准体系的研究，近年来已经形成了多元化的研究成果，代表性的观点有以下几个。

（一）“知识+技能+情感”的能力标准体系

根据布鲁姆（B. Bloom）教育目标分类学，对全国部分省市的中职学校汽车运用与维修专业教师教学能力标准展开调查，将专业教师的教学能力分为专业知识、专业技能、专业情感三大能力领域①，发现专业教师中还存在对师范教育知识不够重视、对教学能力考核标准和方法不够明确、自身专业发展目标模糊等问题。因此，要明确专业教师培训目标，科学制定专业教师能力标准框架，研发专业教师的培训教材，有计划地开展教师培训，切实保证专业发展的科学评价质量等，并从以上这些方面寻求对策。

（二）“基础+核心”的能力标准体系

有研究者提出，基于“职业标准”的中职学校教师应该具备以普适性能力、通识教学能力为基础，以职业技术教学能力为核心的教学能力结构，如表5.3所示。

表5.3　职教教师教学能力结构体系②

层级	一级能力	二级能力	三级能力
基础教学能力	普适性能力	健康的心理素质	自我控制能力、自我批评能力、自我管理能力、自我学习能力、适应环境能力、承受困难与挫折能力
		生存发展能力	自信心、组织能力、评判能力、决策能力、社会活动能力、收集处理信息能力、分析和解决问题能力、驾驭矛盾能力、全面处理事务能力、应用科技成果的能力
		交流与合作能力	社会责任感、同情心、集体合作能力、交际能力、协调能力
	通识教学能力	教学基本技能	表达能力、书写能力、教育技术能力
		教学组织能力	组织教学活动能力、创建教学情境能力、设计教学内容能力、选择教学策略能力、控制教学进程能力、评价教学结果能力
		教学管理能力	了解课堂的能力、控制和管理课堂的能力、指导学生的能力、班级管理能力、全面了解学生的能力、正确评价学生的能力

① 汤霓. 关于中职专业教师教学能力标准的调查报告——以汽车运用与维修专业为例. 职教论坛，2010，（12）：80-86.

② 肖化移，周一苗. 基于质量标准的职教教师教学能力结构探析. 武汉职业技术学院学报，2009，（2）：46-48.

续表

层级	一级能力	二级能力	三级能力
核心教学能力	职业技术教学能力	教学实践能力	具有指导制造产品的素质和其制作方法的能力等；能教授学生使用规定的设备；能将专业技术分解、再现给学生，指导学生进行技术操作及对学生操作的情况进行评价；能将专门知识按照教育规律传授给学生；培养学生良好的职业道德；能指导学生进行产品创新；能够对行业发展、就业前景进行预测，并指导学生把握这种趋势
		技术实践能力	掌握专门技术，具备基本操作技能，会制造产品，会使用机械、装置、工具工作，能进行产品创新；熟悉专业基础知识、具备实际工作经验，参与社会实践，进行专业创新
		管理实践能力	熟悉行业职业要求、职业责任和职业态度，并能有效地传授给学生；能进行市场分析、行业分析和职业分析，据此选择教学内容、安排教学过程及改造与开发专业等；具备市场观、效益观、产业观等经济观念，熟悉竞争规律、价值规律等经济规律，掌握经营管理方式和策略等；懂得企业行业管理规律，具备指导学生参与企业行业管理的能力，组织学生开展社会调查、社会实践、社会活动等

（三）“专业能力+方法能力”的能力标准体系①

通过问卷调查、访谈、岗位分析等方法，以及利用头脑风暴法，对专业教师的工作岗位进行职业分析，利用行为事件访谈法进行岗位胜任特征模型分析。专业教师教学能力包含符合社会需要的专业能力和适应学生智力结构的方法能力两个大的方面。专业能力主要由企业调研得来；方法能力由学生调研而来。

以“电子技术应用”专业为例，教师的专业能力包括：①熟练掌握电子技术应用专业的专业知识；②能熟练检测和应用各种电子元器件，并熟悉电子元器件的发展方向；③熟悉电子产品的现代化生产工艺及生产设备，并了解生产工艺及生产设备的发展方向；④能熟练使用各种仪器仪表对产品进行测试和维修；⑤熟悉企业管理制度，并将 7S 管理、ISO 9000 系列标准和 ESD（静电中和）管理融入教学过程中。

教学方法能力应包括：①能熟练使用各种教学媒体；②能熟练应用行动导向的各种教学方法；③能熟练地将教学内容所涉及的知识分解融入到一个个能独立或分组完成的具体任务中；④具有在任务完成过程中的管理和协调能力；⑤具有对学生任务完成情况的鉴定能力；⑥具有结合办学条件和教学需要，开发教学资源的能力。

① 冉建平．浅析中职专业教师教学能力标准的建立．科学决策，2008，（11）：96-97.

（四）“教学+实践”的能力标准体系[①]

有研究者通过工作任务分析法，在云南省构建了中职学校专业教学能力标准（广义概念）。标准分为两大模块：第一模块是教师教学能力标准（狭义概念）；第二模块是教师实践能力标准。教师的教学能力标准包括九大任务领域，分别是课程设计、制订授课计划、设计教案、教学准备、实施教学、教学评价、教学指导、教学研究、教学改革。教师的实践能力标准，以饭店服务与管理专业教师为例，其实践能力标准可以分为四个任务领域，分别是前厅服务与管理、客房服务与管理、餐饮服务与管理、康乐服务与管理。

除了以上几种典型的能力标准体系观点外，还有研究者主张，中职学校专业教师的教学能力标准，是主管机构对中职专业教师从事教育教学活动的“教书能力”“育人能力”和“开展服务于教书育人的一系列活动的能力”进行开发和制定，并要求专业教师共同遵守的准则和依据。综合考察上述关于中职学校教师教学能力标准体系的研究，各种观点都有可取之处。总之，标准是指南和导向，但标准不应是唯一，而应是针对特殊情境需求的多元。[②]

三、中等职业学校专业教师教学能力培养

针对当前中职学校教师教学能力存在实践动手能力弱、企业生产经历欠缺等问题，提出以下提升中职学校教师教学能力的策略。

（一）加强职业技术师范教育中的专业教学论建设

对于专业教学法，职业教育师范生也比较陌生，主要靠走上工作岗位后积累。例如，职业技术师范院校师范专业在其专业教育方面，一般只开设“学科（专业）教学法”或“教材教法”等课程，仍停留在一般教学法的层面上。拥有学科专业方面的知识对于教师有效开展教学活动是非常必要的。研究表明，学生学习与教师所具备的教学方法方面的知识具有强相关性。作为一名教师，除了具备丰富的学科专业知识之外，还要具备本学科专业的教学理论，懂得教学、教师和学生方面的知识。随着职业教育研究与实践的深化发展，专业教学论已经得到广泛的重视和开发。专业教学论将职业教育类师范生学习中的专业科学与教育科学紧密联系起来，有力地推动教师专业教学能力的提高。因此，专业教学论被称

---

① 魏娜. 云南省职业院校教师教学能力标准的构建策略. 中国成人教育，2012，(4)：74-76.

② 汤霓，汪欢，刘营. 对当前中等职业学校专业教师教学能力标准建设的思考. 职教通讯，2010，(2)：77-80.

为专业教师的“职业科学”，在职业教育教师培养的课程体系中居于中心地位。以德国不来梅大学学士学位职教师资培养方案为例，整个方案由三部分构成：主专业、辅专业和教育类课程。其中，教育类课程占整个方案总学分数的1/4，教育类课程中，职业教育专业教学论与专业教学实习模块15学分，职业教育专业教学论模块学分数占到教育类课程学分数的1/3，占整个培养方案学分总数的8%以上。可见，专业教学论相关课程在职业教育教师培养方案中占据重要地位。

（二）积极开展职后培训进修制度建设

首先，使专业教师去企业开展学习、交流和合作成为一种常态。鼓励专业教师深入相应的职业领域，开展职业活动和调研工作，体验生产过程，及时把握企业对人才的需求和企业发展的新动态，不断调整专业教学内容，实现教学过程与生产过程的对接。

其次，与企业合作开展形式多样的教研活动。邀请企业技术专家到学校做专题报告会，帮助教师全面了解前沿的技术方法；组织教师与企业广泛对接，形成校内以专业教研活动为载体的教师集体合作交流机制。

最后，健全促进教师教学能力发展的制度。针对教师企业实践、教学改革项目、培训进修、教学能力测评等工作，制定相应的制度，让教师专业化发展有比较明确的依据。

（三）教师个体的自主成长

首先，教师要结合当前工作做出自主发展的规划，为自己确定发展目标，注意分析目前欠缺的地方，需要哪方面的提升，制订自主学习计划，包括职称评定、技能提高、学历提升、企业经历等环节在何时完成，通过何种方式实现。不断进行自我分析和反思，尤其针对主要担任的课程教学展开，明确发展方向、途径，不断修正发展目标和行动策略。

其次，教师自身要积极形成一种自主学习的意识。陶特-莫洛尼（Tort－Moloney）主张，“教师自主是一种自主性职业发展的能力，自主的教师能够真正懂得教学技巧何时、何地、为何以及如何在教学实践的自觉意识中获得”[①]。教师要有自我认知的能力，对个人需要与专业技能发展目标关系的准确认识，不断激发自我学习的动力，明确自己职业人生发展的目标。教师的成长经历了“教

① Tort-Moloney D. Teacher Autonomy：A Vygotskian Theoretical Framework. CLCS Occasional Paper No. 48. Dublin：Centre for Language and Communication Studies，1997：48.

师培训—教师教育—教师学习”几个历程，教师学习是当代教师发展问题的逻辑走向。从教师培训、教师教育转向教师学习，实质上是对教师主体地位和教师自身价值的肯定。美国学者泰勒（R. W. Tyler）就曾预言：“未来的在职培训，将不被看作是‘造就’教师，而是帮助、支持和鼓励每个教师发展他自己所看重、所希望增加的教学能力。占指导地位的、被普遍认可的精神，将是把学习本身放在最重要的地位。”所谓教师学习是指教师在自身努力或外部环境等因素的影响下，其专业知识、专业能力和专业态度等方面得到成长变化的过程或活动。

最后，教师在自主反思中成长成熟。美国心理学家波斯纳（R. A. Posner）曾提出教师成长公式：经验+反思=成长。他指出，如果教师仅仅满足于获得经验而不是对经验进行深入思考，那么他的发展将受到很大的限制。反思型教师能够成为终身学习者，教师具备反思的意识和能力，就能够持续不断地对自己的教育教学实践进行反思，便能够不断提高自我。学会反思是教师发展中的重要内容，由于我国“双师型”教师仍处于探索建构阶段，深入的反思更是“双师型”教师不断完善发展中不可或缺的自觉行为。教师通过自我反思，不断重新认识和修正自身的教学行为和理念，使自己主导的教育教学活动更加适合社会的期望和学生的需求。

第六章
中等职业学校“双师型”教师队伍建设

社会发展是一个螺旋上升的过程。教师从经验型、知识型演变发展为现在越来越专业化的形态，这符合社会发展的基本规律，也是教师职业发展的必然趋势。“双师型”教师作为一个名词是新颖的，但事实的存在可以追溯到很久以前。从一种非主流的模糊状态到当今的理性认识，国家大力倡导，积极推动与建设，新型的职业教育教师的主体意识得到显著加强。对于“双师型”教师的认识，学术界和职业学校有一些不尽相同的理解或认定措施，无论如何，“双师型”教师已经成为表征职业学校教师特色很专业的一个称谓，政府、社会、学校和教师广泛认同并大力施行。本章从多视角、多侧面阐述“双师型”教师的动态发展、素质含义及其队伍建设。

第一节 “双师型”教师的产生与发展

“双师型”教师堪称是除黄炎培先生提出的“大职业教育”之外最具有中国特色的职业教育理论创造。①在此，不仅将“双师型”教师视为实体形态存在的教师，也将其看作是一种新的教师理论。作为实体形态的教师，“双师型”教师早就存在于职业教育活动之中，只是一直没有使用“双师型”教师的概念。因此，从这个意义上说，“双师型”教师是与职业教育相伴相生的。作为一种理论形态的“双师型”教师，是当代人根据职业教育发展的需要，对职业教育教师属性进行研究和规范而提出的一种说法。因此，探讨“双师型”教师的产生与发展，需要在这两种形态上进行区分和界定，即从两个维度考察其产生、发展、标准化走向与发展趋势。

一、实体形态“双师型”教师的演变

“双师型”教师并不是因为我们提出这一概念才存在的。正如德国教育家拉特克（W. Ratke）首次提出了“教学论”这一说法，并不意味着才有了教学理论。其实，中国古代的《学记》就是一部内容丰富的教学论。同理，“双师型”教师事实上早就存在于人类的教育实践中。

（一）重视劳动技术教育的教育家型的“双师型”教师

作为我国古代伟大的教育家，墨子长期从事生产技术劳动，取得许多卓越的成就，是当时与儒家孔子齐名的、很有影响力的墨家学派领袖。据说，他能用木制成飞鸢，在天上飞三日三夜；他身体力行，教弟子农业生产；他会运用规、矩等工具制作复杂的方、圆物体，以及攻防器械、构筑之术等。他说：“故圣人作诲，男耕稼树艺，以为民食。”“吾以为古之善者则述之，今之善者则作之，欲善之益多也。”墨子是高超的技术师，也是教师，他重视劳动教育、技艺教育及思

① 刘猛．“双师型教师”：一个中国特色概念的语用分析．教师教育研究，2012，（6）：26-30.

辨教育，堪称我们已知的、最著名的“双师型”大师。

清代的颜元也是这样一位教育大家。他学识渊博，经常亲自参加农业生产劳动，在从事教育和学术研究活动的同时，从未脱离生产劳动。像颜元这样一生不脱离农业生产劳动的教育家在中国古代教育史上并不多见。[①]他主张培养实才实德之士，能够经世致用，既能“上下精粗皆尽力求全”，又能“终身止精一艺”。颜元在其教育活动中，始终把向学生传授农业生产知识置于重要地位，在其亲自制定的“习斋教条”中，规定学生必须学习农学、谷粮、水利等知识。他在35岁时，曾为挚友王法乾撰写《农政要务》一书，内容包括耕耘、收获、辨土、酿粪、区田、水利等，并“皆有谟画”，据说此书也是他向学生传授农业生产技术知识的教材。

近代著名教育家裴斯泰洛齐（J. H. Pestalozzi），更是一位将理论与实践融为一体的、事实上的“双师型”教师。他把人的能力分为脑、心和手三部分。他认为，“脑”常常指精神，这一能力主要是人认识世界、理智判断一切事物的所有内在精神的官能，包括感觉、记忆、想象、思想和语言。“心”指伴随着全部知觉和思想而来的一切感情范围，包括基本的道德情感。“手”指人的实践活动的能力，如手工能力、职业能力和家务劳动能力等。这三个方面的基本能力应协调发展。裴斯泰洛齐特别重视劳动技术教育，强调孩子们要参加田间的劳作、纺纱、织布。他将学习和手工劳动相结合，对学生进行职业培训和技术教育。“使功课和劳作合一，提倡职业训练，是提高人的工作能力，增加实际生产量的最好途径。”[②]

上述几位教育大家可以视为“双师型”教师的先行者。一方面，他们在技术生产、动手实践方面身体力行；另一方面，他们既传授学生理论知识，同时也教给学生相关生产实践的技能。其实，这些都是很宝贵的知与行合一的“双师型”教师的典型范例。

（二）擅长技术生产的工匠型的“双师型”教师

中国人熟知的鲁班就是一个杰出代表。他出身于工匠家庭，从小就跟随家人参加土木营造工程劳动，积累了丰富的实践经验，并有所发明创造，据说木工用的“锯”就是鲁班的一项重大发明。木艺是最古老的行业之一，木工在建筑业中一直占有很重要的地位。鲁班被尊为木匠的祖师爷，每年的农历六月十三日是“鲁班师傅诞”，木艺工会最重视这个节日，借此弘扬尊师重道精神。曾经的木工

① 王炳照. 中国教育思想通史. 第四卷. 长沙：湖南教育出版社，1994：232.
② 张焕庭. 西方资产阶级教育论著选. 北京：人民教育出版社，1979：173.

师傅在这个节日，还会有派“师傅饭”这样一项特别的活动，所谓“师傅饭”，就是在“鲁班师傅诞”那天，用大铁锅煮的白米饭，再加上一些粉丝、虾米、眉豆等配料给徒弟吃，寓意吃了“师傅饭”的弟子，能像鲁班祖师那么聪明能干，而且身体健康强壮。

在历史上，像鲁班这样的技能型人才有不少，流传至今的那些巧夺天工的建筑、器物就是他们的杰作，他们技艺绝活主要依靠家传世袭和师傅带徒弟的方式传递。虽然，他们作为普通劳动者留下名字的不多，但他们当中有大量的生产技术技能型的“双师型”师傅。他们在从事平凡或不平凡的生产过程中，也能将自己的技术技能一代代传承下来。这种一边进行生产技术劳动，一边进行劳动技术教育的工匠与我们当今界定的“双师型”教师并无二致。

（三）生产技术与技术教育融合型的“双师型”教师

随着科技发展水平及对个体技术技能积累的要求提高，特别是职业教育的发展，需要将生产技术与技术教育融为一体的复合型教师，即当今被我们称作的“双师型”教师。首先，生产技术发展水平日益提高，技术的专业化、精密化程度越来越高，生产加工过程的科技含量也越来越高，这对职业学校的教育教学改革提出了新的挑战，单纯知识教授型的教师或单纯生产实践型的教师都显得力不从心，而是要求教师的素质将二者统一起来。其次，由于企业竞争日益加剧，对产品的质量要求越来越高，对新技术、新工艺迅速转化为生产技术人员的素质提出越来越高的要求，企业呼唤强有力的教育力量传递新的技术技能，客观上促进了教育教学的力量和技术生产的力量走向融合。这迫切要求职业学校体现出生产技术与技术教育的融合，以及能够集“教育与生产”“理论与实践”“知识与技能”等兼备的“双师型”教师。

二、观念形态的“双师型”教师发展

以“双师型”教师这一术语的提出为标志，从民间话语，到学术话语，再到政策话语，都反映出人们对“双师型”的理性认识逐渐深化和丰富。

（一）民间话语中的“双师型”教师

“双师型”教师是20世纪90年代在工科类专科学校的办学实践中被率先提出来的，最初可以说是民间话语中的“双师型”教师，主要是针对职业教育发展中存在师资结构单一或师资素质理论化倾向严重而言的，实际上涉及的是教师队伍建设理论与实践的关系问题。长期以来，我国的中等职业学校教育特别是中等专业学校由于历史渊源的因素，紧跟高等专业教育，偏重于专业理论教育，对于学生的实践能力培养不够，师资也主要是普通高校的毕业生，缺乏对学生进行动手实践能力的教育与训练。从现实需求出发，呼唤中职学校教师具备相应的职业实践教育能力，提出“双师型”教师的诉求，是职业教育进一步发展和改革从外在要求转为内在动力的表现。

当然，任何观念的产生都是实践发展的结果，民间话语中“双师型”教师的产生，实质上印证了“理论来源于实践”这一真理，也将随着教师教育实践的发展，不断被赋予新的使命、产生新的内涵，并引发广泛的关注、探讨和争论。“‘民间教育学’是非官方的、未进入科学化的教育理论体系和制度化的教育实践系统的，以观念形态或实践形态存在的教育学知识；流传在民间的原初的、朴素的教育观念、教育方式，是劳动人民在长期的教育活动和生活实践中形成的教育思想与教育经验；其存在方式类别有显性知识和隐性知识。”①

作为民间话语体系的“双师型”教师，具有朴素、感性、经验等特点，即还未形成上位的、理性的、系统的思考和理论体系。

（二）学术话语中的“双师型”教师

1.“双师型”教师的学术研究进展

一般来说，科学研究主要探索是什么、为什么、怎么样三类问题，即事实问题、价值问题和行为（技术）问题。据此，简要梳理一下关于“双师型”教师的事实问题、价值问题和行为（技术）问题的主要研究成果。

1）关于“双师型”教师的事实问题研究

这一方面主要涉及内涵、状态和关系等客观性问题的研究，如“双师型”教师的起源与发展、基本特征、素质结构等。

关于“双师型”教师的内涵问题研究。从总体上来看，目前关于“双师型”教师的内涵界定呈现出多样化趋势，如“双职称”说、“双能力”说、“双证书”说、“双证+双能”说、“双师素质”说、“一证一职”说、“双元说”等。这种多元化的观点也从某个侧面说明：关于“双师型”教师的内涵，目前尚未形成有代表性的、较为统一的观点。从研究对象来说，大部分研究是基于教师个体层面的研究，少部分研究涉及教师群体的研究。

关于“双师型”教师的特征问题。孙松尧认为，“双师型”教师的特征表现

---

① 班华. 略论学习“民间教育学”. 教育学报，2011，(1)：21-25.

为：知识的广博性、交叉性；能力结构的实践性、应用性；素质结构的综合性、职业性。[①]崔发周从“双师型”教师的存在状态、培养和评价等视角出发，认为“双师型”教师是一种特定职业领域的复合型人才，是一种创新型人才，培养途径具有双重性，评价标准具有动态性，还具有层次性和现实性。[②]

关于“双师型”教师的素质结构问题。基于对“双师型”教师内涵的不同解释，也形成了对应的素质结构研究成果。目前看来，对这一问题的探讨显得比较笼统，还缺乏深入的研究，比如，“双师型”教师的知识结构是什么样的？到底应该具备哪些知识？应该扮演什么样的课程角色？其课程实施能力又是怎样的？课程开发能力体现在什么地方？这一系列相关的问题还需要更深入细化的研究。

2）关于“双师型”教师的价值问题研究

这一方面主要涉及目标、取向、评定、评价等问题的研究。

关于“双师型”教师的认定标准问题。由于对“双师型”教师的内涵把握和研究视角不同，先后出现了强调实际工作经历和教学经验的“双师素质”的行政标准；强调学历与职称、理论与实践一体化的院校标准。周明星等学者强调“一全”“二师”“三能”“四证”的标准，以及强调职业资格标准、能力群标准、一般能力和阈能力三级能力标准体系的重构标准。何应林认为，“双师型”教师资格标准应分为初、中、高三个级别，每个级别的教师都要满足理论教学能力、实践教学能力、技术应用实践、教师系列职称和专业技术职称等五个方面的要求。对职业学校“双师型”教师标准的研究主要有行政标准、院校标准和学者标准之分。[③]唐林伟等在解构这些标准的基础上，运用能力描绘法，对“双师型”教师专业标准进行了重构，具体划分为经师能力标准、技师能力标准、人师能力标准和事师能力标准。[④]

关于“双师型”教师的文化问题。王新主张，“双师型”教师是校园文化与企业文化融合的桥梁，将“双师型”教师的称谓引入职业学校，会将企业文化带入校园，并使得企业文化与校园文化冲撞、融合，最终形成独具特色的校园文化。[⑤]其实这也体现了“双师型”教师的文化价值。刘子真明确提出了“双师”文化，实质上是将“双师型”教师作为一种特殊的文化形态和文化象征。“双师型”教师队伍的建设是一个教师文化形塑的过程，“双师型”教师的成长发展依赖于“双师”文化。“‘双师’文化的培育是一项复杂的系统工程，需要构建一个

① 孙松尧．职业教育“双师”素质教师的内涵与特征．职教论坛，2004，(20)：19-20.

② 崔发周．“双师型”教师的基本特征与认定标准．南方职业教育学刊，2011，(2)：86-90.

③ 何应林．高职院校“一体化双师型”教师资格标准研究．十堰职业技术学院学报，2010，(3)：1-4.

④ 唐林伟，董桂玲，周明星．“双师型”教师专业标准的解构与重构．职业技术教育，2005，(10)：45-47.

⑤ 王新．“双师型”教师是校园文化与企业文化融合的桥梁．天津市教科院学报，2011，(4)：39-40.

政府、职业院校教师及‘双师’群体共同参与的立体网络。”①

通过查阅文献，我们发现目前关于“双师型”教师价值方面的研究还比较缺乏，这方面的问题可以从文化、观念、关系等视角切入，深化对“双师型”教师的认识。“双师型”教师是一种特殊的文化群体和现象存在，界定它的核心是其价值观念的形成。

3）关于“双师型”教师的行为问题研究

这一方面主要涉及“双师型”教师的专业发展、培养过程、培养模式、教育行为等问题的研究。

关于“双师型”教师的专业发展阶段问题。郑国富依据国内外教师专业发展阶段理论，通过对国外职业教育发达国家教师的职业发展先进经验的比较，提出我国现阶段“双师型”教师专业发展的四阶段：“双师”素养阶段、“双师”资格阶段、“双师”熟练阶段及“双师”专家阶段。②

关于“双师型”教师的培养问题。国内学术界在借鉴吸收国外职教师资培养经验的基础上，结合国内职教教师现状，提出了多种“双师型”教师的培养模式。例如，王义澄提出，通过参与学生实习过程、选派教师到工厂实习、参与重大教学科研工作和承担技术项目等途径培养“双师型”教师；③卢双盈认为，除了开展培训、开展产学研结合等手段促进学校教师自身成长外，还要以兼职教师为纽带，促进职业学校社会化，增加“双师型”教师比例；④韩秋黎认为，“双师型”教师培训是一项系统工作，需要从内涵理解、模式条件、激励措施、成长环境等方面奠定观念基础、物质基础、政策基础和机制基础。⑤从总体上来看，学术界关于“双师型”教师培养模式主要有以下几种：院校培养模式，这是“双师型”教师培养的一种基本模式；校企合作模式，学校和企业互派人员到企业和学校学习、培训，或通过校企合作研发项目进行“双师型”教师的培养；校本培训模式，主要是通过在职培训培养“双师型”教师。

关于“双师型”教师的管理问题。刘建湘、周明星提出“三层次”管理策略：一是自我管理，从个人层次上，“双师型”教师应当具有专业发展的自主意识和自主能力；二是学校管理，在学校管理这个层面上，根据不同成熟度、不同成功类型、不同成长期，对“双师型”教师进行了专业区分，分别制定了不同的专业鼓励措施；三是国家管理，在国家层面上，呼吁应当从“双师型”教师的专

① 刘子真. 论“双师”文化的培育. 现代教育管理，2009，(8)：70-72.

② 郑国富.“双师型”教师专业发展阶段研究. 华东师范大学硕士学位论文，2010.

③ 王义澄. 努力建设“双师型”教师队伍. 高等工程教育研究，1991，(2)：49-50，53.

④ 卢双盈. 职业教育“双师型”教师解析及其师资队伍建设. 职业技术教育，2002，(10)：40-43.

⑤ 韩秋黎.“双师型”教师队伍培养机制实践探索. 职教论坛，2008，(1)：49-51.

业标准、专业制度、专业培训和专业待遇四个方面加强对“双师型”教师的宏观管理，以促进其专业化发展。[①]

2.“双师型”教师的学术研究特点

1）研究主题

通过对已有文献进行研究发现，“双师型”教师的研究主题呈现出以下特点。

理论层面。①“双师型”教师是我国独有的职业教育师资类型，现有研究虽然对其内涵进行了不同角度的解释，但是还未形成统一意见，研究随着实践的发展有待深化；②“双师型”教师专业标准由于研究视角、研究目的不同而呈现出多元化，在实际中把握的标准也不相同，给管理工作带来不便，需要在此基础上制定统一的、量化的、可操作的专业标准；③“双师型”教师的培养已经引起学术界的广泛关注，但是大多数研究的学理基础薄弱，研究比较分散，经验性研究多，需要进一步研究其培养的规律并上升到理论层面；④“双师型”教师培养的探究性研究较多，对培养“双师型”教师的实践进行系统归纳和理论总结不够。另外，研究者更多地注重教师的职后培训，忽视职前培养，如课程设置、职业技能考核、实践经历的积累等问题研究不够深入。

实践层面。①部分研究者视角狭隘，仅以学校为本位，强调对专职教师实践能力的培养与技能考核，忽视对兼职教师或企业专业技术人员教师素质的培养；②实践性的跟踪研究不够，重复研究多，表象研究多。

2）研究视角

对“双师型”教师的研究，不局限于中高职教育范畴，已拓展到本科等教育领域之中。对“双师型”教师的培养研究，也延展到研究生层次，例如，苗德华主持的教育部专项课题“研究生层次‘双师型’职教师资培养模式研究”及《职业学校“高层次双师型”师资培养方式探索》等成果。目前，天津职业技术师范大学正在开展博士层次的“双师型”职教师资培养的理论和实践探索。

3）研究方法

经过多年的探索和积淀，对于“双师型”教师的研究，方法逐渐丰富，而且逐渐走向方法自觉，从过去那种理想的体系构建逐渐转向具体的问题探究。但在具体的方法运用中，已有研究多运用文献法、历史法和经验描述法，多数成果侧重思辨，从经验中描述，从理论到理论，缺乏基于大量的“双师型”教师个案的

① 刘建湘，周明星. 探析双师型教师专业发展的管理策略. 教育与职业，2005，(21)：25-27.

不同范式的实证研究。相对来说，对于问题的探索深度还不够，多数成果也是局限在某一种方法之上，没有从多重视角深度剖析不同层面的问题。目前，诸多研究成果还未处理好理论提升与实践应用的关系，要么形成一种“形而下”的实践应用成果，未上升到普遍的理论指导高度，只是局部的经验探索和实践操作；要么形成一种“形而上”的抽象理论形式，缺乏实践探索的支撑，也难以指导实践中的具体问题，流于一种设想与推断。

3.“双师型”教师的学术研究趋势

如前所述，“双师型”教师的研究已经取得了较多的成果，但未来研究的道路还很漫长，可以从以下几方面着手。

1）研究主题的拓展与深化

“双师型”教师队伍的研究。①“双师型”教师文化问题。②“双师型”教师职称评定问题。对于“双师型”教师的认定标准究竟是什么、如何评价其资格等问题，需要深入研究“双师型”教师的专业标准问题。③双师型”教师的培训和实习方面的管理制度等问题。例如，如何推行专业课教师定期到企业实践的制度、如何激发企业参与职业学校教师培训的积极性、如何制定和落实企业技术人员到职业学校兼职的政策等。④推进“双师型”教师培养的职业技术师范教育体系问题，如为培养“双师型”教师的课程设置、实习环节、与职业资格制度接轨等。

对于“双师型”教师个体的研究。①“双师型”教师知识结构问题。作为一种复合素质的人才，其专业发展必然有相应的知识结构，那么其知识结构是什么，围绕知识结构的形成需要构建什么样的课程与教学体系等。②“双师型”教师在课程实施中如何进行课程开发与课程创生，这必然涉及“双师型”教师的课程角色、课程意识和课程能力等问题。③“双师型”教师的教学能力发展问题，即“双师型”教师既要承担理论教学工作，也要胜任实践教学工作，到底应具备什么样的教学能力，如何培养其教学能力等。

此外，对于一些问题还需要深入、分类开展研究。例如，服务类专业或制造类专业的“双师型”教师素质的体现可能会有所不同，如何构建不同类型专业的“双师型”教师素质结构、专业标准及其培养模式，所有这些都需要拓展主题并不断深入系统地探究。

2）理论基础的多元与跨界

“当一门学科正在产生的时候，要想取得进步，必须借鉴所有现成的科学，将这些学科中宝贵的经验弃之不用，显然是很不明智的。”[①]一个教育问题并不纯粹是教育问题，往往也是一个社会问题、文化问题、经济问题、心理问题及管理问题等。对于“双师型”教师问题的研究，需要从多学科视角出发，包括哲学、经济学、心理学、社会学、文化学、教育学和管理学等，运用多维理论分析问题，以克服以往单一视角研究存在的片面性。可以从管理学、社会学的理论出发，探寻政府、学校、企业在建设“双师型”教师队伍中应承担的角色和责任；从心理学的理论视角出发，探讨“双师型”教师的职业生涯和专业能力发展阶段；从文化学的视角，探讨教师文化在“双师型”教师专业发展中的价值和作用。

3）研究方法的混合与互补

混合方法研究（mixed methods research）是指研究者在同一研究中综合调配或混合定量研究和定性研究的技术、方法、手段、概念或语言的研究类别。混合方法也经常被称为多元方法（multimethods）或交叉对比的方法（triangulation of methods）。混合方法研究并不是取代定性研究和定量研究的第三种方法，而是力图使定性研究和定量研究在单独研究与交叉研究中的优势得到强化，尽可能使其不足降到最低限度。混合方法研究使得在解决研究问题中多样化方法的运用得以合法化，而不是限制多种方法的运用。[②]混合方法研究超越了传统定性研究和定量研究之间关于主观与客观、价值介入与价值中立、部分与整体、一般与个别等方面的二元对立。对于“双师型”教师的研究，应该有不同层面、不同类型的问题，因此，针对不同的问题应该运用不同的方法，尤其是对于一些较为复杂的问题更需要同时运用多种方法进行互补。例如，对于“双师型”教师的专业标准问题的研究，既需要运用定量的方法把握当前“双师型”教师专业发展的现状，也需要从专业标准的分析框架出发，理性构建“双师型”教师专业标准的理想框架；既需要从理论文献中演绎相关的理论问题，也需要从大量的教师个案成长的实践过程中，归纳出其专业标准的相关理论。应该说，“双师型”教师问题是一个实践性很强的问题，对其研究需要扎根于广阔的变革性实践之中。赖尔（G. Ryle）在《心的概念》中指出，从历史的观点看，实践先于理论；即便是在今天，也有很多没有理论体系指导的理智的实践。[③]

---

① （法）迪尔凯姆. 社会学研究方法论. 胡伟译. 北京：华夏出版社，1988：118.

② Johnson R B，Anthony J. Onwuegbuzie. Mixed methods research：A research paradigm whose time has come. Educational Researcher，2004，33（7）：14-26.

③ （英）吉尔伯特·赖尔. 心的概念. 徐大建译. 北京：商务印书馆，1992：7.

（三）政策话语中的“双师型”教师

政策话语中的“双师型”教师经历了一个从无到有、从强调其重要性到规定其素质结构、再到提出建设方略的发展过程。1995 年，国家教育委员会印发的《关于开展建设示范性职业大学工作的原则意见》（教改〔1995〕15 号）明确提出，高职院校应该“有一支专兼结合、结构合理、素质较高的师资队伍。专业课教师和实习指导教师具有一定的专业实践能力，其中有三分之一以上的‘双师型’教师”。“师资队伍建构合理，水平较高。专业课教师和实习指导教师基本达到‘双师型’要求。”这是较早提到“双师型”教师队伍建设目标的政府文件，标志着“双师型”教师被正式纳入政策话语和视野。

1. 政策话语中“双师型”教师的意义与定位

重视“双师型”教师队伍的重要性，强调加强“双师型”教师队伍建设，在政策话语中被提到了重要的位置上。1997 年，首次召开的全国职教师资队伍建设工作座谈会指出“以建立双师型师资队伍为重点”。1999 年，《中共中央国务院关于深化教育改革全面推进素质教育的决定》进一步指出，必须“加快建设兼有教师资格和其他专业技术职务的‘双师型’教师队伍”。2010 年，《国家中长期教育改革和发展规划纲要（2010—2020 年）》指出，“以‘双师型’教师为重点，加强职业教育教师队伍建设”。2012 年，《国务院关于加强教师队伍建设的意见》（国发〔2012〕41 号）继续强调，“职业学校教师队伍建设要以‘双师型’教师为重点”。可以看出，多年来的政策话语中均将“双师型”教师作为职业教育教师队伍建设的重点。

2. 政策话语中“双师型”教师的内涵与结构

对“双师型”教师的内涵认识逐渐丰富。1998 年 2 月，国家教育委员会在《面向 21 世纪深化职业教育教学改革的原则意见》（教职〔1998〕1 号）中对“双师型”教师的内涵做了明确的规定，“要采取教师到企事业单位进行见习和锻炼等措施，使文化课教师了解专业知识，使专业课教师掌握专业技能，提高广大教师特别是中青年教师的实践能力。要注意从企事业单位引进有实践经验的教师或聘请他们做兼职教师”。2000 年 3 月，教育部高教司印发了《关于开展高职高专教育师资队伍专题调研工作的通知》（教高司函〔2000〕36 号），对具有“双师”素质的教师做了如下解释，“具有‘双师’素质的专职教师不含公共课教师，工科类具有‘双师’素质的专职教师应符合以下两个条件之一：①具有两年以上工程实践经历，能指导本专业的各种实践性教学环节；②主持（或主要参与）两项工种项目的研究、开发工作，或主持（或主要参与）两项实验室改造项目，有两篇校级以上刊物发表的科技论文。其他科类参照上述条件统计”。随后，教育部高教司在高职高专教育教学工作评价体系中对具备“双师”素质的教师的条件做了更加详细、严格的解析。规定“双师”素质教师是指符合下列条件之一的教师：①有两年以上基层生产、建设、服务、管理第一线本专业实际工作经历，能指导本专业实践教学，具有中级（或以上）教师职称；②既有讲师或其以上的教师职称，又有本专业实际工作的中级或其以上的专业职称；③主持（或主要参与）两项（及以上）应用性项目研究，研究成果已被社会企事业单位实际应用，具有良好的经济或社会效益。2004 年 4 月，《教育部办公厅关于全面开展高职高专院校人才培养工作水平评估的通知》（教高厅〔2004〕16 号）的附件一《高职高专院校人才培养工作水平评估方案（试行）》中，对“双师型”教师的内涵解释为，“‘双师’素质教师是指具有讲师（或以上）教师职称，又具备下列条件之一的专任教师：有本专业实际工作的中级（或以上）技术职称（含行业特许的资格证书及有专业资格或专业技能考评员资格者）；近 5 年中有两年以上（可累计计算）在企业第一线本专业的实际工作经历，或参加教育部组织的教师专业技能培训获得合格证书，能全面指导学生专业实践实训活动；近 5 年主持（或主要参与）两项应用技术研究，成果已被企业使用，效益良好；近 5 年主持（或主要参与）两项校内实践教学设施建设或提升技术水平的设计安装工作，使用效果好，在省内同类院校中居先进水平”。

3. 政策话语中“双师型”教师建设的方向与策略

从政策的宏观战略高度指明“双师型”教师队伍建设的方向和策略。《国家中长期教育改革和发展规划纲要（2010—2020 年）》明确提出，“依托相关高等学校和大中型企业，共建‘双师型’教师培养培训基地。完善教师定期到企业实践制度”。2011 年，《教育部　财政部关于实施职业院校教师素质提高计划的意见》（教职成〔2011〕14 号）指出，以建设高素质专业化“双师型”教师队伍为目标，各级相关部门要科学规划、周密安排，以提高专业教师实践教学能力为重点，着力培养一大批“双师型”专业骨干教师。2011 年，《教育部关于进一步完善职业教育教师培养培训制度的意见》（教职成〔2011〕16 号）指出，“国家依托普通本科院校、职业院校和大中型企业，继续建设一批‘双师型’教师培养培训基地和教师企业实践单位”。2011 年，《教育部关于“十二五”期间加强中等职业学校教师队伍建设的意见》（教职成〔2011〕17 号）指出，“完善中等职业学校教师资格制度，充实专业教师任职资格条件，增加相关工作经历和职业能力方面的要求，将双师素质基本要求纳入教师资格评价体系”。同时，号召“十二五”期间，中职院校“双师型”教师占专业教师的比例达到50%。2012年，《国务院关于加强教师队伍建设的意见》（国发〔2012〕41号）指出，“完善‘双师型’教师培养培训体系，健全技能型人才到职业学校从教制度”。“完善教师专业发展标准体系。根据各级各类教育的特点，出台幼儿园、小学、中学、职业学校、高等学校、特殊教育学校教师专业标准。”“创新教师培养模式，建立高等学校与地方政府、中小学（幼儿园、职业学校）联合培养教师的新机制，发挥好行业企业在培养‘双师型’教师中的作用。”“依托相关高等学校和大中型企业，共建职业学校‘双师型’教师培养培训体系。”

通过梳理有关“双师型”教师的政策文件，可以看出国家始终把“双师型”教师队伍建设作为职业教育教师队伍建设的核心。从最初确立建设“双师型”教师队伍的目标，到规定“双师型”教师的内涵，再到提出“双师型”教师培养培训的途径，充分反映出国家政府、教育部门对“双师型”教师问题的重视。教育部出台的中等职业学校教师专业标准对“双师型”教师素质提出了更加具体的要求。

三、“双师型”教师标准建设亟待深化发展

随着国家职业教育事业发展步伐的加快，中职学校越来越需要大批高素质的“双师型”教师，已经突破了初级阶段简单的理论与实践叠加的范畴，更加注重“双师型”教师在职业教育中的复合型素质和能力。“双师型”教师也逐步超越了一般的特指，上升到中职学校教师一种专业化的身份。在加强中职学校“双师型”教师队伍建设的过程中，到底要培养什么样的“双师型”教师，“双师型”教师在教育教学活动中应该扮演什么样的角色、发挥什么样的作用？这些都需要更加科学地界定“双师型”教师的概念和标准。有的研究者已经提出，“‘双师型’师资的提法不科学，存在着内涵多变、难以准确表达、不易把握等弊端，理论上缺乏依据，实践中缺乏可操作性”[①]。当前对于“双师型”教师的资格认证制度缺失，“双师型”教师尚无统一的标准。从前文政策话语中的“双师型”教师来看，教育部只是提出倡导“双师型”师资队伍建设，但规定“双师型”教师的标准还比较笼统，而且在教育部的各个文件中对“双师型”教师的解释也有差

① 曹晔. 我国职业教育“双师型”师资的内涵及发展趋势. 教育发展研究，2007，(19)：22-26.

异。我国职业教育师资队伍发展的一个新目标是建立起职业教育教师的职业资格标准及制度。

第二节 “双师型”教师概念界说

“双师型”教师这一概念已经超越了教育、教育学的范畴，涉及并渗入多个领域和学科界域，很难用一种视角框定其复杂而深刻的内涵。为比较全面地认识这一概念，根据“双师型”教师的发展渊源和有关研究，不妨对其进行多学科的阐释。

一、职业学视域中的“双师型”教师：特定职业背景的教育者

从职业学的视角审视解读“双师型”教师，揭示其职业性的一面，主要是指“双师型”教师作为职业价值与职业行为的教育者，更大程度上是职业的教育者，而不单纯停留在学科或科学的教育者这一层面上，即使是作为学科或科学的教育者，其所教的学科专业及其科学技术也总是渗透或依托于特定的职业，具有鲜明的职业性。

首先，“双师型”教师在一定程度上隶属于特定的职业人，这源于职业教育培养职业人的目的。“双师型”教师除了教师这一职业角色之外，还具有一定的职业背景，例如，医学教育领域中的教师一般具备医生的职业背景，属于真正的“双师型”教师。所以说，“双师型”教师一般是双重或多职业角色的工作者。之所以强调“双师型”教师是具有特定职业背景的教育工作者，这是对传统的职业学校教师的超越。以往的职业学校教师只教给学生专业知识和技能，所教授的专业知识与技能往往很多是“纸上谈兵”，脱离真实的职业情境，学生缺乏综合的职业能力。对于“双师型”教师的相应职业素养的培养，最可靠的途径是强化“双师型”教师的企业实践经历，通过真实的职业实践让“双师型”教师具备相应的素质和能力。

其次，“双师型”教师具备与自己专业匹配的职业价值。作为具有一定职业工作背景的教育者，应具有相应的职业价值。职业价值主要是对职业的认识和看

法，以及在职业工作中所持的取向，这实质是职业人的灵魂和精神支柱。2011年11月，在上海第二工业大学举行的海峡两岸应用型高等教育学术研讨会透露，高职院校毕业生目前还存在岗位适应力不强、离职率较高、岗位迁移能力较差等问题。有跟踪数据表明，高职毕业生工作首年离职率达47%。这一数据背后的一个重要原因是我们的高职生尚未确立起良好的职业价值观，对自己要从事的职业认识不清，在职业学校学习中未形成良好的职业习惯与态度。据调查，企业对大学生的职业文化素养要求依次是：爱岗敬业、沟通协调能力、团队意识、吃苦耐劳、亲和力、品行端正、进取、气质佳等，其中对爱岗敬业、沟通协调能力、团队意识、吃苦耐劳的要求尤为突出。因此，学生职业价值观的培养尤为重要。例如，一名优秀的护士，不仅需要有良好的专业护理知识和能力，更需要有甘于奉献、富有爱心的南丁格尔精神，否则，永远都不可能成为一名好护士。

最后，“双师型”教师具备与自己专业匹配的职业行为。这实质上是要求“双师型”教师能够将职业中的具体行为实践传授给学生，教会学生熟练地从事自己的职业工作。为此，教师不仅要胜任与自己专业匹配的某一职业，而且在职业教育活动中，还能够引入职业工作分析、职业能力分析、职业标准指导等方面的理论和技术，为开展符合职业规律的职业教育提供指导。

众所周知，职业教育活动是与职业分不开的，没有职业素质和能力的培养与训练，也就不能成为真正的职业教育活动。在具体的教育教学工作中，要求“双师型”教师能够依据职业标准、职业工作属性，合理开发与职业标准对接的课程，确定与职业能力对接的职业教育教学目标，选择与职业工作对接的课程教学内容，实施与职业工作过程对接的教学活动等。总之，“双师型”教师不仅是教育场域中的教育者，同时也是职业场域中的可被称作“师傅”的教育者。

二、技术学视域中的“双师型”教师：技术技能教育者

技术技能属性是“双师型”教师的根本属性之一。如果没有技术技能这一属性，可能只是传统意义上的教师，而不能称之为“双师型”教师。从“双师型”教师的存在价值、自身素质、教授内容方面来看，“双师型”教师是具有技术技能属性的教育者。

首先，“双师型”教师的价值在于技术技能的积累和传递。职业教育作为一种教授和学习技术、内化为技能的活动，与普通教育最大的不同在于其教育内容的技术性。实际上，这意味着职业教育的教育者不是单纯地向学生教授理论知识，而重在教授给学生关于职业的技术技能。为此，国家技术技能发展战略有赖

于“双师型”教师去传递和积累。从这个角度上说，“双师型”教师是国家技术技能传递的形象，也代表和象征着国家技术技能的发展和传授水平。教育部副部长鲁昕于2013年4月2日，在教育部职教系统“中国梦”教育活动座谈会上指出，“中国职业教育梦是‘中国梦’的重要组成部分，是技术技能强国的梦，是全面发展的梦，是人人成才的梦，是尽展其才的梦。职业教育作为与经济社会联系最密切的教育类型，在推进实现‘中国梦’的进程中，发挥着不可替代的重要作用”。显然，“双师型”教师承担着技术技能强国的中国梦这一使命。“制造和使用工具，以及技术的文化传承，乃是人类生存模式的要素，而且为一切人类社会所实践。”①

其次，技术技能素质是“双师型”教师区别于其他教师的根本标志。职业教育作为一种新的教育类型，以培养各级各类技术技能人才为目的。而技术技能人才培养者的素质直接决定了技术技能人才培养的质量。传统的教师是一种学术知识的化身，渊博的知识、高质量的论文著作被看得很重，对技术技能不作要求。当职业教育在技术技能传递的过程中，发现传统意义上知识化身的教师并不能很好地适应技术技能传授的需要，于是强调专业实践技能的价值，试图解决理论与实践脱节的问题。这也就是“双师型”教师产生与存在的立足点。

最后，“双师型”教师主要向职业学校学生教授技术应用或运用的知识。技术知识的意会属性呼唤这种“双师型”教师。莱顿在其具有划时代意义的作品《作为知识的技术》中，明确将技术知识看作一种知识形态，“一种离散的、不同于科学知识的知识形式”②。莱顿主张：“技术知识是关于如何做或制造东西的知识，反之，基础科学具有一种比较普遍的形式。”③波兰尼于1958年在《个人知识》中提出“意会知识”（tacit knowledge）的概念，以揭露完全明言知识理想的虚妄，阐明意会知识之于认识的重要意义。他还指出，“人类的知识有两种。通常被描述为知识的，即以书面文字、图表和数字公式加以表述的，只是一种类型的知识。而未被表述的知识，像我们在做某事的行动中所拥有的知识，是另一种知识”④。技术知识的意会性决定了其存在的载体和教授的方式不同于传统的理论知识，不能依赖书本而存在，需要在具体的操作活动中渗透；不能用以往的告知办法教授，需要专门的技术熟练者通过示范和行为指导而传递。“技术知识的这种意会性，在一定意义上形成了设计共同体的特定‘意会背景’，或者说，形

① 詹姆斯 E. 麦克莱伦，哈罗德多恩. 世界史上的科学技术. 王鸣阳译. 上海：上海科技教育出版社，2003：9.
② Layton E. Technology as knowledge. Technology and Culture，1974，1（15）：31-41.
③ Layton E. Through the looking glass or news from lake mirror image. Technology and Culture，1987，29（10）：594-607.
④ Polanyi M. The Study of Man，Lindsay Memorial Lectures. London：Routledge & Kegan Paul，1958：12.

成了根植于共同体内并影响其成员的‘前理解’。这类知识的传播与接受主要通过‘面对面、人对人的方式而实现’。从年轻设计人员到高级设计者，根本而言，是在设计过程中通过‘师傅带徒弟’的方式实现的。”①技术知识的情境性，意味着“双师型”教师的培养成长离不开具体的真实生产情境，也意味着“双师型”教师的技术技能教育教学活动开展也离不开企业生产的实际经历。“双师型”教师是一种与具体生产实践过程密切结合的教育者。“双师型”教师自身的技术技能素质不是看来的或听来的，而是自身具备的，能落地的，能够将与实际工作直接相关的技术技能教给学生。

三、文化学视域中的“双师型”教师：职业文化传递者

美国当代著名学者塞缪尔·亨廷顿（Samuel P. Huntington）认为，如果从纯主观的角度界定文化的含义，即一个社会中的价值观、态度、信念、取向，以及人们普遍持有的见解。②“双师型”教师是一种特殊的职业教育文化，属于职业教育的亚文化，也是一种群体文化，体现着“双师型”教师这一群体的价值观念、行为习惯、职业形象、教育信念等。“双师型”教师是学校文化与企业文化融合的桥梁。“双师型”教师是一种特殊的文化形态和文化象征，“双师型”教师的培养也是一个两种文化融合的过程，“双师型”教师的成长发展依赖于“双师”文化。

首先，“双师型”教师是一种职业文化的象征。职业是一个复合型的概念，其既有技术层面的意蕴，也有文化层面的意蕴。职业教育作为指向职业的一种教育活动，同样包含了技术层面和文化层面双重意义。因此，职业教育不可避免地应该蕴含职业文化的内容，职业文化既是职业教育的背景又是职业教育的内核。文化泛指人类在社会历史发展过程中所创造的物质财富和精神财富的总和，一般来说可以分为物质、制度、行为和精神这四个层面。文化即人化，文化是一种存在方式，文化是一种生活方式，文化的核心是价值观。职业文化是指流行于不同职业群体中的文化，是人们在长期的职业活动中逐步形成的价值观念、思维方式、行为规范，以及相应的习惯、气质、礼仪与风范等，是社会分工的发展和职工群体共同参与的结果。它一方面表现为不同的职业群体意识，另一方面表现为专业的知识、技术和为维护职业群体利益及规范的文化制度。它具有很强的专业性和集团性。职业文化包括职业道德、职业精神、职业纪律、职业礼仪和职业制

---

① 赵乐静. 理解技术知识. 科学技术与辩证法，2008，(2)：55-61，112.

② （美）塞缪尔·亨廷顿，劳伦斯·哈里斯. 文化的重要作用. 程克雄译. 北京：新华出版社，2010：3.

度等内容。依据文化的结构，可以将职业文化划分为外表层的职业形象、职业行为和职业礼仪，中间层的职业制度和职业规范，内核层的职业价值观等。职业教育不能被视为一种技术训练取向的实践活动，其更为深层次、更为富有真实内涵的是其对于人在社会中生存所需要的职业文化的陶冶。因此，职业技术教育的价值定位需要聚焦在个体的职业文化取向之上，在技术基础上的职业精神熏陶，形成一种整体的职业文化涵养。“双师型”教师不仅仅是一种既能教理论也能教实践的教育者，其更为高远的价值在于其能将一种儒化人的职业文化呈现出来。

其次，“双师型”教师的培养是一个文化过程，“双师型”教师的成长发展依赖于“双师”文化。文化集中表现为观念和行为，“双师型”教师融学术文化、职业文化和教师文化为一体。据此，“双师型”教师培养的文化过程主要是观念和行为的转变发展过程。就观念而言，“双师型”教师个体价值观应该是工作价值观、学术价值观、教育价值观三者的有机融合。就行为而言，“双师型”教师的教育行为从单纯的学问知识传授转变为与行动实践操作相结合的行为。

最后，“双师型”教师文化影响着职业学校学生的职业能力发展。“双师型”教师带给学生的是把“工业文化融入职业学校，做到产业文化进教育、工业文化进校园、企业文化进课堂”。职业教育办学实践表明，“双师型”教师身上所表现出来的企业生产实践经历对学生所产生的影响更为深远，“双师型”教师的企业生产实践经历使学生对企业工作有更多更深入的认识，能够生动地影响学生的职业价值观、职业态度、职业工作技能等素质的形成。

四、知识学视域中的“双师型”教师：复合知识结构的统合者[①]

教师知识结构的研究对加速教师培养和提高教师素质在理论和实践两方面都有重要的作用和影响。正如舒尔曼所主张，倘若要推进教师专业化，就必须证明存在着保障专业属性的“知识基础”，阐明教师职域里发挥作用的专业知识领域与结构。[②]在教师的专业发展中，知识处于核心地位。所谓知识，就是人们对客观事物信息的反映，以及对信息的储存、加工、提取的产物。知识是个体所从事专门活动所需素质的基础。“教学若被视为一种专业，则首先需要教师具有专门的知识与能力：教师要学习应该教的知识和如何教授这些知识的专门知识。”[③]职

① 赵文平. 职业院校“双师型”教师知识结构探讨. 职业技术教育，2012，(25)：38-42.

② Shulman L. Paradigms and research programs in the study of teaching：A Contemporary Perspective//Wittrock M. Handbook of Research on Teaching. London：Macmillan：1986：3-36.

③ 联合国教科文组织总部中文科. 教育——财富蕴藏其中. 北京：教育科学出版社，1996：142.

业学校“双师型”教师的知识，是指作为“双师型”教师在其教育教学活动中所具备的知识，有不同于一般教师知识结构的特点。作为一种复合型素质的教师，其知识必然也是复合型的，即具备学术性、师范性和职业性交叉融合的特点。因此，综合考虑“双师型”教师的复合型素质，至少应该包括教育知识、专业知识和职业知识三大类，与“双师型”教师的“学术性、师范性和职业性”特点相对应。对于教师个体而言，也有相应的认知活动、实践活动和反思活动。为此，对职业学校“双师型”教师知识结构分析如下。

（一）专业知识

教师要胜任某一专业的教育教学工作，必须具备本专业领域的知识，既有认识层面的，也有实践层面的，还有反思层面的。因此，这三类知识缺一不可。

专业理论知识是“双师型”教师应具备专业方面的理论知识，旨在合理科学地认识专业，涉及某一专业领域的多方面学科知识。以机械制造及其自动化专业教师为例，需要具备机械制图、工程力学、机械设计、机械制造工艺学等方面的专业知识。

专业实践知识是指伴随专业领域实践活动的知识，如实训、实验方面的知识。在“双师型”教师的教学活动中，存在着大量如何将实践操作技能传授给学生的问题，这其中牵涉很多专业实践方面的知识。此外，还有专业改革、专业建设，以及人才培养目标设定、专业课程设置、专业人才培养方案编制等教学实践方面的知识。

专业反思知识是对所从事专业的理论与实践及其教学活动进行反思的知识，是一种对专业本身的元认知知识，属于整体性的知识范畴。例如，某一专业为何而存在？作为“双师型”教师不是简单地从事一定的专业教学工作，而是全面育人的事业。而且，专业活动与专业教育本身是有差异的，如何将自己的专业素质更有效地转化为学生的专业素质，这是专业教育改革与发展永恒的核心，这就需要教师对自己的专业教学活动不断地审视、再认识、再提高，更好地实现教育可能承载的各种价值。

（二）教育知识

“双师型”教师的第一角色是教师，所以必须具备一定的教育科学知识，包括教育理论知识、教育实践知识和教育反思知识三个方面。

教育理论知识是指对职业教育教学现象及其规律性认识方面的知识，主要有教育学、心理学、课程论、教学论、德育论、教师与学生、教育管理等知识。掌握一般的教育理论知识，能够为教师的教育教学活动提供观念性、原则性、方法性的引导。

教育实践知识指教师个人依凭个人的生活工作经验、对人生的感悟及信念，将学科专业知识、教育心理知识等内化于心、外化于行，再具体运用于教学情景中形成的知识。教师的实践知识是其有效从事教育教学工作的前提条件。“双师型”教师的实践知识既来自学习借鉴前人和其他专家已经积累起来的实践性知识，又更突出地表现在教师自身在长期的教育实践中不断探索总结形成的智慧。“双师型”教师的实践知识包括作为“双师型”教师群体的公共实践性知识和作为“双师型”教师个体的个人实践性知识。因此，“教师实践性知识是在实践中建构（in practice）、关于实践（on practice）且指向实践（for practice）的知识”[①]。

教育反思知识是建立在认识性知识与实践性知识基础上的，旨在明确为什么要开展这样的教育教学实践活动，什么样的活动才是合理的、有效的、良好的，职业教育活动和过程如何改革与创新等这样一些带有反思性、评价性和价值性的知识。德国各州文化教育部部长联席会议委员会对职业教育教师的知识基础曾进行过分析，认为“除了专业科目知识、专业教学法、教育学和心理学外，教师们还需要具备进行诊断、评价、合作及素质发展的元胜任力”[②]。“双师型”教师的教育反思知识主要是指其所具有的关于教学过程、教学效果、学生学习结果的评价与判断的知识，并能根据评价反馈，对自身教学活动及时做出改进与调整的知识。好的教师应具有效果反馈的知识。“为了提高教学质量，教师在课堂教学时需要对学生的学习结果进行评价，从而获得学生是如何学习的，已经学会了什么，哪些还不会、需要进一步学习的信息。好的评价不仅显示学生会做什么，而且指出学生的错误，以及这些错误的原因。”[③]

（三）职业知识

职业学校“双师型”教师作为教授职业知识、职业技能的教育者，不仅要掌握专业知识，同时应该具备相关的职业知识。“双师型”教师的职业知识也可以分为三方面，即职业理论知识、职业实践知识和职业反思知识。

职业理论知识包括多个方面，首先是一般的职业科学理论知识，如关于职业

① 陈振华. 解读教师个人教育知识. 教育理论与实践，2003，(21)：6-11.

② （德）菲利普·葛洛曼，（德）菲利克斯·劳耐尔. 国际视野下的职业教育师资培养. 石伟平译. 北京：外语教学与研究出版社，2011：139.

③ 董涛. 课堂教学中的PCK研究. 华东师范大学博士学位论文，2008：38.

标准、职业指导、职业测评等方面的理论知识。职业理论知识同时还包括具体的某方面职业的理论知识，涉及某一职业的价值观、职业文化、职业制度等。这就需要教师能够及时掌握企业信息，了解技术发展变化的趋势。在教学中融入相关行业岗位的技能要求和知识，在教学中介绍行业新技术、新技能、新知识。

职业实践知识是一类关于某一职业活动中如何实践操作的知识，主要表现为工艺过程和生产流程的知识，实际上是在真实的工作场景中如何操作、如何制造、如何加工的知识。以机械制造及其自动化专业教师为例，应该具备本专业所对应的职业活动方面的知识，能够熟悉现代机械加工制造方面的生产过程，拥有如何进行机械制造和数控加工的实践性知识。

职业反思知识是对职业理论及相关职业活动中的加工生产过程进行反思的知识，主要表现为在职业工作过程或职业技能操作过程中，对自身的观念认识、专业知识和职业行为的评判和反思。“双师型”教师在教给学生职业技能和操作能力的教学过程中并不是单纯的线性式传递知识和技能训练，而是师生在教与学的互动中不断对职业知识技能授受的反思和调整的过程。教师善于运用反思性知识对自己所教的职业知识技能进行重新认识与改进，教学效果往往会更好。

如图 6.1 所示，这三种知识共同构成了“双师型”教师的基本知识结构框架，这三种知识相互联系、共同构成“双师型”教师的知识体系。“双师型”教师的知识结构具有以下特征。

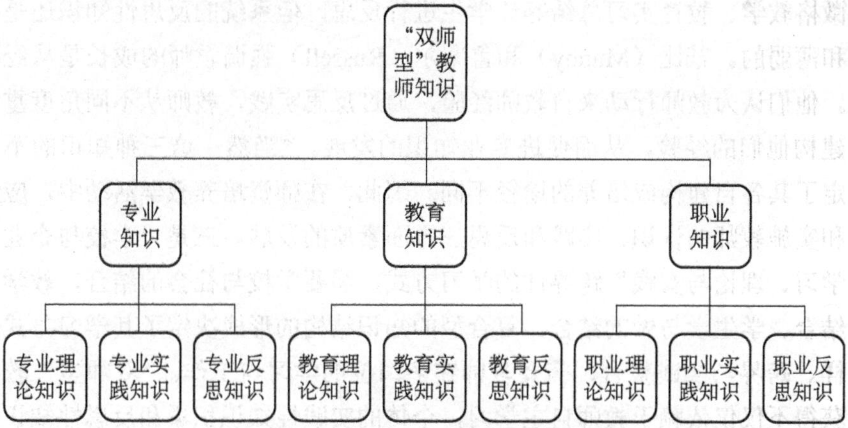

图 6.1 “双师型”教师知识结构图

首先，理论与实践并重的“双师型”知识结构。特别突出的是，“双师型”教师的实践性知识具有情境性、默会性、经验性、个体性等特点。其中，情境性主要是在真实的职业教育实践活动中通过对具体问题的解决过程体现出来的知识，是针对具体情境下的解决实际问题的知识。默会性是指实践性知识在很大程度上难以用语言充分表达出来，很多时候处于内隐状态，就像是日常所说的“只可意会不可言传”的情形。经验性是指需要经过长期实践的摸索、积累才能领悟和掌握的知识。个体性是指实践性知识并非像认识性知识那样可以普遍地间接学习传授，而是与前几个特点结合在一起，具有较大的个体差异性，是一种与个体行为表现更加密切相关的知识。

其次，突出反思性知识的意义。“反思是教师成长的起点。”①目前，在对教师的研究中普遍将反思作为教师的一个重要品质。因此，在关注“双师型”教师的理论性和实践性知识的同时，应该将能够加强对理论和实践的反思性知识作为重要的知识领域。“双师型”教师的反思性知识有助于教师在职业教育教学活动中能够积极有效地观察、反省、评价自身的认识与行为，并不断构建新认识和新实践。总之，“双师型”教师知识是教师在一定认识性知识基础上，紧密结合专业与教学实践，通过不断的自我反思所形成的一种综合化的知识。

“双师型”教师知识结构的形成不可能一蹴而就，需要一种整合化的过程，体现在课程、教学及其自身成长等多个方面。一是“双师型”教师构建“专业教育、教师教育与职业教育”相结合的知识结构，需要专门化培养，需要一种全新的人才培养模式。二是实施“认识性、实践性与反思性”三元素相整合的教学活动，需要教育教学的不断创新。在传统的师范教育中，也不缺乏这三个元素，如通过微格教学、教育实习总结等让学生进行反思，但系统的反思性知识还是比较缺乏和薄弱的。芒比（Munby）和鲁塞尔（Russell）强调教师的成长是从经验中反思。他们认为教师行动来自教师经验，通过反思实践，教师从不同角度重新解释与建构他们的经验，从而促进专业知识的发展。②当然，这三种知识的不同特点决定了其各自建构或培养的途径不同。因此，在师资培养教学活动中，应综合设计和实施教师的认识、实践和反思三方面素质的发展。三是“学校与企业、工作与学习、理论与实践”跨界性的学习方式，需要学校与社会的结合、教学与生产的结合、学生学与做的结合。复合型的知识结构的形成决定了其学习方式必须是多样、跨界与实践整合，需要教师在多岗位的学习与工作。“双师型”教师知识的获得不仅仅依赖于教师自主学习，个体的实践性知识积累和反思性知识的升华很大程度上依赖于自身在工作过程中的体验和感悟。

---

① 布鲁纳 J S. 教学论探讨//布鲁纳教育论著选. 邵瑞珍，张渭城等译. 北京：人民教育出版社，1989：114.

② 李琼，倪玉菁. 西方不同路向的教师知识研究述评. 比较教育研究，2006,（5）：76-81.

五、复合视角诠释“双师型”教师：多重素质的职业技术技能教育者

通过前述分析看出，从不同的角度诠析“双师型”教师应具备的素质，理论与实践的、学校与企业的、教学与生产的、学历与职业资格的、教师与技师或工程师的，等等，似乎难以穷尽“双师型”教师的丰富内涵，其实也无法将其限定在“双”这一向度上去认识。不妨换一种思维方式，将“双”视为一种统一、整合的表达，事实上对“双”的要求，期望产生的功效是整合与整体的结果。“双师型”教师也可以说是一种职业教育教师特殊素质的代言，是职业教育教师发展所追求的理想形态。因此，我们更倾向于从复合的视角将“双师型”教师描述为，具有多重素质结构的职业技术技能的教育者，具体表现为以下四个方面。

一是理论与实践的统一。“双师型”教师既具备一定的理论素养，又具备相关的实践技能。理论素养体现在专业理论和教育理论两个方面，既懂得专业基础理论，还掌握如何教书育人的理论；实践技能也是体现在与生产实践相关的职业技能和与教育工作相关的教师技能两个方面。以上四个方面统一起来，运用于职业教育教学之中，体现出“双师型”教师最鲜明的特征。

二是教学与研发的统一。“双师型”教师不仅仅是理论教学和实训教学工作者，而且还是应用技术的研发者。“双师型”懂理论、懂应用，而且可以调动一定的人力资源参与企业相关研发工作，将产学研用结合起来，使得教学与生产发展紧密联系起来，不断推动教学的创新。

三是知识与技能的统一。“双师型”教师最基本的素质是知识与技能的统一。其核心是把所学的知识付诸运用，使得“做与学”“学与做”两种不同形式统一起来的教学与学习方式，切实体现学以致用的基本教学原则。

四是教育与专业的统一。职业教育是专业性很强的教育，“双师型”教师是典型的专业教育教师的“模型”，教育是其手段，专业是其方向，实际工作具有跨界性，是连接学校教育与企业生产的桥梁与纽带。因此，“双师型”教师应具备理论基础、实践能力和研发创新等专业素养，应具有懂得教育一般理论并结合职业教育特点不断实践探索的教育素养，以及沿着专业化发展道路不断提升的职业素养。

第三节 中等职业学校“双师型”教师队伍建设策略

“双师型”教师队伍建设是国家长期以来改革和发展职业教育的一项重要课题。为具体把握当前中职“双师型”教师队伍建设的状况，以国家职业教育改革创新示范区的天津市为例进行调研。天津市政协科技教育委员会所完成的《天津市职业院校“双师型”教师队伍建设调研报告》（2011 年）中，在天津中职学校共发放教师问卷 600 份，回收 528 份。同时，深入到相关实训基地和中等职业学校进行实地访谈。通过调研的数据和信息来分析中职学校“双师型”教师队伍建设的现状、问题及对策。

一、中等职业学校“双师型”教师队伍建设现状调查

（一）政府主导出台相关的政策和制度，加强“双师型”教师队伍建设

近年来，国家教育部和各地方政府相继出台了一系列加强职教师资队伍建设的文件政策，不断推进中等职业学校“双师型”教师队伍建设。其中，2011 年的《教育部关于“十二五”期间加强中等职业学校教师队伍建设的意见》明确指出，“十二五”期间，“双师型”教师占专业教师的比例达到 50%。天津市委、市政府高度重视“双师型”教师队伍建设工作，在多方面的努力下，中职学校“双师型”教师占专业教师的比例达 50.37%，成效显著，并取得了一些值得深化推广的经验和做法。

“十二五”期间，全国各省份采取了相应措施加强“双师型”教师队伍建设。吉林省在 2009 年进行了首批中职“双师型”教师认定工作；重庆市于 2010 年、2011 年连续两年开展“双师型”教师认定工作；江西省于 2011 年出台了有关中职“双师型”教师认定和管理办法的文件。天津市制定了《天津市职业教育条例》《天津市关于加快职业教育双师型教师队伍建设的意见》等文件，对“双师型”教师的实践、培训和管理等方面做出明确规定，给予政策上的支持和指

导。调查显示，关于政府对“双师型”教师队伍建设的重视程度，中职学校中认为重视的为 61.99%，其中认为非常重视、比较重视的分别为 15.97%和 46.02%，认为一般重视为 29.47%。可以看出，天津市政府非常重视“双师型”师资队伍建设，教师认可并比较满意。

（二）中职学校积极探索多样化、特色鲜明的培养途径和模式

调查显示，中职学校中 73.82%的教师认为学校对“双师型”教师队伍建设工作重视，其中认为非常重视、比较重视的分别为 26.76%和 47.06%，22.58%的教师认为一般重视。整体来看，学校对“双师型”教师队伍建设工作重视度高，教师比较满意，并且取得了以下成绩。

首先，结合本校实际，出台了“双师型”教师培养制度、政策及文件。例如，某校制定《专业技术职务评定管理办法》和《“双师型”教师认定、培养管理办法》，保障并促进“双师型”教师队伍建设，形成了以培养“双师”素质教学名师和“双师”结构优秀团队为目标，以“校企共建项目、海外技术培训、赛项开发承办”为平台，以“引、聘、送、带”为措施的师资队伍建设机制。关于学校在提高“双师型”教师队伍素质方面的工作做得如何，中职学校中的 69.33%的教师认为好，其中认为很好、好的分别为 20.57%和 48.76%，28.95%的教师认为一般。绝大多数教师对学校在提高“双师型”教师队伍素质方面的工作比较满意。

其次，坚持培养和引进并重的原则，探索出多种培养途径。积极引进具备实践经历和一定学历的教师；派出专业教师去企业顶岗实习；派出教师赴企业开展业务培训；聘请行业知名人士和企业高层为教学顾问对教师进行业务培训；大量聘请企业兼职教师。

最后，经过实践探索形成四种主要培养模式。一是学校培养模式。充分发挥各高校师资培训基地和职业技术师范院校的优势，加强专业教师的培养。二是校企合作模式。教师到合作工厂或企业实习，进行继续教育，促进“双师”素质的培养、专业建设、课程建设和教学改革，聘请合作企业的专家到校兼职。三是校本培训模式。充分发挥“校本”培养的主导作用。基础理论课教师、专业理论课教师和职业实践课教师相互取长补短，进行传帮带，建立校内培训基地，组织教师定期参加技术培训和实践锻炼。四是自我提升模式。发挥教师个体在“双师”化过程中的主观能动性。此外，通过校园文化的营造和相关合作交流平台的搭建，在不同层面上营造促进“双师型”教师成长的环境与氛围。

（三）“双师型”教师整体素质比较好、职称结构和年龄结构较为合理

问卷调查显示，中职学校中 84.60%的教师认为“双师型”教师思想道德素质好，其中认为很好、较好的分别占到 54.18%和 30.42%。关于“双师型”教师业务素质，中职学校中 73.72%的教师认为好，其中认为很好、较好的分别为 23.43%和 50.29%。总体来看，“双师型”教师的思想道德素质和业务素质是过得硬的，是好的。在中职学校中，“双师型”教师职称结构：其中高级职称的为 39.43%，中级职称的为 37.71%，初级职称的为 22.85%，基本合理。年龄结构，30 岁及以下的为 23.44%，31～40 岁的为 38.65%，41～50 岁的为 24.29%，51～60 岁的为 12.88%，61 岁及以上的为 0.00%。问卷显示，中职学校有 60.43%的教师认为年龄结构正常，有 24.17%的教师认为年轻教师略多，有 12.09%的教师认为老教师太多，受部分专业特殊性的影响，可能会存在一些老教师太多或年轻教师略多的现象。学历结构：硕士及以上的为 9.69%，本科的为 82.58%，专科的为 7.73%。目前，中职学校教师主动到企业实践锻炼提升职业技能，考取相关职业资格证书；到高等院校攻读学位提升学历层次；坚持教书育人加强职业道德建设已经成为良好的风气。

二、中等职业学校“双师型”教师队伍建设存在的问题

（一）政府层面：相关的政策指导和制度尚不健全

首先，教育部还未建立统一的、体现“双师型”特点的认定标准。缺乏统一的资格认证标准和制度，使得“双师型”教师队伍建设难以实现规范化。现有的评定标准不能充分体现“双师型”特点，特别是在专业技能水平的要求上。其次，“双师型”教师职称评审制度尚需进一步完善。一些教师反映，现行的教师职称评审标准，缺少体现“双师型”教师特点的内容。教师系列职称与技术岗位职称之间缺乏畅通的评定机制，例如，有的中职学校反映，讲授护理专业的教师和临床护士系列职称互评渠道不畅通，需要建立符合专业特点的教师职称、技术职称合理相通的评定机制。最后，人员编制也是制约“双师型”教师队伍建设的瓶颈问题。特别是行业企业举办的中职学校，学校编制太少，有的学校在校生规模发展到 8000 多人，其编制仍沿用过去的 240 人的名额，极大地限制了现有教师按规定参加培训进修，不利于双师素质教师的引进。由于补漏类的兼职教师数量过多，也影响了“双师型”教师队伍整体的建设水平。

（二）学校层面：“双师型”教师管理制度需进一步完善

首先，“双师型”教师待遇方面需要进一步给予保障和提高。对选派到企业挂职实践的教师，其工作量计算、待遇分配应进一步明确。对于专业带头人、骨干教师和一般教师到企业实践的时间要求和经济待遇要避免“一刀切”。同时，应制定激励政策，鼓励教师到企业一线带教实习及培训提高。关于学校在解决“双师型”教师待遇方面的工作状况，中职学校中50.48%的教师认为好，其中认为很好、较好的分别占到10.52%和39.96%，40.73%的认为一般。可以看出，学校在解决“双师型”教师待遇方面尽管做出很多的努力，但由于条件所限，满意度并不太高。其次，“双师型”教师到企业实践存在一定难度。虽然在假期老师的时间相对便于安排，但集中在同一时间参与实践，企业方面的压力比较大。而且，教师在企业的实践大部分缺乏连续性，所以教师参与企业技改技革项目也有困难。企业支持“双师型”教师培养，企业本身也缺乏相应的政策支持和考核评价，没有可持续发展的机制。虽然天津市政府和中职学校都对教师下企业实践的时间做了专门规定，但是一些教师或是因为教学任务重离不开，或是在实践期间缺乏明确的培训计划和要求，效果均不太理想。最后，“双师型”教师的培训质量和成效有待进一步提高。从调查中发现，中职学校中有48.20%的教师认为“双师型”教师参加培训的机会与实际需要相比适合，也有33.21%的教师认为太少。通过座谈会了解到，目前一些中职学校积极开展多种形式的培训，政府也组织了很多富有成效的培训项目，但是高水平的培训还不多，不能满足教师的发展需求。调查显示，中职学校有38.27%的教师认为，学校“双师型”教师队伍培训水平和质量很高或较高。在座谈中，一些教师反映，到企业培训往往显得比较被动，不同教师、不同专业的针对性及教师个体差异性很难得到满足。

（三）教师层面：“双师型”教师数量不足、学历结构不够合理和自身适应能力不强等问题依然突出

对“双师型”教师数量是否合适的调查显示，中职学校中47.82%的教师认为合适，35.67%的教师认为偏少。中职学校“双师型”教师学历结构：硕士及以上的占9.69%，本科的占82.58%，专科占7.73%。可见，“双师型”教师队伍的比例与国家的要求还存在一定的差距，其中具有硕士研究生学历的更少。另外，由于缺乏健全的制度，在职称评定、待遇保障等方面存在简单划一的现象，没有根据专业的特殊性、教师的类型等方面因素形成更精准的激励措施。这使得一些

教师在培训、进修等方面存在着积极性不高的现象。中职学校近年来引进的教师主要是普通高校毕业生，缺乏实际工作经验，在学校期间技能方面基本没有得到专门的训练，工作后教学工作比较重，仅靠入职时的短期培训，还不能真正达到适应实际工作岗位的能力，“双师型”教师素质的提升往往需要较长的一段时间积累。

三、中等职业学校“双师型”教师队伍建设的对策建议

（一）政府进一步给予相应的政策支持和指导

首先，建议国家出台统一的“双师型”教师认定标准和考核体系，尽快研制符合中国国情、体现职教特色的中职学校“双师型”教师的专业标准。“能否建设一支高效、科学、优质的‘双师型’教师队伍，既取决于职业教育得以存在的外部条件及自身的成熟度，又取决于‘双师型’教师认定标准的科学性及社会认可程度。”[①]尽快出台中职学校“双师型”教师的专业技术职称评审标准和体系，把专业技能、实践操作能力、新技术应用和传授能力等列为评审条件，强化职业技能水平。政府通过人事管理部门，对“双师型”教师的成长和评定开辟“绿色通道”：一是要为企业接纳中职学校教师进行学习实践及兼职教师职称转换评定、教师资格的获取等提供政策支持；二是对不同层次的“双师型”教师制定岗位培训要求，特别是到企业学习实践和开展产学研究的具体要求；三是制定“职业学校教师任职标准和准入制度”，“教师职业资格标准的建立，可以改变当前教师培训的被动局面，将‘让我培训’变成‘我要培训’”[②]。在“双师型”教师的地位和待遇上给予明确规定，以利于从企业吸引、聘请有水平的兼职教师。

其次，省级政府有关部门进一步落实已有的文件政策并不断完善指导性文件政策。例如，关于企业参与职业学校教师培养的倾斜性政策已出台，需要进一步有效实施，鼓励企业接纳教师企业实践和学生顶岗实习。整合建立三类“双师型”教师培养培训基地：一是做强做优国家级职教师资培训基地；二是与本地区支柱产业对接，加强省级“双师型”教师培养培训基地建设；三是在行业企业建立比较稳定的学生顶岗实习基地和“双师型”教师培训基地。积极落实“双师型”教师定期到企业实践的制度。提高持有专业技术资格证书和职业资格证书教

① 张社字. 我国职业教育“双师型”教师队伍建设的障碍与实现路径分析. 教育发展研究，2004，(Z1)：116-118.

② 曹晔. 我国职业教育“双师型”师资的内涵及发展趋势. 教育发展研究，2007，(19)：22-26.

师的比例及其证书的含金量，为提高吸引企业高水平的专业技术人员和能工巧匠担任专兼职教师创造条件。

最后，政府将“双师型”教师队伍建设纳入规划，长期发展，有专项经费作为保障，逐步提高“双师型”教师队伍建设水平。

（二）鼓励中职学校大胆探索“双师型”教师发展模式

首先，在“双师型”教师培训方面：①弥补职前培训学科化培养形成的不足，引入现代企业的新技术、新工艺、新方法，并与实践技能教学环节结合起来；②在职后培训中，加强与企业合作，明确企业与中职学校合作的义务，建立教师能到企业实习锻炼和参与工作的机制，合理规定其工作量，使其有时间、有精力能够全方位参与培训和深造活动，切实掌握新技术、新方法、新工艺，真正实现产教融合。其次，在“双师型”教师学习实践方面，创造更多机会、搭建更多平台让“双师型”教师去企业实习，使教师能够真正参与到产品开发、设备保养维修、企业文化建设、车间管理等生产实践中去，并对教师的企业实践进行绩效考核评价。再次，在“双师型”兼职教师管理方面，制定企业技术人员到学校兼职的鼓励政策，并作为技术人员的一种荣誉，疏通兼职教师聘任和课时补贴专项渠道，给予必要的工作条件，让企业、学校、兼职教师三方均受益。最后，将“双师型”教师作为一种特殊的职业教育文化形态，营造浓厚的“双师型”教师成长文化氛围，提升“双师型”教师的职业自豪感。

（三）提高“双师型”教师学历结构，采取措施激发其成长动力

首先，通过多种途径提高中职学校教师的学历层次，在现有的职业技术师范院校或相关的院校大力开展硕士研究生层次和博士研究生层次的“双师型”教师的专门化培养。其次，进一步建立完善的奖惩和激励机制，学校应针对不同的师资，制定不同标准的、公平合理的、科学的多元化考核激励机制。积极搭建“双师型”教师信息交流平台，使好的经验在教师中得以迅速传播和应用。最后，要把开展优秀“双师型”教师的评选表彰作为一个系列纳入教学名师范畴，凸显“双师型”教师的特殊地位。

总之，中职学校“双师型”教师队伍建设已经取得了一些值得肯定和推广的成果，但是根据职业教育提升发展的需要，依然显得滞后。“双师型”教师队伍建设是一个系统工程，需要多部门、多主体从多层面关注和推动其发展；“双师型”教师队伍建设不仅仅是一个教育创新问题，也是一个产业和文化建设的新课题，需要多方面协同推进和积极探索。

第七章
中等职业学校兼职教师定位与发展

对于中等职业学校，兼职教师既是一支重要的师资力量，又是一个特殊的群体。不论从理论上还是实践中，兼职教师都具有特殊重要的意义和不可替代的作用。但事实上，作为中等职业学校的兼职教师，兼职工作的味道偏浓而作为教师的角色偏淡，兼职教师与中等职业学校之间主要还是靠利益维系，鼓励有才能的人和有社会责任感的各类人才参与未来人才培养的教育氛围仍未形成，广大优秀专业技术人员未能自由地加入到职业学校的教学工作中来。中等职业学校面向社会开门办学还是一厢情愿的事，校企之间缺乏稳定长效的合作机制。本章从兼职教师社会存在的必然性和作用出发，探讨中等职业学校兼职教师队伍的建设问题。

第一节　兼职教师概述

兼职教师是一个常见的教育现象，在发达国家的职业教育中非常普遍。例如，在美国社区学院，2003年兼职教师比例达到66%，德国斯图加特职业学院兼职教师承担60%的教学任务[①]。2015年12月，《福建省兼职教师管理办法（试行）》出台，允许中等职业学校和未实行生均定额拨款的高职院校，将不超过总编制30%的名额用于自主聘请兼职教师。传统观念认为，兼职教师主要用于拾遗补缺，常常是应学校临时急用之需。对于职业教育则不然，职业教育具有与社会联系广泛、直接服务就业的特点，中职学校聘用具有丰富实践经验的企业技术和管理人员做兼职教师，是中职学校优化教师结构、推动"双师型"教师队伍建设、增进校企合作和工学结合必需的选择，绝不是权宜之计。

一、兼职教师的内涵

《现代汉语词典（第六版）》把"兼职"解释为："在本职之外兼任其他职务。"[②]对于职业学校而言，兼职教师指的是履行本职业（非教师）职责之外，同时还完成一定教学任务的人员，兼职是相对于专职或专任而言的。

目前，国内关于职业学校兼职教师的研究成果数量较少，关于兼职教师的内涵，学者的解释虽然有文字差异但无本质区别。2004年，教育部印发的《高职高专院校人才培养工作水平评估方案（试行）》中这样表述："兼职教师是指学校正式聘任的，已独立承担某一门专业课教学或实践教学任务的校外企业及社会中实践经验丰富的名师专家、高级技术人员或技师及能工巧匠。"2012年10月，教育部印发的《职业学校兼职教师管理办法》（教师〔2012〕14号）指出："兼职教师是指受职业学校聘请，兼职担任特定专业课或者实习指导课教学任务的专业技术人员、高技能人才。"有些学者归纳了兼职教师的一些特点和属性，屠群锋认为，兼职教师应具有三个条件：一是能独立完成教学任务；二是来自校外和

① 彭红玉. 发达国家高职院校聘任兼职教师的国际比较. 中国职业技术教育，2005，(11)：60-61.

② 中国社会科学院语言研究所词典编辑室. 现代汉语词典（第六版）. 北京：商务印书馆，2012：630.

社会；三是名师专家、高级技术人员和能工巧匠。[①]王娅等指出，在兼职教师来源上，要求来自校外行业或是与学校有合作关系的机构，根据教师的职责和管理要求的不同分成三类：定向紧密型、定向松散型、定岗辅导型。[②]贾小波从三个角度理解兼职教师：一是标准的双重性，即“兼职教师的讲授能力和实践经验”；二是流向的单一性，即“从校外向校内的单一方向流动”；三是实现方式的互动性。[③]

几位学者提出的见解，主要从资格、能力、性质、来源四个方面来确定兼职教师的内涵。对于兼职教师的任职资格，教育部文件中提出的“实践经验丰富的名师专家、高级技术人员或技师及能工巧匠”，这一说法比较宽泛，大有应需聘任、不拘一格之义，没有限定职业学校聘任兼职教师的范围。但这个要求明确“实践经验丰富”，可理解为主要针对专业课教师、实习指导教师，不包括文化理论课这部分的教师。

国家鼓励职业学校聘请兼职教师，就是希望社会各行各业（主要是企业）既具有丰富的实践经历、经验和专业技能，又具有较高理论水平、专业知识和教学能力的专门人才进入职业学校，把自己丰富的实践经验和生产技术的最新进展传授给学生，兼职教师应具备实现这一目标的能力。

兼职教师的身份是“兼职”，他们有自己的本职工作，不是学校的在编职工，一般也没有长期聘任合同。他们要能承担相对比较完整的课程教学任务。临时邀请的讲座专家学者不属于兼职教师。有时，学校间为了相互学习，互派教师挂职交流，或是结对帮扶的项目，双方派出或接受的短期教师，也不属于兼职教师范畴。

综上分析，兼职教师是指能够独立承担相对比较系统的课程理论教学或实践教学、有较强实践能力或较高教学水平的校外的行业企业专家或其他技术人才。

从实践来看，兼职教师的来源主要有四类：①来自企业的具有丰富实际工作经验的专家、专业技术人员或能工巧匠，他们可以到职业学校授课也可以在本工作岗位指导学生实习。根据 2007 年 6 月教育部、财政部制定的《中等职业学校学生实习管理办法》（教职成〔2007〕4 号）规定，中等职业学校按照专业培养目标要求和教学计划的安排，组织在校学生到企业等用人单位进行教学实习和顶岗实习，三年级学生要到生产服务一线参加顶岗实习，学生实习由学校和实习单位共同组织和管理。顶岗实习是中等职业教育进行实践教学的重要内容，其中的

① 屠群锋. 对高职院校兼职教师的思考. 职教论坛，2004，(9)：35-36.

② 王娅，李晓梅. 高职院校兼职教师队伍建设的实践与思考. 教育与职业，2008，(36)：75-77.

③ 贾小波. 对高职院校兼职教师队伍的若干思考. 重庆职业技术学院学报，2005，14 (4)：13-14.

实习指导教师也是兼职教师的一部分。②来自其他相关学校和高等院校，有丰富实践经验的在职教师。③退休人员，包括退休教师、技术人员、管理干部等。④面向社会公开招聘的有关人员。

二、职业学校兼职教师发展历程

学校聘请兼职教师古已有之。由于客观和主观因素的影响，对于职业学校兼职教师认识也有一个变化过程，大体分为三个阶段。

（一）专职教师匮乏，主要依靠聘用兼职教师阶段

我国职业教育的历史可以溯源到清朝末期的实业学堂，迄今已有150年的发展过程，但职教师资一直是制约职业教育发展的一个瓶颈。职业教育兴办之初，专业课教师奇缺，实业学堂不得不聘用大量的兼职教师。早期实业学堂采用聘请外国教习（教师）、回国留学生、精通生产技术的社会科技人士等方式解决实业学堂师资问题，例如，福建船政学堂曾聘请英国和法国教师教授管轮和驾驶技术。职教师资的培养始于清末的实业教员讲习所。1904年1月，清政府颁布《奏定学堂章程》（癸卯学制），其中有关师范教育方面的章程有三件，即《初级师范学堂章程》《优级师范学堂章程》和《实业教员讲习所章程》。实业教员讲习所旨在培养各种实业学堂及实业补习学堂、艺徒学堂之教员，在类别上分为农业教员讲习所、商业教员讲习所和工业教员讲习所三种，附设于农工商大学或高等农工商业学堂之内。讲习所分为完全、简易两科，完全科比照优级（高等）师范学堂章程办理，学习三年；简易科比照初级师范学堂章程办理，学习一年。入学条件规定："各讲习所入学之讲习生，须年在十七岁以上，在初级师范学堂、中学堂或与同等以上之实业学堂毕业者，始为合格。"[①]在当时的社会条件下，为保证生源数量，又规定可适当放宽入学条件。至清朝末期，实业学堂数量已经达到千余所，职业教育初具规模，但教师培养数量不足、补充滞后，实业学堂不得不大量聘请临时兼职教师，解决学校没有教师的燃眉之急。

中华民国成立后，北洋政府教育部于1915年10月公布《实业教员养成所规程》，规定实业教员养成所由省政府负责，经费由省政府拨款，学生不交纳学费，养成所的设立、废止及变更均由省行政长官决定并转报教育部教育总长。实业教员养成所附设于性质相同之专门学校内，学制四年，所设课程参照农业专门

① 舒新城. 中国近代教育史资料（中册）. 北京：人民教育出版社，1961：782.

学校、工业专门学校规程办理，同时酌加教育学、教授法等科目。学生入学资格为中等学校毕业或与之有同等学力者。学生通过与其他相当班次之学生合班听讲的方式来学习，但教育学、教授法等科目在第四年分别教授。

1933 年 3 月，南京国民政府教育部颁布《职业学校规程》，规定职业学校教员须品格健全，对所任学科有专长学识。同时规定，高级职业学校职业科教员须符合下列资格之一：①职业师资训练机关毕业后，有一年以上之职业经验者；②国内外专科学校或高等师范专科学校毕业后，有两年以上之职业经验者；③有专门之职业技能，曾任职业机关相当职务四年以上著有成绩者。初级职业学校职业科教员须符合下列资格之一者：①具有高级职业学校教员规定资格之一者；②国内外大学、专科学校或高等师范专修科毕业后，有一年以上职业经验者；③高级职业学校或与高级职业学校程度相当的学校毕业，有两年以上职业经验著有成绩者。[①]从规程上看，当时已经很重视职教师资的实践经验，这是对职教师资素质认识的一个巨大进步。由于当时社会条件限制，真正具备实践工作经验的教员并不多。据 1937 年教育部发表的职业学校教员资格分析，其中从事过实际职业或受过特殊训练的仅占 10%，且时间大多数仅为一年。在国民党统治期间，职业教育几经改革，使得职业教育从制度上逐渐完备，布局也有所改善，但由于政府腐败，经济萧条，加之抗日战争，职业教育没多大发展。1947 年全国只有公私立专科学校 68 所，国立中等职业学校 14 所，职业学校总数 700 余所。

新中国成立后，我国探索设立专门师范学校培养职教师资的发展之路，先后在 1959 年成立天津技工师范学院，在 1964 年成立天津工科师范学院、上海半工半读师范学校等培养技工学校师资的师范院校，但这些学校办学时间较短，有些学校还没有毕业生就因政治或经济原因转变办学方向或解散。“文化大革命”结束后，随着我国职业教育办学规模的快速发展，对职教师资的需求大幅度增加，1979 年 2 月经国务院批准，在天津、吉林、山东、河南成立四所技工师范学院，为技工学校培养师资，学制四年。20 世纪 80 年代后，根据职业教育发展的需求，全国相继成立了十几所独立的高等职业技术师范学院，另外还有综合大学设置的二级学院性质的职业技术师范（教育）学院，这些院校对职教师资的培养问题不断进行探索和实践，总结了不少经验。[②]从历史发展进程看，职业学校教师培养与职业教育发展规模脱节，尤其是专业课师资数量不足始终是困扰职业学校的难题。从 20 世纪 50 年代中期开始，我国实行计划经济体制，劳动者均属于某一单位（工厂），对人员流动、兼职管理严格，公开的兼职很难施行。50 年代

① 漆书青等. 职业技术教育师资培养模式研究. 南昌：江西高校出版社，1998：28-29.

② 李向东，卢双盈. 职业教育学新编（第 2 版）. 北京：高等教育出版社，1999：109-111.

后期、60年代初期职业学校曾一度实行过半工半读教育形式，职业教育与企业生产关系非常密切，但由于持续时间较短，有关兼职教师的制度规范并未形成。

1980年10月，国务院批转教育部、国家劳动总局《关于中等教育结构改革的报告》中指出："教育部门、劳动部门和有关业务部门要有计划地为发展职业技术教育培养师资。省、市、自治区应积极筹办职业技术师范学院。各地师范院校和各级教育学院（教师进修学校）应开办专业课教师培训班。今后分配大专院校、中专毕业生时，要照顾到职业（技术）学校、技工学校、职业中学、农业中学的需要。"至此，国家明确提出要在国家和省级两个层次建立职业技术师范学院。1985年5月，《中共中央关于教育体制改革的决定》指出："师资严重不足，是当前发展中等职业技术教育的突出矛盾。各单位和部门办的学校，要首先依靠自身力量解决专业技术师资问题，同时可以聘请外单位的教师、科学技术人员兼任教师，还可以请专业技师、能工巧匠来传授技艺。要建立若干职业技术师范院校，有关大专院校、研究机构都要担负培训职业技术教育师资的任务，使专业师资有一个稳定的来源。"①针对职业教师缺乏状况，国家教育委员会1986年6月颁发了《关于加强职业技术学校师资队伍建设的几点意见》（〔86〕教职字012号），为职业教师的培养提出若干意见，并再次强调要重视兼职教师的作用，聘请既有丰富实践经验又有教学能力的专业技术人员到职业学校兼课。提倡校际之间教师互相兼职，聘请的兼职教师要有实践经验，并能担任实习指导教师，还对兼职教师的资格也做出了规定。

这一阶段兼职教师的聘用具有以下特点：①被动性，由于中职学校专职教师的不足，无法聘到专职教师，不得不聘任兼职教师；②随意性，对兼职教师资历无明确标准，双方同意即可聘用；③经济性，聘用兼职教师只需支付低廉的讲课费，而聘用在编专职教师需要学校负担工资和住房、医疗、养老等费用，两者比较，聘请兼职教师能节省经费，有些学校以降低办学成本为目的大量聘用兼职教师。

（二）发现兼职教师独特价值，建设"专兼结合"师资队伍阶段

20世纪90年代以后，随着对职业教育特点认识的深化和职业学校办学条件的改善，逐渐认识到兼职教师实践经验丰富，了解技术进步和产品生产现状，他们与专职教师具有互补性的独特价值，中职学校开始主动寻求、聘任具有丰富实

---

① 曹晔. 我国中职师资队伍培养培训主要政策60年演变进程综述. 职业技术教育，2010，(25)：18-24.

际工作经验的人员担任兼职教师。无论是借助综合大学培养职教师资还是独立职业技术师范大学培养职教师资，共同的特点都是从一类学校到另一类学校，学生在学习期间缺乏专业实践经验。20 世纪 90 年代初，天津职业技术师范大学以“双证书”为切入点，探索“双师型”职教师资培养途径，着力提高师范生动手操作技能，这一做法在职教师资培养院校得到广泛推广，在一定程度上满足了中职学校对专职教师操作技能的需求。但是真实的实践工作经验，是任何学校课堂教学无法替代的，解决这一矛盾，还需要与兼职教师结合起来。

早在 1991 年 10 月，《国务院关于大力发展职业技术教育的决定》（国发〔1991〕55 号）中就指出：“本着培养和培训专职和兼职相结合的原则，多渠道地解决职业技术教育的师资，特别是技能教师来源问题。”该决定首次提出了职业教育师资队伍建设专兼结合的原则，为明确兼职教师在学校教师队伍中的地位奠定了基础。兼职教师问题于 1996 年被写进了《中华人民共和国职业教育法》：“职业学校和职业培训机构可以聘请专业技术人员、有特殊技能的人员和其他教育机构的教师担任兼职教师，有关部门和单位应当提供方便。”首次以法律的形式确定了兼职教师的对象、作用和地位，并使其社会化。1999 年，《中共中央国务院关于深化教育改革全面推进素质教育的决定》要求：“注意吸收企业优秀工程技术人员和管理人员到职业学校任教。”明确职业学校从企业引进和聘用兼职教师，是实施素质教育的要求。

此外，高职高专作为职业教育的重要组成部分，国家对其兼职教师工作也做出了一系列规定。国家教育委员会在 1995 年 10 月印发的《关于推动职业大学改革与建设的几点意见》（教职〔1995〕12 号）中要求：“要聘请一批富有实践经验、又能胜任教学工作的工程技术人员或管理人员到校任兼职教师，做到专兼结合。”该意见进一步明确了聘任兼职教师的目的是构建专兼结合的教师队伍，全面提高职业学校的教学质量。2000 年，《教育部关于加强高职高专教育人才培养工作的意见》进一步要求：“要十分重视师资队伍的建设——积极从企事业单位聘请兼职教师，实行专兼结合，改善学校师资结构，适应专业变化的要求。”2002 年 5 月，《教育部办公厅关于加强高等职业（高专）院校师资队伍建设的意见》（教高厅〔2002〕5 号）中指出：“聘任兼职教师是改善学校师资结构、加强实践教学环节的有效途径，各高职（高专）院校要结合实际，加强兼职教师队伍建设工作。兼职教师是指能够独立承担某一门专业课教学或实践教学任务、有较强实践能力或较高教学水平的校外专家。兼职教师主要应从企业及社会上的专家、高级技术人员和能工巧匠中聘请。”该意见明确了兼职教师的来源、能力要求和聘请兼职教师的目的。

综上列举分析得出，中职、高职兼职教师的来源、要求基本一致，这一阶段的特点是：①认识到兼职教师对职业学校发展的独特作用，改变被动聘用兼职教师的做法，以更好地培养职业教育人才为目的，主动寻求聘用兼职教师；②明确提出职业学校要构建一支专兼职结合的教师队伍。

（三）完善管理制度，兼职教师聘用进入规范化阶段

在2005年11月召开的全国职业教育工作会议上，温家宝同志提出“大力发展职业教育加快培养高技能人才”。

2006年12月，教育部、财政部《关于实施中等职业学校教师素质提高计划的意见》（教职成〔2006〕13号）指出：“支持中等职业学校面向社会聘请专业技术人员、高技能人才兼职任教，促进教师队伍结构的优化，推动教师队伍建设的制度创新。”

2007年8月，教育部印发《中等职业学校紧缺专业特聘兼职教师资助项目实施办法》（教职成厅〔2007〕6号），规定了兼职教师的聘任条件和程序，要求“特聘兼职教师须具备良好的职业道德、专业素养和较高的技能水平，具有中级以上专业技术职务或高级工以上职业资格，或者是在相关行业领域享有较高声誉、具有丰富实践经验和特殊技能的‘能工巧匠’，品行端正，身心健康，胜任相应的教学工作”。

《国家中长期教育改革和发展规划纲要（2010—2020年）》指出，要依托相关高等院校和大中型企业共建“双师型”教师培养培训基地，完善相关人事制度，聘任有实践经验和高技能的人才担任专兼职教师，为我国“十二五”职业教育教师队伍建设做出了全新的规划。

2014年6月，《现代职业教育体系建设规划（2014—2020年）》提出：“新增教师编制主要用于引进有实践经验的专业教师，到2020年，有实践经验的专兼职教师占专业教师总数的比例达到60%以上。改革职业学校用人制度。落实职业学校用人自主权，鼓励职业学校按照国家相关规定聘请企业管理人员、工程技术人员和能工巧匠担任专兼职教师。”

这一阶段兼职教师的特点是：①兼职教师管理规范化，明确兼职教师的任职资格、能力要求、工作任务、来源渠道等；②兼职教师的作用不再只是完成学校一部分教学任务，而是成为校企合作的纽带和桥梁，成为学校教学管理、课程开发、教学实施和示范校建设的重要成员，参与到学校活动的各个方面。

三、兼职教师的特点

特点是事物的特殊属性，特点是与参照对象比较而言的，同一事物参照对象不同，其特点也不同。相对于专职教师，兼职教师特点表现为质和量两个不同方面。质的不同是“人无我有”，具有显著性；量的不同是“人有我特”，在结构、功能、程度、方向等方面的差别。

专职和兼职教师有相同点，即教师的本质属性，两者都属于教师，承担着教书育人、为人师表、传承职业精神等责任。但由于身份上的不同，兼职教师还有一些自身的特点。

（一）兼职教师队伍的优势

1. 具有较高的职业素质

《职业学校兼职教师管理办法》规定，兼职教师的职称条件是“一般应具有中级以上专业技术职称（职务）或高级工以上等级职业资格（职务），特殊情况也可聘请具有特殊技能，在相关行业中具有一定声誉的能工巧匠、非物质文化遗产国家和省级传人”。可见，国家对兼职教师有较高的素质要求，职业学校也需要聘请较高素质的兼职教师。但从目前实际情况看，高素质人才在本工作单位是骨干力量，工作任务繁重，这与职业学校要求教学时间固定常常有冲突，聘请到学校期望的人才也存在实际困难，需要通过校企合作机制解决。

2. 丰富了教师队伍的职业背景

兼职教师常常来自不同的工作单位，各工作单位有各自的人事管理规定，甚至分布在多地。在原单位有多种职业角色，这些人的加入，大大丰富了职业学校教师队伍的结构，而且与企业、社会的结合面更加广泛，有利于推进校企合作。

3. 建立起灵活的用人机制

兼职教师与职业学校之间没有长期的聘用关系，没有固定的人事编制，兼职教师的招聘与使用按照双方自愿原则达成协议即可，职业学校用人自主权相对较大。聘用期满，双方可以自愿延续，一方不同意则结束。灵活的用人机制加速了人才的流动，优胜劣汰，盘活了师资资源和社会人才资源。当然，事物都具有两面性，用人机制灵活了，但兼职教师队伍缺乏稳定性，而这影响了教学秩序和质量的稳定性。例如，浙江某学院调查数据显示，兼职教师的流动率达到55%以上，兼职时间在1年以上的兼职教师不到1/5。

4. 来自生产一线的实践技能

国家规定中职学校必须有一定比例的兼职教师，希望通过聘用来自企业一线有丰富实践经验的技术人员，来弥补学校专职教师实践经验不足的缺陷。兼职教师对于指导学生的顶岗实习和实践能力课程，开发和实施“一体化”课程具有明显的优势。在兼职教师的指导下，学生不仅可以获得理论知识，还能感知真实的工作场景，获取最新的技术信息，提高职业技能，增强职业意识和职业道德。

（二）兼职教师队伍的问题

1. 对兼职教师的教学管理难度较大

兼职教师至少为两个单位服务，具有多重职业身份，一般以原有的职业身份为主，利用业余时间或者空闲时间到中职学校参与教育教学活动，有时精力投入不足，又由于不属于学校的正式编制内人员，工作时间变数较大，一旦聘任，学校方面会增加一定的管理难度。

2. 教学能力不足

严格说，兼职教师是一个生产者而非教育者，他们常常是技术技能方面比较专业，但是系统的理论支撑不足，特别是缺乏教育教学的能力、经验和技巧，这需要职业学校一方面要加强管理和指导，另一方面要力求保持兼职教师队伍相对稳定。

（三）兼职教师的劳动特点

1. 教育教学紧密联系实际工作

兼职教师在工作单位和中职学校两个工作时空转换，这是他们工作的一个重要特点，也是兼职教师的潜在优势。兼职教师掌握生产技术变化的最新成果，拥有丰富的社会资源、工作经验和实践技能，如果与中职学校教育教学工作有效结合，兼职教师可以在专业建设、课程建设、教材编写、学生职业生涯规划、校企合作等方面发挥更大的作用。

2. 劳动时间的随机性

兼职教师主要是利用业余时间在中职学校工作，所以他们的工作量不能太大，工作时间也不稳定。有人统计，100 所中职学校教师工作量，专职教师每学年平均授课课时为 322 学时，兼职教师每学年平均授课课时为 130 学时，若按每学年 40 周计算，专任教师每周平均授课 8 学时，兼职教师每周平均授课 3.3 学时。[①]兼职教师要优先完成本单位的工作，在学校停课、倒课现象比较频繁。

3. 校内地位的边缘性

目前，中职学校师资建设的重点是专职教师培养、使用和管理，对兼职教师主要立足于使用方面，作为教师队伍有机组成的一部分的理念落实的还不够，对兼职教师的成长发展缺乏关注。兼职教师融入中职学校不深，主人翁意识不强，有事来，完事走，多方面的作用没能充分发挥出来。

第二节　兼职教师在职业教育中的作用

兼职教师是职业教育健康全面发展的需要，在职业教育中发挥着不可替代的作用，兼职教师不仅解决了职业学校办学所需，而且对学生成长和兼职教师自身发展也不无裨益。

一、对职业教育事业发展的作用

（一）促进人才柔性流动

传统意义上的“人”与“才”是不可分割的，“人”是“才”的载体，“才”通过“人”得以体现。传统的人才观念认为，人不离开，才不外流；单位缺才，只进不出。这种保守观念的影响及相应人事管理制度的滞后，使得社会人才流动仍然受到一些限制，户口、医疗、养老、住房、保险、子女就学、职业发展等因素往往同人才捆绑在一起。人才的流动就是“人”与“才”共同或分别的流动，实现这种流动，有人提出“人才柔性流动”概念，就是摆脱传统的国籍、户籍、档案、身份等人事制度约束，在不改变与其原单位隶属关系的前提下，以智力服

① 姜建华. 中职学校兼职教师现状的调查与分析. 中等职业教育，2011，(20)：5-7.

务为核心，注重人、知识、创新成果等的有效开发与合理利用的流动方式，即“人”与“才”分开，“人”不动而“才”动。兼职是一种常见的“人才柔性流动”，通过兼职，促进社会优质资源的有效配置，发挥更大效益。目前，中职学校的社会地位还不算高，对人才的吸引力也不够强，通过聘用高水平的兼职教师方式，使职业学校不求拥有“人”，就能用其“才”，人才“共享”机制有利于充分发挥人才价值，促进职业教育事业发展。

（二）联结职业学校、企业和社会的纽带

工学结合、校企合作、顶岗实习是职业教育人才培养的基本方式。职业教育的性质决定了职业学校必须和企业、社会保持紧密互动的关系，在办学、人力资源开发、就业等方面体现合作。兼职教师是沟通学校、企业和社会“活的中介”，是联结学校、企业和社会的桥梁和纽带，通过校企合作建立相应制度，保障兼职教师的权益。

（三）促进产学研结合

中职学校的兼职教师大部分来自企业，通过他们的工作可以增进校企之间的合作。兼职教师熟悉学校与企业两方面的需求、资源和条件，可以促进企业与学校合作开展应用技术研究、开发新产品、技术咨询与服务等，将教学、生产和研发结合起来。职业学校的智力、信息、设备、场地、人力和企业的资金、市场、产品、技术、管理有机结合，产学研各个主体在更大的平台上实现资金、人才、技术、信息的交流与合作，从而推动人才培养，加速知识与技术的流动，提高知识创新的效率和效益。如果很好地发挥兼职教师的作用，一方面可以使教师、学生在实践工作中提高技术素质，另一方面可以促进企业技术更新和新产品研制，使校企合作、产学研结合形成良性发展机制。

二、对职业学校办学工作的作用

（一）优化职业学校教师队伍结构

教师是办学之根本。教师队伍的结构是否合理，直接影响职业学校的发展和办学质量。职业学校教师队伍结构主要包括年龄结构、职称结构、学历结构、专业结构和学缘结构，以及“双师型”教师比例、专兼职比例等。当前，由于编制、经费、培养等多种原因，中职学校教师队伍结构不合理的问题还比较突出。

其表现为基础课教师数量多、力量强，专业课、实训课教师数量少、力量弱，教师缺乏生产一线的工作经验，不了解生产设备和技术更新的实际情况，造成很多职业学校实践教学发展滞后，严重影响了人才培养质量。从行业企业聘请实践经验丰富、动手能力强的技术专家和能工巧匠担任兼职教师，有利于形成专兼结合的教师队伍，弥补职业学校教师的缺陷，较快地优化职业学校教师队伍的结构，培养出适合社会需要的高素质劳动者。

（二）适应职业学校专业调整

职业学校办学对人力资源市场变化反应敏感，以满足社会需要为首要目的，要迅速地适应社会对技术技能人才需求的变化。在当今创新驱动发展的社会状态下，新技术、新工艺、新材料、新产品层出不穷，职业学校专业变化调整也是常事，热门专业变冷、冷门专业变热司空见惯，与经济增长热点相适应的新专业会不断涌现出来。中职学校不断调整学校专业布局和课程设置，才能满足社会需求。专业的增加或裁并、课程的调整、内容的更新意味着学校师资队伍的变化，原有的老师可能没有了用武之地，新增加的课程又需要教师能力结构的变化或引进新的人才。当前，我国职业学校的专任教师还不能实现真正意义的“能进能出”，聘请一定数量的兼职教师，是解决中职学校调整专业带来的师资紧缺或过剩难题的有效方法。

（三）带动职业学校专职教师实践能力的提高

从现实情况看，兼职教师不仅能解学校一时之需，还能带动专职教师能力的提高。兼职教师与专职教师以专业为核心组成优势互补的教学团队，共同完成专业建设和人才培养。兼职教师将企业对人才的要求及时反馈和纳入到人才培养工作中，使学校培养的人才更好地满足社会的需要；同时，在共同的教学过程中，能帮助专任教师了解和掌握生产一线的新工艺、新技术，为专任教师在企业的实践锻炼提供一定便利，与专职教师一道开展专业及其课程开发，有效地弥补专任教师在专业实践经验方面的不足。

（四）有助于职业学校降低办学成本，提高办学效益

中职学校相对普通中学而言，办学成本偏高，但事实上获得的经费数额相对偏低，极大地制约了其特色发展。中职生大量的实践教学环节，需要场地、设备和耗材，不言而喻，这比单纯的知识传授需求更多的投入。然而，中职学校的生均经费拨款实际上往往还低于普通高中。兼职教师都是成熟的专业人才，为学校

提供兼职服务，节省培养、额定待遇等费用，不求所有但求所用，从办学成本上也比较合算。

（五）有效解决教师数量不足的问题

目前，职业学校还属于事业单位，国家通过确定人员编制来控制学校的用人数量。在一定时期内，一个学校的编制数是相对稳定的，而且增加编制本身就是一件非常困难的事情。虽然国家对编制实行动态调整，但调整的周期比较长，难以适应不断变化的市场对职业学校人才培养工作的需要。另外，事业单位用人实行严格的入职考试制度，虽然保证了人才选拔的公开、公平、公正，但也对中职学校按需的、灵活的用人形成制约，尤其是实践经验丰富的技术人才往往很难通过严格的人才招聘方式入职。对于中职学校来说，需要的进不来，刚进来的还不太适应，一时又顶不上去。因此，聘请兼职教师也是解决中职学校的专业教师难题的重要途径。

三、对职业学校学生成长的作用

（一）有利于新知识、新技术直接转化为学生的本领

职业学校的兼职教师多数是行业企业生产、建设和服务第一线的骨干，具有丰富的实际工作经验，熟悉本专业及相应技术领域的发展动态，能够把最新科技成果及生产规范、企业管理、职业精神直接带入课堂，帮助学生了解真实的生产过程、适应生产需求，提高综合职业能力。

（二）有利于贯彻工学结合、理论与实际结合的教育思想

聘请兼职教师，不仅缩短了学校与社会、学校与企业之间的距离，也能为学生接触企业、服务社会创造诸多便利条件。兼职教师可以通过自己所在的企业或熟悉的企业为学生提供一定的实习实训机会，把学和用联系起来，使理论联系实际更加真实直观，有助于提高学生学习的效果。

四、对兼职教师自身发展的作用

（一）有助于实现自身价值

许多兼职教师到职业学校从事教育教学活动，并非单纯为了增加自己的收

入。事实上，多数中职学校支付给兼职教师的讲课费是很低的，单凭讲课费无法吸引优秀的企业技术人员。兼职教师大多是企业骨干，有繁重的本职工作，凭借他们的技术水平不难在业内找到报酬更高的兼职。他们大多热爱教师职业，有一定的教师情结，从事教育教学工作也是兴趣所在，通过培养人能够获得愉快体验和更大的成就感。

（二）有助于完善自我发展

自己会干活不等于会教别人干活，教然后才能知不足，教学实际上是对自己掌握的知识的再加工和再升华。企业技术骨干担任职业学校兼职教师，既传授给学生实践工作的技能，又提升了自身的专业理论水平和表达沟通能力。教学的需要，促使兼职教师再一次审视专业理论与实践，并自觉学习充实。通过教学，知其然又知其所以然，体会到教学相长的魅力。教会学生，也是自我提高的过程。

总体来说，兼职教师是职业教育教师队伍的必要补充，是中职学校人才培养不可或缺的重要力量。当然，不能过分夸大兼职教师的作用，也不能简单地用兼职教师替代专任教师。兼职教师由于存在比较松散、工作任务单一、队伍缺乏稳定性等天然不足，所以兼职教师的人数要控制在一定比例范围内。本着适度有益的原则，中职学校既要注意加强兼职教师队伍的建设与管理，还要处理好专职与兼职教师队伍的关系。

第三节　中等职业学校兼职教师队伍建设

目前，中等职业学校兼职教师的聘任工作还缺乏比较刚性的政策和法律依据，基本是按需聘任，聘任过程中随意性较大，工作的规范性不够，对兼职教师队伍建设没有纳入发展规划之中，没有从专业建设、人才培养及学校的长远发展等方面来统筹谋划兼职教师队伍建设的问题，兼职教师突出的价值还没有得到充分发挥。

一、中等职业学校兼职教师的选聘

用人具有一定的灵活性是聘用兼职教师的特点，使用兼职教师不受编制限制，学校具有较大的自主权，可以根据需要面向社会自主聘用相应的优秀人才。中职学校根据兼职教师的工作表现和需求变化，可以灵活调整，解聘不合格或不需要的兼职教师。

（一）校企合作是兼职教师来源的主渠道

企业通常不希望自己的员工在外单位兼职，一些单位甚至明令禁止员工到外单位兼职，许多兼职教师不得不瞒着本单位到中职学校兼课。因为，优秀的技术人员在任何企业中都是骨干，也都是缺乏的，抽出时间来学校兼课难免会对本职工作造成一定影响。所以，中职学校需要在校企合作的框架下加强与企业的联系，把提供一定的兼职教师作为合作的重要方面，只有取得企业积极的支持，才能建立稳定优质的兼职教师队伍，促进校企合作不断深化。

（二）建立兼职教师人才库

在适应市场需求和学生发展的需求中，中职学校办学专业变化较快，涉及的行业和企业也较多，为此，用市场化、社会化的手段聘用兼职教师也是不可或缺的方式和渠道。目前，我国依托行业协会建立的兼职教师社会服务机构还不健全，所以靠中职学校建立自己的兼职教师人才资源数据库，积累所需要的社会人才信息，也是加强兼职教师队伍建设的重要措施。

（三）适用是聘用的基本标准

社会人才丰富多样，但未必都适合中职学校所用。中职学校聘用兼职教师要坚持适宜够用的原则，对社会人才的学识、品德、工作经历、工作业绩、表达沟通能力、责任心、时间保证等进行综合考量。根据教学岗位自身需要，选择热心育人，能够胜任教学工作，有利于帮助学校发展的专业技术人员。

（四）提高兼职教师对教师角色的认同度

无论专职教师还是兼职教师，在学生面前的身份都是教师，都要履行教师应尽的职责。所以，对兼职教师要加强培训，确保兼职教师以一个教师的身份开展教学工作。兼职教师，尤其是来自企业的兼职教师，教学理论、教学经验一般比较欠缺，对学校规章制度、职校学生和教材也知之不多。因此，有必要对他们进行必要的岗前培训，帮助兼职教师胜任相应的教学工作。中职学校在长期的办学中，基本形成了具有本校特色的一套行之有效的教师工作规范，在教师备课、教案撰写、课堂教学要求、学生作业、成绩考核、教学评价等方面均有比较明确的要求，这些要求对兼职教师也是适用的。所以，首次聘用的兼职教师上岗前要经过必要培训，至少包括教师岗位职责、学校教学规章、教育教学管理规范、教学评价等。兼职教师在教学过程中出现的许多问题大多与缺乏上岗培训有关，如果学校怕麻烦忽略了必要的培训，可能会因兼职教师不知学校规定而造成工作被动，带来更多的麻烦，甚至是无法弥补的损失。

二、中等职业学校兼职教师的使用

（一）大胆使用

兼职教师在实践方面的优势是专职教师常常不能替代的，中职学校要用其所长，放手使用。兼职教师入职初期会有一个岗位适应过程，可能会出一些问题，学校特别是所在的系或教研室，要做好引导和协助工作，多关心、多沟通、多交流，帮助其解决问题，不能一放了之。对兼职教师需要有一定的耐心，不能因一时的问题频繁更换。

（二）用其所长

宋代胡仔在《苕溪渔隐丛话·六一居士》中说：“凡人材性不一，各有长短，用其所长，事无不举；强其所短，政必不逮。”知人善任，用其所长是用人之道的核心。把人才放在有利于显示其才能的位置上，其才能才会充分发挥出来。一般来说，企业技术人员擅长实践操作，生产经验丰富，但知识的系统性和教学经验不足，有时存在讲解不清楚、不会管理学生、启发引导不得要领等问题。如果与本校教师结合起来，形成一个团队，共同进行教材开发，共同实施教学，则能扬长避短，使教学工作更加完整，更有质量。这不仅有利于教学相长，还有利于教师相长。

（三）用养并举

兼职教师的聘用，不能当成花钱雇人上课这么简单的事，它是中职学校与校外人才合作的大事，是职业教育社会化的重要方面。追求合作的可持续发展和校外人才在兼职工作中效用最大化，应充分尊重人才，为其发挥才能创造条件，既要用好，还要爱护和培养，通过兼职工作进一步积蓄才能，形成良性发展的工作状态。兼职教师能力得到提高，也会增加他们的归属感，增强工作稳定性、积极性和责任心。

对兼职教师的培养不同于本校的专任教师，主要目的是提高其教学能力，培养方式可以采用开放学校资源、共同教研、项目合作等，也可以作为学校教师代表出席有关的学术与教学交流活动。

三、中等职业学校兼职教师的管理

兼职教师管理难，是普遍存在的问题。首先，兼职教师的授课时间难以按照常规教学计划进行，有经常调课、倒课现象。到中职学校兼职，一般不属于企业专业技术人员的本职工作，兼职代课往往是利用业余时间进行，导致兼职教师的常规授课难以按常规教学计划进行。其次，兼职教师流动性大，大部分归属感不强。在现阶段，多数中职学校兼职教师的工作主要是实践教学和实训指导，内容较为单一。兼职教师很少参加专业培养方案的设计、课程开发、教材编写、教研活动等方面工作，兼职教师被当成外人，不能自然地融入学校教师群体，和学校教师缺乏深度交流合作的机会。加强兼职教师管理，如何多方面发挥兼职教师作用，是中职学校面临的课题。

（一）提高兼职教师育人的责任心

教师的劳动如同浮在海上的冰山，有一些看得见，还有一些看不见。兼职教师受本职工作制约，在中职学校承担的教学工作给管理带来不少困难，这些困难常常是教师劳动“看得见”的部分，我们无法要求兼职教师放下本职工作，专心中职学校工作。兼职教师的管理应着眼于从“看不见”的部分，把兼职教师看成本校教师队伍的有机组成部分，在精神层面、制度层面当他们是“自己人”，增强他们的归属感。中职学校要从工作本身来引导，使兼职教师感到育人有责任、有兴趣、有成就，体会到自我价值实现的乐趣，最大限度地调动兼职教师的内在动力和主动工作的热情。

（二）恰当发挥兼职教师的积极作用

专职教师是中职学校的主体，兼职教师是必要的补充和完善，工作具有一定的不确定性或临时性。在目前中职学校的体制和管理情况下，兼职教师不可能成为教学的主要力量，如果为降低教学成本聘请过多兼职教师，教学质量的稳定性必然会受到影响。兼职教师管理中出现的一些困惑，有时是对兼职教师期待过高或聘请兼职教师数量过多造成的。中职学校安排兼职教师承担的教学任务中，不能没有专职教师的身影。有些学校为兼职教师配备青年教师助手，有效弥补了兼职教师的短处，还能带动青年教师的成长。对于兼职教师，中职学校要给予足够的尊重、信任，学校各个层面要注重与兼职教师的沟通，建立互信关系，加强感情培养，为发挥兼职教师的长处创造条件，特别是在协调与企业的关系中发挥作用。

（三）健全兼职教师激励机制

中职学校对教师考评，一般比较突出本校教师，兼职教师常常成为无名英雄。其实，兼职教师更需要认可和激励。兼职教师兼职的动机并非只是为了增加经济收入，课时报酬对他们的激励是有限的。大多数兼职教师兼职的目的，除了有一定经济目的之外，还有实现专业发展和自身价值的需要。中职学校应该建立兼职教师的荣誉评选机制。

四、中等职业学校兼职教师的考评

通过综合考评，中职学校可以比较全面地了解兼职教师工作的情况，发现存在的问题，兼职教师也可以认识到工作中优势和不足之处。目前，中职学校普遍对兼职教师考评采取与专任教师相同的评价系统，评价指标仍为传统意义的教学内容、教学方法、教学态度和课时数量等方面，兼职教师常常处于不利状态。中职学校应该考虑兼职教师的特殊性，形成对兼职教师量身定做的评价系统，进而推动社会化的兼职教师制度的规范和完善。

第四节　中等职业学校兼职教师有关问题的思考

中职学校聘用兼职教师虽然不是一个新问题，但长期以来对于兼职教师重视和研究不够，兼职教师在中职学校一直是一个边缘化的问题。国家已经对职业学校构建专兼结合的教师队伍制定了明确的政策，加强兼职教师研究应该成为加快职业教育发展的一个重要而紧迫的问题。

一、中等职业学校兼职教师管理的法律与政策依据

中职学校兼职教师的存在符合职业教育的办学规律，国家从制度上要求各类职业学校聘请一定数量的兼职教师，形成优势互补、专兼职结合的教师队伍。1996 年颁布的《中华人民共和国职业教育法》指出："职业学校可以聘请专业技术人员、有特殊技能的人员和其他教育机构的教师担任兼职教师，有关部门和单位应当提供方便。"2012 年，教育部印发的《职业学校兼职教师管理办法》，对人员条件、聘请程序、组织管理、经费来源等做出了一些规定，有些规定内容过于原则性，有些也值得进一步推敲。以下对几个问题进行探讨。

（一）兼职教师的职业资格证书

教师是专业人员，《中华人民共和国教育法》规定，国家实行教师资格制度，对教师实行特定的职业许可制度。教师资格是国家对专门从事教育教学人员的最基本要求，是公民获得教师岗位的法定前提条件。教师资格制度全面实施后，只有依法取得教师资格，持有教师资格证书者，才能在教育行政部门依法批准举办的各级各类学校和其他教育机构中从事教育教学工作。教师资格是从事教师工作的必备条件，不具备教师资格者原则上不能从事教师工作。但是，对于兼职教师要求其拥有职业资格证书又是一个棘手的问题，兼职教师上岗前由学校开展管理制度、教育教学规范、教育教学技能、教师职业道德等内容的培训还比较可行，但要求兼职教师通过国家考试，取得国家颁发的教师资格证书，现阶段又不太现实。兼职教师属于中职学校非正式聘用人员，比较可行的做法是，先由地方实行"临时教师资格证"或"兼职教师资格证"等制度，让兼职教师逐步持证上岗，随着国家教师资格制度的完善和相关配套措施的实行，再予以接轨或进行统一管理。

（二）兼职教师地位、权利、业务纠纷处理的政策保障

兼职教师毕竟不是中职学校正式的在编人员，也就是职业身份不在学校，一般按上课时数计发报酬，没有其他保障性待遇。而且，兼职教师的聘用有时仅是口头约定双方的权利义务，一旦遇到问题或出现意外情况时，兼职教师的权益难以保证。同时，中职学校利益也常常因兼职教师的个人问题受到影响。对于国家法律已经认可的兼职行为，同样应通过法律政策，明确双方的权利义务，一旦双方发生纠纷有章可循。

（三）建立兼职教师培训培养和考核制度

根据《中华人民共和国教师法》的精神，教师在承担教学任务的同时，享有参加进修或其他方式培训的权利。各级人民政府教育行政部门、学校主管部门和学校均应当制订教师培训计划，组织教师参加多种形式的思想政治和业务培训。中职学校一般有针对专职教师的培养规划，但缺乏对兼职教师的培训措施；对于兼职教师，基本上只限于使用，缺乏对其培训的意识。当然，政府部门组织的各级各类培训对兼职教师培训也没有明确的规定和支持计划，所以兼职教师的培训工作变得很难实施。作为中职学校教师队伍的重要组成部分，对于兼职教师应因地制宜地给予一定的培训或指导，在形式和方式上可以更加灵活、实用，培训也可以作为一种“待遇”，对其进一步做好教学工作进行激励。

二、中等职业学校要关注并加强兼职教师队伍建设

兼职教师虽然是“临时工”，但作为中职学校不能是这样一种态度，哪怕在学校工作一天也要像正式员工一样对待。现有的研究成果更多关注如何发挥兼职教师的作用，相对忽视兼职教师的成长与发展问题。兼职教师同样有成长的需求和愿望，这里提出一个“三结合”原则：一是兼职工作与本职工作相结合，中职学校聘请兼职教师，是看重兼职教师丰富的实践经验，一旦脱离本职工作，聘请兼职的意义就会大打折扣；二是专业技术与传艺育人相结合，兼职教师在两个角色之间转换，兼职工作是教育工作，要履行教师职责，传授技术是为了更好地育人；三是开展教学活动与专任教师相结合，兼职教师一般欠缺教育教学经验，与专职教师合作教学能够实现优势互补。

兼职教师往往只注重传授学生专业技能和实践经验，而忽略了对学生正确的世界观、价值观和人生观的教育，甚至有些人有意无意地把一些社会上庸俗或不良的习气带到教学中来。构建一支专兼职结合的教师队伍，必须立足校本、政府支持、逐步规范，采取灵活多样的办法加以实施，只有重视对兼职教师的培养，兼职教师作为一种特殊的人才，其社会地位才能不断提高，中职学校也才能吸引更多高水平的专业技术人员加入到自觉育人的行列中来。

三、中等职业学校兼职教师与专任教师的融合

建设一支专兼职结合的师资队伍，是中职学校发展的客观需要。建设好这样

一支队伍，并不止于聘请一些兼职教师，如何把专兼职教师有效地配置好、形成互补、发挥团队优势，才是职教教师队伍建设不懈努力的目标。

多年来，中职学校与相关企业建立了一定的互动合作基础，许多企业成为中职学校稳定的校外基地。以基地为平台，维护好校企之间合作共赢的工作机制，有利于专兼职教师队伍一体化的建设。合作企业的专业技术人员同时也是中职学校的兼职教师，学校的专任教师也是企业的兼职专业技术人员，这样形成“你中有我、我中有你”的人才队伍的优化组合，有利于降低校企双方的人力成本，提高工作质量和效益。如果兼职教师以个人身份与学校签订聘用协议，往往被视为兼职教师的个人行为，其所在的企业往往不认可甚至反感，使得兼职教师不能坦然任教，很难有完整的时间参与学校活动。如果纳入校企合作的基本框架内，双方人才共享本身就是合作的重要内容，兼职成为优秀员工和优秀教师的标志，其实际效果是不言而喻的。

目前，中职学校教师独立承担教学任务的情况还比较普遍，但兼职教师仅限于完成规定的教学任务，一般不参加学校的教研活动，专兼职教师间一般缺乏沟通交流，两者的互补优势没有很好地形成。如何将原先相互分离的专兼教师体系相互融合，需要密切学校与企业之间的关系。就实际情况而言，有些中职学校采取“结对子”等方式，在校本的基础上搭建专兼职教师沟通的平台，努力实现专兼职教师的融合。还有的学校把兼职教师和专职教师组合成“教学小组”，共同实施一项教学任务，实现专兼职教师互相协作、取长补短。

第八章
中等职业学校教师职业生涯规划与专业化发展

职业生涯与专业化发展是一个问题的两个方面，两者相辅相成、互相促进。职业生涯规划理论的产生，说明社会给予了人们广阔的发展空间和可以自由选择的发展机会，人们对社会和自身的认知也进入到一个更加科学理性的发展阶段。人类由被动地从业、囿于单狭的发展目标，转变为对个性和社会科学的认知，不断改进个人与职业匹配互洽的关系，使个人的才智获得越来越大的释放。专业化发展预示着职业发展路径更加明晰，个人的发展更加有方向、有目标、有计划。当然，专业化发展也需要积极创造条件、全力以赴，成就更有效率、更有品质的发展。本章从职业生涯规划理论出发，为中等职业学校教师专业化发展提出若干思路、方法和路径。

第一节　教师职业生涯概述

职业生涯就是指人的一生中的职业活动历程。从内在来看，它是一个人一生中与职业相关的态度、价值观、愿望等连续性经历的过程；从外部来看，它是一个人一生中职业、职位的变迁过程。职业生涯是一个动态的过程，无论你在职业上是成功还是失败，是从事人人羡慕、轰轰烈烈的职业还是地位不高、平平凡凡的职业，是始终如一坚守一个职业还是随心所欲变换多种职业，是一帆风顺、功成名就还是步步坎坷经历挫折失败，这些都构成职业生涯。造成人职业生涯差异的原因，有个人能力、心理、机遇方面的问题，也有社会环境的影响。职业生涯是人一生中最重要的历程，对人生价值起着决定性作用，人人都希望拥有一个辉煌的职业生涯。

一、相关基本概念的辨析

（一）生涯与职业生涯

从基本字义看，“生”，即“活着”；“涯”，即“边界”。《牛津字典》对“生涯”的解释是“道路”，引申为人生的道路或发展途径。美国学者舒伯（D. E. Super）认为：“生涯是一个人生活里各种时间的演进方向和历程，综合了一个人一生中各种职业和生活的角色，并由此表现出个人独特的自我发展组型。”[①]也就是说，生涯是人从出生到死亡所经历的全部过程，是围绕着人成长发生的各种变化。从不同角度，我们可以看到人一生中的各个侧面。从生物学角度看，生涯是一个生物体从产生、弱小到长大、成熟再到衰老、死亡的过程，参与食物链的循环并对自然环境产生影响；从经济学的观点看，生涯是个人一生中创造财富并消耗财富的过程，是社会经济活动的参与者，影响社会经济发展；从社会学的角度看，生涯是人的一生中在不同阶段扮演不同社会角色，参与社会活动；从教育学角度看，生涯是人身体、心理发育成长的过程，是人的认知、经验、能力发展变

① Super D E. The Psychology of Career. New York：Harper & Row，1957：5.

化的过程；从职业发展来看，生涯是个人在职业活动中准备从事职业活动、选择职业，以及职业活动开始后的岗位、地位、作用的变化过程。人生的过程其实就是各侧面、各角度的发展变化过程，人生的辉煌也是一个或多个侧面的辉煌。

美国职业心理学家施恩（Schein）教授提出外职业生涯与内职业生涯的区分。外职业生涯是指从事一种职业时的工作时间、工作地点、工作单位、工作内容、工作职务与职称、工资待遇等因素的组合及其变化过程。内职业生涯是指从事一种职业时的知识、观念、经验、能力、心理素质、内心感受等因素的组合及其变化过程。外职业生涯受到多种外在因素影响，自我可控性差；内职业生涯有较强的自我可控性，其各项因素的取得虽然也需要他人的帮助和一定社会条件，但主要还是靠自己努力。内职业生涯是真正的人力资本所在，提高内职业生涯而取得的工作成绩，会转化为外职业生涯。

（二）生涯规划与职业生涯规划

生涯规划是对个人一生活动的愿望的设定及实现做出一定安排，即设定个人生涯目标，然后策划实现目标的过程、方法。生涯规划是对人一生的长远规划，内容涉及职业、家庭、地域、社交、娱乐、健康等许多方面。初始的生涯规划更多的是一种愿景，需要思考我想干什么、我能干什么、我可能干成什么、我该怎么干等问题。

职业生涯规划是生涯规划的一项重要内容，是对事业追求的规划，但规划的时间和内容都小于生涯规划。科学的职业生涯规划是在对一个人主客观条件进行测定的基础上，对其知识、兴趣、能力、特长、不足及经验等各方面进行综合分析与权衡，结合时代特点，根据职业倾向，确定其最佳的职业奋斗目标，并为实现这一目标做出比较可行的设计。有人把这一活动概括为这样一个过程：先觉知、有意愿、量己力、衡外情、订目标、找策略、重实践、善反省、再调整、重出发的生涯规划循环历程，即：①意识到自己需要有一个职业目标；②进行自我探索，重点探索自己的职业兴趣、能力、性格和价值观；③进行职业世界探索，收集并排列自己比较喜欢的备选职业；④综合主客观条件，根据自己的职业倾向，确定最优化的职业目标；⑤按计划积极付诸行动；⑥根据实际发展情况，做出评估、调整方向，保持奋斗有为的职业状态。

职业生涯规划对一个人事业的成败有着非常重要的影响，适宜的规划能避免盲目性、少走弯路、尽快实现职业理想。因为有目标、有计划，就会有步骤、有动力，防止虚度光阴。职业生涯规划有助于提高职业发展的预见性，提高职业成功的可能性，对遇到的问题具有一定的心理准备和应对策略，这是人生成熟度的重要标志。

（三）教师职业生涯规划与专业化发展

教师的职业生涯，是指一个人作为教师从事教育工作的整个过程。因此，教师的职业生涯规划，是对有关教师职业发展的各个方面进行的设想和规划，具体包括对教师职业的选择、对教师职业目标与预期成就的设想、对工作单位和岗位的设计、对成长阶段步骤及环境条件的考虑。

教师职业生涯和教师专业化发展内涵相近，在范围上后者相对窄一些。教师的专业发展，是指教师在专业素质方面不断成长和追求成熟的过程。它既指专业素质各个方面（专业态度、专业知识、专业能力）的共同成长，也指一个有步骤和阶段性的成长过程。教师职业生涯和教师专业化发展都是关注教师的发展问题，着重从个人发展的角度，强调教师在了解自身优势的基础上，结合职业发展需要，对自己的职业前景做出规划。二者的区别在于，教师职业生涯包括职业前的选择、职业中的发展和职业转换，教师专业化发展更侧重于教师职业中专业素质的可持续变化，从这个意义上说，前后是一种包含关系。

二、职业生涯规划相关理论

（一）人职匹配理论

人职匹配理论也称特质因素理论，是最早的职业指导理论，也是用于职业选择与职业指导的经典性理论。1909 年，美国波士顿大学教授弗兰克·帕森斯（Frank Parsons）在其《选择一个职业》（*Choosing a Vocation*）著作中提出了人与职业相匹配是职业选择焦点的观点。这一理论认为，个人和职业都有稳定的特征，而适当的职业选择就是要在这二者之间进行匹配，即人的特征与职业要求相符合。个人特质与工作要求愈接近，个人越容易获得职业成功。职业生涯规划中应帮助人找到与之相适合的职业，帮助用人单位找到适合岗位特征的人。帕森斯明确阐述了选择职业的三大要素：①特质，即应清楚地了解自己的态度、能力、兴趣、智谋、局限和其他特征；②因素，即应清楚地了解职业选择成功的条件、所需知识和在不同职业工作岗位上所占有的优势、劣势、机会和前途；③上述两者的匹配。

择业是职业生涯规划的重要内容之一，帕森斯人职匹配理论提出了人选择职业的三大原则。

第一，了解自我。对自我进行探索，包括了解个人的兴趣、能力、资源、优势、劣势等。

第二，了解工作。了解职业的能力素质要求、知识经验、工作环境、薪酬、晋升机会及发展前途等。

第三，匹配。将上述两类资料进行综合，并找出与个人特质匹配的职业。帕森斯认为个人选择职业的关键就在于个人的特质要与特定职业的要求相匹配，只有这样，个人才能更加适应职业，并使个人和用人单位同时受益。

人职匹配理论影响非常广泛，以此理论为基础，分化出多种研究领域和理论学说，具有代表性的有三大方面：第一，职业分类理论和方法，通过职业分类，描述职业活动内容和方式，确定从业者的素质要求，便于人们了解各种职业。第二，研究各种测量工具，试图通过测量，了解人的性向、兴趣、性格，评量受试者所拥有的特质。第三，把人的职业性格划分成若干类型，每种类型对应一定的职业类型。如美国著名职业指导专家霍兰德（J. Holland）提出了职业类型论等。

人职匹配理论也有其缺陷和不足，它把复杂的职业选择、职业适应和职业发展问题做了简单化处理，对人的复杂性和发展性不够重视，没有考虑社会环境、职业地位和职业发展变化等因素，受到人们的指责。事实上，人的特质和职业特质两因素是否匹配，受到许多因素影响，人的自身也是可塑和发展变化的，现有测量工具的信度效度也被人们怀疑。

（二）工作适应理论

1942 年，美国著名心理学家罗杰斯（C. R. Rogers）出版了《咨询和心理治疗》，提出工作适应理论。该理论认为，选择职业和职业生涯规划固然重要，但就业后的适应问题更值得注意，调整自我适应环境，改变环境适合自己，才能达到自我与工作的协调，获得职业成功。

获得持续稳定的工作对个人和用人单位都非常重要，由于工作内容、劳动方式及对生产者的要求会随着社会发展不断变化，个人与工作之间存在互动的关系，人与职业间是否匹配在不断发生变化，今天的匹配程度不代表永远如此，与其频繁更换所谓匹配的职业，不如在发展中寻求人与职业的和谐。

工作适应理论认识到了人的复杂性和发展性，用发展变化的观点看待人与职业的关系，强调工作成就取决于人的适应能力，弥补了人职匹配理论静态看待问题的不足，能帮助人们适应职业需求和职业变化。其实，多数人都是几种职业类型的混合体，多数职业对人的职业类型需求也是混合的，人的特征是复杂和变化的，职业的特征也是复杂和变化的，调整自己适应职业需要和职业变化，也是获得职业发展和成功的重要途径。有些中职学校新入职教师感到不适应，不要着急得出自己“不匹配”的结论，人具有适应和改变的能力，寻求更换职业不如首先寻求适应和改变。

（三）职业成长阶段理论

阶段是根据事物的特征变化人为进行的划分。事实上，每个个体的职业生涯都会经历许多阶段，每一阶段都有其不同的特征和相应的职业知识能力要求，本着促进个体的职业生涯发展目的，学者们从不同角度，将人的职业生涯划分为不同阶段。

20 世纪 50 年代，美国心理学家舒伯认为职业生涯发展分为成长、探索、建立、维持与衰退五个主要阶段。该理论把职业发展看成是人生成长的一部分，人与社会生活的各个方面都有联系，五个阶段的划分，完整地概括了人的一生的职业发展历程。

美国心理学家施恩根据人的生命周期的特点及不同年龄段所面临的问题和职业工作主要任务，将职业生涯分为九个阶段：探索阶段、进入职业阶段、基础培训阶段、早期职业正式成员资格、职业中期、职业中期危险阶段、职业后期、衰退和离职阶段、退休阶段。

美国学者费斯勒在观察、访谈和典型调查的基础上，结合对成人发展和人类生命发展阶段等研究的文献分析，于 1984 年提出了整体、动态的教师生涯循环论，整体探讨教师生涯发展，对教师专业成长提出了一个非常有用的参考架构，把教师专业发展划分为八个阶段：职前教育阶段（pre-service）、引导阶段（induction）、能力建立阶段（competency building）、热心和成长阶段（enthusiastic and growing）、生涯挫折阶段（career frustration）、稳定和停滞阶段（stable and stagnant）、生涯低落阶段（career wind down）、生涯退出阶段（career exit）。

职业成长阶段理论根据人的年龄成长，把人的职业生涯划分为不同时期，对个人来讲，为个体选择适合自身的职业提供了依据，使个体能明确不同阶段职业生涯发展所面临的主要任务，更好地找到自己的职业位置；对用人单位来讲，能够正视员工在不同年龄阶段有着迥异的职业心理与职业需求特点，使组织得以适时为员工提供适当的职业指导与设计，从而最大限度地满足员工的职业生涯管理需要。职业生涯发展阶段理论只是一个大概的区间，而不是一个绝对的标准。现有职业成长阶段理论过于标准化、形式化，实际上个体之间有很大差异，年龄也不能是划分职业发展阶段的唯一标准，具体到某一个体，职业成长阶段理论很难具有实用价值。

（四）职业决策理论

职业决策理论特别强调生涯决策的模式，这种理论认为，即使个人充分掌握了自己的内在特质和外部工作世界的信息，也未必就能做好生涯决定，而人的整个生涯发展过程必须不断面临生涯决定的问题，因此决策在生涯发展中具有重要地位。

1991年，美国学者盖瑞·彼得森（Gary Peterson）、詹姆斯·桑普森（James Sampson）和罗伯特·里尔登（Robert Reardon）合著的《生涯发展和服务：一种认知的方法》（*Career Development and Services：A Cognitive Approach*）一书，阐述了思考生涯发展的新方法，即认知信息加工理论。该理论提出了信息加工金字塔模型，它包含做出一个职业生涯选择所涉及的各种成分及其相互作用关系。

认知信息加工理论重点关注的是如何决策，它展示了解决职业生涯问题的过程。作为向导，它能够帮助我们认清在制定决策的过程中现在所处的位置和将来的走向，也能够帮助个体提升个人生涯发展的质量。

（五）职业锚理论

“职业锚”概念是由美国麻省理工学院斯隆商学院的埃德加•施恩教授提出的。斯隆商学院的44名工商管理硕士毕业生，自愿形成一个小组接受施恩教授长达12年的职业生涯研究，包括面谈、跟踪调查、公司调查、人才测评、问卷等多种方式，最终分析总结出了职业锚（又称职业定位）理论。

锚，是使船只停泊定位用的铁制器具。职业锚，实际就是人们选择和发展自己的职业时所围绕的中心，是指当一个人不得不做出选择的时候，他无论如何都不会放弃的职业中的那种至关重要的东西或价值观，是个人经过搜索所确定的长期职业定位。职业生涯规划是一个探索过程，一个人对自己的天资和能力、动机和需要及态度和价值观有了清楚的了解之后，就会意识到自己的职业锚到底是什么。施恩教授提出的职业锚理论包括五种类型：自主型职业锚、创业型职业锚、管理能力型职业锚、技术职能型职业锚、安全型职业锚。

职业锚理论强调，个体工作后，根据习得的经验总结来选择自己的职业，这给个体的前期教育带来困难。而且个体还要在工作实践中进行总结归纳，这样才有较快的进步，选择适合自己的职业，这对于那些不善于发现自身才干、能力的人来说是种挑战。对于组织而言，也很难总结职员个体的职业锚类型，因此给职业指导和职位分配带来不便。

三、职业生涯规划与教师专业化发展相关性分析

理论上说，人的一生无论做任何事情都应该有一个规划，一个人最大的幸福，是能以自己选择的方式生活。工作、学习、休闲、家庭是人一生成长的四大领域，尤其要花费心思认真规划。其中，职业生涯规划在人的成长中具有特别重要的价值。

（一）心中有数，少走弯路

职业生涯规划的重要前提是认识自我。只有认识自我、了解自我，才能明确职业方向，而不至于茫然。认识自我是对自我全方位深层次的解剖，了解自己能力的大小，明确自己的优势和劣势，根据过去的经验、经历，选择未来可能的工作方向，可以彻底解决“我是谁”“我想干什么”“我能干什么”“我可以干到什么程度”等问题。在中职学校内部，一个人会面对许多工作岗位，如教学、管理、科研、后勤、与企业合作等，教师也有机会重新选择或由组织安排新的工作岗位。当一个人规划在先，面对重要选择时就会有一些赖以参照的基本原则，这样才不会无所适从。要明确什么是自己想要的，哪个方向离自己希望的目标更近，更加符合自己的条件和初衷。

（二）激发动力，唤醒潜能

规划就是确定目标和实现目标的途径、步骤、方法。目标是动力之源，一个好的规划是实现目标的基石。中职学校教师职业生涯规划的意义在于能使教师明确努力方向，逐步挖掘自我潜能，与社会发展同步，与学校要求同步，以适应职业教育发展改革的要求。职业生涯规划可以帮助教师理性地解决专业成长过程中遇到的各种问题，减少教育教学工作中的挫折与烦恼，化解职业倦怠，使个体在专业成长过程中日益向好，不断达到更高的人生境界。

（三）人职和谐，实现理想

职业生涯规划有助于实现教师个人与学校的和谐发展、个人与岗位和谐匹配，促进自身持续、健康、协调地发展和职业能力提升。合理调整自我或调整职业，将人的发展与职业的发展有机结合，使个体与职业匹配，职业会成为实现人生价值、人生幸福的平台和手段。使个人的专业化发展融入相应职业领域的发展

和进步之中，达到个人与社会的双赢，才能最大限度地实现人生的职业理想。

第二节　中等职业学校教师劳动特点与职业发展轨迹

我国教育有多种层次和类型，在不同教育机构工作的教师也有不同类型。从教师资格来看，我国教师资格分为幼儿园教师资格、小学教师资格、初级中学教师资格、高级中学教师资格、中等职业学校教师资格、中等职业学校实习指导教师资格、高等学校教师资格等七种。不同教育机构教师的劳动有共性也有个性，共性反映了教师职业与其他职业的区别，是各类教师的职业共性；个性反映各类教师内在的差异，是某一类型教师独特的属性。把握工作特点，有助于教师规划好和发展好自己的职业生涯。

一、中等职业学校教师劳动特点分析

（一）教师劳动的共同属性

1. 教师从事的是一种专业性劳动

《中华人民共和国教师法》第三条规定，“教师是履行教育教学职责的专业人员，承担教书育人工作，培养社会主义事业建设者和接班人、提高民族素质的使命”。教师职业的专业性体现在教师工作具有专业功能与专业伦理，具备相应的专业知识与技能，经过专业训练并取得相应的专业资格；具有一定的专业自主性，有专业组织或专业团体，在社会上具有专业地位。

2. 教师劳动具有一定的多样性和复杂性

教育过程是使学生从自然人到社会人的过程，这个过程是通过教师与学生的相互作用，将外在的知识、观念、品性转化为学生的内在素质。教师劳动的多样性、复杂性体现在劳动对象上，教师的劳动对象有两个：一是教学内容，教师需

要精选、再加工各类教学内容，使教学内容符合社会需求和学生认知规律，这是一个艰苦复杂且不断更新的过程；二是学生，每一个学生都是一个独立的、特殊的个体，培养影响每一个正处于成长阶段的学生，使之身心和谐、健康发展，教师的工作显得格外重要。人具有主观能动性，是自然界最复杂的存在，而且个体各不相同，育人本身就是一件非常复杂的工作，要促进学生德智体美全面发展就会显得更加高尚和神圣。

3. 教师劳动具有丰富的创造性

育人和创新是教师的两大主要职责。培养人是教育活动区别于其他社会活动的根本特征，育好人是教师最重要的使命。此外，教师还承担创造新知识的重要职能，人的塑造及其知识的创新与发展决定了教师的劳动充满创造性，特别是要做到因材施教，使教育走在学生发展的前面，教师不仅需要在现实中创新，更要不断创造未来。

4. 教师劳动具有很强的示范性

“教师示范，学生模仿”是古往今来教师教育学生最基本的手段。中职学校的学生，自我意识、独立分析问题和自主学习的能力尚不完备，教师依然是他们直接学习的榜样。教师的一言一行，举止动作，常常被学生有意无意地模仿。大家都知道“身教胜于言教”的道理，所以教师不仅每天做给学生看，而且每天都生活在学生众目睽睽的“注视”下，好的教师无疑就是学生的“活教材”，是学生最直观、最有效的学习对象。

教师的示范性，几乎表现在教学工作的各个方面。课文朗读、例题分析、课堂演示、示范操作等自不待言。此外，教师的思维方式、知识结构、兴趣爱好、个性品质、工作态度、举手投足、道德风貌、行为习惯等素质因素，都在潜移默化地对学生产生影响。

5. 教师劳动时间具有严格的规定性和不确定性

一方面，对教师上课时间的要求非常严格和严谨，迟到、早退、拖堂都是教学规范不准许的问题。另一方面，教师的劳动又不局限在固定的时间和场所之中，特别是教师备课、批改作业、处理学生应急事件等大都在规定时间以外进行，教师这种额外付出的劳动也成为教师历来受到尊重的一个重要原因。

6. 教师劳动成果具有模糊性和长期性

年轻一代的培养是一个长期的过程，正所谓“百年树人”，相应地，教师劳动成果的形成和显现也需要较长的时间，尤其是学生世界观的形成，道德品质的培养，智力、非智力的心理品质的发展，创新精神和实践能力的培养都是长期教育和锻炼的结果，是许多教师工作的叠加、强化，并随着学生成长内化显现出来。虽然教师对学生的影响不可能是等价的，但任何学生成才都是教师群集体影响和个体努力的结果体，作为教师要有“青出于蓝胜于蓝”的育人胸怀，无须过分在意个人在学生成长中的特殊作用。

（二）中等职业学校教师劳动的特殊性

1. 教育性质的“社会性”

“社会性”是指职业教育与社会发展有直接的密切联系，适应社会发展需要的职业教育才能生存与发展。黄炎培先生在 1930 年总结举办职业教育的经验时指出：“就吾最近几年间的经验，由吾最近几个月的思考，觉得职业学校最紧要的一点，譬如人身中的灵魂，‘得之则生，弗得则死’，是什么东西呢？从其本质说来，就是社会性；从其作用说来，就是社会化。”[①]我国职业教育“以服务为宗旨，以就业为导向，推进教育教学改革。实行工学结合、校企合作、顶岗实习的人才培养模式”[②]。这要求职业教育的培养目标、发展规模、办学形式、培养人才的周期、专业及课程设置、师资任用、教学组织安排等都要体现市场精神，不能关门办学、凭经验办学。中职学校社会性的关键是学校教育与社会需求实现对接，走校企合作、产教融合、工学结合的发展之路。中职学校教师必须走得出学校，走得进企业，成为学校与社会需求互动的纽带。

2. 教师素质的“双师性”

“双师型”教师是在教学工作中能够把专业理论与生产实践有机结合的教师。他们需要具有实际生产工作经验，同时能够胜任专业理论和专业实践的教学任务。1998 年 2 月，国家教育委员会在《面向 21 世纪深化职业教育教学改革的原则意见》（教职〔1998〕1 号）中指出：“要采取教师到企业单位进行见习和锻炼等措施，使文化课教师了解专业知识，使专业课教师掌握专业技能，提高广大

① 中华职业教育社安徽省分社，安徽省陶行知教育思想研究会. 陶行知、黄炎培、徐特立、陈鹤琴教育文选. 合肥：安徽教育出版社，1992：173.

② 《国家中长期教育改革和发展规划纲要（2010—2020 年）》.

教师特别是中青年教师的实践能力……要重视教学骨干、专业带头人和‘双师型’教师的培养。”国家明确提出了“双师型”教师的要求，也规定了中职学校教师职业生涯发展的基本方向。

合格的“双师型”教师首先应具有一定的实际操作能力，然后具有任职顶岗所必需的职业技能、专业技术和技术应用能力，最好具有一定解决实际生产问题的能力，即具有综合职业能力，包括知识、技能、经验、态度等为完成职业任务所需的全部内容。“双师型”教师既能在教学岗位完成教学任务，又能在生产岗位完成生产任务。他们既是教学行家，也是生产能手，能实现知识、技能、技术相互渗透、融合、转化和运用。因为，真实的生产过程和理论上的生产过程存在许多区别，理论上的生产过程是在理想状态下的生产，而真实的生产过程却复杂得多，受多种因素影响和制约，要成长为真正的“双师型”教师必须具备这样的工作经历。

“双师型”教师除了能讲会做之外，还要具备班级管理、生产管理的知识，有较强的组织领导能力。职业教育是与产业联系最为紧密的教育类型，教师应成为沟通教育与产业的纽带，“双师型”教师要有集“班主任”与“车间主任”于一身的素质，能够使教学、生产、管理与科技推广串联起来。

3. 教育对象的“特殊性”

职业教育作为一种教育类型，必然有其特殊性。由于升学选拔制度、培养目标、教学内容、就业岗位、社会舆论等因素的影响，同样是中等教育，中职学校的教师面对的学生与普通高中学生却有许多差别。

当前受传统文化和升学竞争的影响，社会上仍存在鄙薄职业教育的现象，认为职业教育是末流教育，中职学校学生常常也有低人一等的感觉。

职业教育以就业为导向，培养“职业人”，从学生跨入校门那天起，其各方面的发展就无不打上职业的烙印。在教育中，重视学生稳定的职业心理品质，符合职业活动的认识模式、良好的劳动习惯与工匠精神的形成等。

职业教育重视现实性和实用性，强调为用而学。学生有这样的学习倾向，在感觉有用的课程和教学环节学习方面比较认真，在无直接用处的方面不肯用功，容易出现重实践教学轻理论学习，忽视文化课、基础课的现象。

4. 教学活动的“一体化”

广义而言，“一体化”教学就是在教学活动中把理论教学、实践教学、生产服务、科技开发等内容结合起来，在理论中穿插实践，在实践中结合或归纳理论，在运用中学技术，打破理论、实习、生产等环节之间相互独立的一种教学状态。其含义包括教学目标“一体化”、教学内容“一体化”、教学方式“一体化”、教学情境“一体化”和师资“一体化”等。

职业教育教学目标是一个关于学生素质的整体要求，包括知识与技能、过程与方法、情感态度与价值观等要素，各要素之间有密切联系，是一个有机整体，综合教学有利于育人目标更有效地实现。教学目标“一体化”要求各课程、各环节要从整体和全局出发，瞄准并渐次推进培养目标的实现，不能各管一段，将知识技能孤立化，留给学生去组合。传统教学把“应知”和“应会”分开，彼此联系松散。要使学生形成现实生产能力、工作能力，“应知”就需“应会”，“应会”也懂“应知”，否则“应知”变得没有了实现意义，“应会”也会缺乏后劲。黄炎培先生把“谋个性发展”作为职业教育的终极目的，所有好的教育应该是合乎个性和发展个性的教育，职业教育教学的目标始终是人的整体发展，简化为“应会”这样的动作技能显然是片面的。

5. 工作内容的“侧重性”

中职学校和普通高中都属于高中阶段教育，教师的活动有一些相似的地方，但相似之处也各有侧重。根据教育部职业技术教育中心研究所主持的“职业学校教师资格标准”课题的调查结果，查吉德对数据进行整理，见表 8.1，单元格中括号外的数据为中职学校教师的职业活动相关指标排序，括号内为普通高中教师相关职业活动的相关指标排序。研究数据表明，中职学校教师最频繁的职业活动是学生管理、教学管理、与学生联系教学实施等内容，而普通高中教师最频繁的职业活动则是教学实施、教学设计、学生管理、与学生联系、学习指导等职业内容。中职学校教师认为，最重要的职业活动是学生管理、企业实践；普通高中教师认为，最重要的职业活动是教学实施、教学设计。对中职学校教师最难的职业活动是企业实践、学生管理，对普通高中教师最难的则是教材开发和改进教学实践。可见，两类学校教师工作内容的侧重点区别还是很明显的。

表 8.1　中职教师与高中教师职业活动比较

职业活动	频率排序	重要性排序	难度排序
学生管理	1（3）	1（14）	2（20）
教学管理	2（10）	8（8）	7（13）
与学生联系	3（4）	3（5）	20（17）
教学实施	4（1）	4（1）	9（12）
学习指导	5（5）	12（4）	12（16）

续表

职业活动	频率排序	重要性排序	难度排序
学生分析	6（8）	5（3）	16（15）
改进教学实践	7（6）	7（12）	3（2）
教学设计	8（2）	11（2）	11（6）
企业实践	9（19）	2（17）	1（4）
教学评估	10（12）	14（11）	14（14）
职业指导	11（20）	10（15）	10（7）
与家长联系	12（7）	13（10）	19（19）
行政管理	13（15）	19（6）	18（18）
指导其他教师	14（11）	17（13）	15（5）
研究	15（9）	16（9）	5（3）
与行业企业联系	16（18）	6（20）	4（8）
与其他部门及其人员联系	17（13）	18（16）	13（9）
其他指导	18（14）	20（18）	17（11）
教材开发	19（16）	9（7）	6（1）
职业分析	20（17）	15（19）	8（10）

资料来源：查吉德. 论中职教师的专业性. 职业技术教育，2011，(1)：65

二、中等职业学校教师专业化成长的过程

中职学校教师的成长是一个涉及职业理想、职业道德、职业技能、职业风格、职业情感，社会责任感不断成熟、提升和诸方面综合发展的过程，其核心是教师的专业化发展，也是作为社会职业人的教师从一个受教育者，转变为新教师，到有经验的教师，不断积累教育家素养的发展过程。我国职业教育的工作重心，已经从重视中职学校招生数量向提高办学质量转移，培养一支教育观念新、创新意识强、学识广博、技能高超、师德高尚、有较强教育教学能力和实践工作能力的“双师型”教师队伍是中等职业教育越来越紧迫的任务。1966 年，联合国教育、科学及文化组织和国际劳工组织提出的《关于教师地位的建议》强调，“应当把教师工作视为专门的职业，这种职业要求教师应经过严格的、持续的学习，获得并保持专门的知识和特别的技术”。在借鉴国外研究成果的基础上，结合我国中职学校教师发展实际，我们认为中职学校教师成长过程可以分为入门、探索、合格、优秀四个阶段，把握每个阶段的发展特点和发展重点，有助于加快教师成长步伐。

（一）入门阶段

这一阶段一般包括理论学习和实践锻炼两部分，是获得教师资格的准备时期。理论学习是指学习教师岗位所需要的文化基础知识、学科专业知识和教育理论知识，教师是一个传道、授业、解惑的职业，这些知识是教师完成本职工作必要的知识储备，是开展教育工作的基础。实践锻炼包括运用学科专业知识在生产岗位的实习劳动，以及运用教育科学理论在教师岗位上进行的教育实习，目的是获得真实的生产工作经验和教育实践经验，具备独立完成生产任务和教育教学任务的基本能力。从时间上看，这两类实习均应有一个学期以上，也就是实践性学习为一年左右。

这是一个角色转换阶段，需要从学生或其他社会角色转变成教师角色，在心理和观念上认识到自己已成为一名教师。这个阶段所吸纳的知识和积累经验是为了顺利完成教育教学任务。这个阶段的教师，关注的重点是如何将所学知识转化为教学知识；对教与学的内容理解还不够深入，常常有教学内容过分简单的感觉，课堂教学信息量不够；所学习的一些教育科学知识没有与教学真正结合起来，还停留在对一些老教师的简单模仿上，没有形成灵活运用的教学能力，对学生教育和管理的办法也不多。处在这一发展阶段的教师，需要多接触教师各方面的工作，如教课、带实习、当班主任等，全面掌握教师职责，增强教师角色意识，尽快熟悉师德、教学、管理等常规。这还是一个学习和锻炼阶段，特别应以优秀教师为师，多听课、多请教、多思考、多在实践中体会，用积极进取、努力做好工作的热情弥补入门阶段的不足。

（二）探索阶段

进入这一阶段，教师一般对教学工作比较熟悉，对工作有了一定感情，教学认真，富有责任心。但比较重视教书，对全面育人还认识不深，教学还局限于教科书的内容，教学策略单一，应变能力较差，不能从容地处理偶发事件。工作的主要时间和精力用在熟悉教学内容上，关注的重点集中在教学内容的科学性、丰富性、条理性上。教师能够从多渠道获得信息，使得教学内容变得丰富起来，但如何有效地把握重点、难点方面还显得力不从心，师生之间的互动还不够默契。

处在这一发展阶段的教师，要认真认识和反思自身的特点，向更多的优秀教师学习、取经，并自觉用教育教学理论指导和分析自己的工作，参与教育教学研究，全面提升工作水平，探索形成自己的教学风格。

（三）合格阶段

每个人的成长发展速度不尽相同，成为合格教师的时间也有一定差异，一般情况下，需要实际工作五年以上才能进入该阶段。

成为合格教师，对教育教学工作有了比较深入的理解，能够较好地完成教育教学任务，喜欢和学生在一起，并在教与学的过程中获得职业成功的满足感。合格教师在教学中能够自觉结合教学内容进行思想品德教育，能够针对学生特点因材施教，能够把书本知识和别人的经验转化为自己的方式灵活运用，并体现自己的思想感情，课堂教学比较自如，形成比较成熟的教学规范和风格。

进入这一发展阶段的教师，要加强教学研究，总结工作经验并使其系统化、理论化。没有了入职初期的生疏感、新异感，教师职业的一些弊端和问题也会显现出来，容易产生职业倦怠感，不能克服职业倦怠、不断超越自己，很可能就会止步不前，成为一个把复杂劳动简单化的“教书匠”式的教师。

（四）优秀阶段

成长为一名优秀教师，往往需要十年以上的时间，需要不断付出艰苦的努力，投入深厚的热情，不是每个做教师的人都能成为优秀教师。

达到这一阶段的教师，把教育工作看成是神圣的事业，在长期工作中将已掌握的教育理论融入自己的教育教学工作之中，并将自己的实际教育工作经验升华为一定的理论研究成果，形成有自己特点的教学风格，将促进每个学生全面发展成为不懈的追求。优秀教师更加关注和理解学生的个别差异，并会有针对性地采取措施，充分挖掘每个学生的潜能和优势，为学生指明正确的发展方向。优秀的中职学校“双师型”教师懂理论、会实践，能把知识与技能、理论与实践、学校与社会充分结合起来，把知识转化为学习一项项职业本领。优秀教师不再严守传统的教学方法，已经达到“教学有法而无定法”的境界，根据教学实践的需要，能够创造性地解决问题。优秀教师在课堂上讲解精炼，会巧妙地将课堂还给学生，像“导演”一样适时退到“幕后”，启发、引导、点拨学生，教师把教学升华为一种艺术，学生把学习当成一种享受。

职业教育教学内容随社会和科技发展迅速变化，作为优秀教师，更需要不断学习与研究，更新知识结构，跟上时代发展步伐，否则也会从优秀变得平庸。

应该注意的是，影响教师成长的因素是多方面的，教师成长与工作年限并非总是正相关，教师职业生涯也并非总是积极正向的成长过程，会有停滞，会有低落，甚至会表现出得过且过、因循守旧、抵制创新等职业倦怠现象。这说明教师的成长是复杂的、动态的、变化的过程，是教师个体与各种影响因素互动的过程，依据教师的成长规律和特点，给予教师适当、适时的发展机遇，并创造条件，给予教育、引导和帮助，才能让教师成长提速，达到更高的境界和水平。爱岗爱生上进、观察模仿榜样、研究学习理论、听取各方评价、自我教学反思是加速教师成长的关键。

三、"双师型"教师的成长方式

从实际情况看，中职学校"双师型"教师成长方式具有多端性。多端性是指教师成长没有一个固定的模式，成长的基础可以是理论型、实践型和生产型。"双师型"教师的素质要求是多方面的，具有共性的学术理论对于"双师型"教师是必要的前提和基础。但从我国中职学校教师队伍实际出发，"双师型"教师的培养和成长可以从多方面入手，根据实际情况，扬长补短，培养"双师型"素质。

（一）理论开端型

这是我国长期以来"双师型"教师成长的主要类型。其成长的过程一般是，首先接受高等教育，达到一定学术水平，获得高等院校本科或研究生程度学历，同时完成教师教育课程，并具有生产实践岗位和中职学校实习经历，取得教师职业资格，方可应聘中职学校的教师。从清末到新中国成立初期，中职学校教师主要来自各类高等院校。改革开放后，我国逐步探索设立专门的职业技术师范院校培养职教师资的道路，先后成立天津技工师范学院等十几所培养职教师资的高等学校，这些学校经过多年办学实践，形成实行"双证书制"（获得学历证书和职业资格证书）的人才培养特色，毕业生具有大学专业理论水平和一定实践操作能力，具备了"双师型"教师的基本素质。此外，一些综合性大学附设有职业教育学院或职业技术师范学院，满足了职教教师专业多样化的需要，拓展了职教教师来源的渠道。但事实上，在中职学校教师资格制度没有严格实施之前，其他非师范类的大学毕业生和研究生大量进入中职学校任教，这类教师都属于理论开端型的教师。

（二）实践开端型

现在，随着校企结合基本制度的施行，中职学校注重从生产一线的能工巧匠和技术人员中招聘教师，他们具有中职学校最急需的丰富实践经验和高超技术，虽然专业理论和教育理论有所生疏或缺欠，但相对于实践经验来说比较容易弥补，所以，这类型的教师成为“双师型”教师成长的新方向。

（三）教师转岗型

由于科技进步和产业不断转型升级，中职学校需要根据社会需求情况，及时调整专业设置和教学内容，淘汰就业困难的专业，增加社会急需的专业。对于现有教师，有时根据实际情况需要重新学习、调整专业教学方向。作为教学经验丰富的教师，他们需要专业素养的迁移和二次学习培训，做好在职教师“转向”工作，也是中职学校培养“双师型”教师的不可回避的一种方式。所以，中职学校要有一定的专业建设前瞻性，奠定教师一专多能的素质养成也是必须和必要的。

第三节　中等职业学校专业教师职业生涯规划

职业教育作为我国教育体系中的一种重要类型，以培养从事生产一线工作的技术技能型人才为培养目标，具有教育基础的社会性、教育指向的多样性、教育目标的生产性、教学内容的实用性、教育对象的复杂性等特点。认清职业教育特点，准确地了解中等职业学校学生，才能明确职教教师的工作方向和工作内容，做好专业化发展规划，进而更好地完成职业教育教学工作。

一、中等职业学校教师职业生涯规划的思路

（一）认识职业教育教师的职业角色

目前，多数职教教师没有中职学校学习经历，他们的学历背景普遍是普通高中，从侧重理论性和学术型的高等院校毕业，不熟悉职业教育的特点和规律，进入中职学校任教，很习惯依照已有教育教学经验去开展工作，对自己学过的知识教起来得心应手。而这样的教学，学生往往不容易接受，一旦发现学生没能按自己的想法和要求学会学习，就会抱怨学生、学校，产生无奈或失落情绪。职业教育培养的是技术工人，不是工程师更不是科学家；教学内容强调学以致用，不是

系统的学科知识；中职学校的学生也比较务实，与普通高中一心升学的学生大相径庭。没有对职业教育规律的深入认识，就会出现有劲使不上或好心白费力等现象。

角色是个体在一定的社会规范中履行一定社会职责的行为模式。教师是一个特殊的职业群体，集多种角色于一身。中职学校教师角色具有更丰富的内涵，从社会的角度来看，中职学校教师首先是初中后进学生成才的引路人，而且要成为现代技术工人队伍的缔造者、生产知识与技能的传授者、职业道德的示范者、学生活动的组织者、心理健康的辅导者。从教师自身来看，中职学校教师是一个多角色的教师，是一个不断变换角色的学习者、创新教学的研究者、学生家长的代理者。教师只有明确自己承担的职业角色的多样性、复杂性，才能在职业生涯规划时定好位、选准路。

（二）进行自我评价

自我评价是教师对自己的资质基础、兴趣特长、职业需求进行客观分析、审视，清楚自己的优势和劣势。简单说，就是明确自己想干什么、能干什么、已经干了什么，下一步发展的选择。生涯设计的基本原则是，扬长避短或扬长补短。自我评价就是强化对自我的认识，客观准确地自我评价是职业生涯规划的出发点，并贯穿职业生涯规划的始终，根据实际情况还需要不断思考并调整自己的职业生涯规划。初始阶段，首先要弄清楚如何进行自我评价。

中职学校专业教师自我评价主要包括四个方面：①愿望与兴趣。明确自己的职业兴趣，分析自己喜欢的工作内容与形式、工作环境与条件。②基本能力与素养。包括学科专业能力、生产实践操作能力、语言表达能力（口头的、书面的)、分析思辨能力、判断与决断能力、社会活动与人际交往能力、组织协调与管理能力等，完成好教育教学任务反映的是教师综合素质与能力。③教育教学能力。包括职业教育观念、教学设计与实施的能力、对学生的教育与管理能力等。④个性特征。个性特征是人的心理品质，中职学校教师应该具备更多的爱心、耐心、细心、热心等品质。

自我分析是一个动态过程，随着时空的变化进行调整。全面准确地认识自己是非常困难的，但懂得虚心倾听他人的忠告和建议，其实是提高自我认识的一条捷径。例如，不放过任何一次听课评课的机会，主动征求学生的意见，也可通过录像的方式进行自我剖析等。

（三）确定职业目标定位

职业目标定位就是要明确自己的职业及其方向的选择、期望达到什么程度。中职学校有理论教学、实训实习教学、行政管理、学生管理甚至生产经营等多种工作岗位，在就业初期选择自己的职业发展方向应考虑这样几个因素：专业、能力、兴趣、机会、前景、可行性。专业一般是对口入职的基础，通常也是自己的优势所在；能力简单说就是能干什么、特长是什么，当然通过自我分析，也要知道自己的不足；兴趣一般指向自己想干的事情，但兴趣也不是一成不变的；机会是当前让你干什么，是现实的个人发展与组织需要的关系；前景是干了会怎样，反映职业岗位的发展空间和趋势；可行性是在某职业岗位上实现自己职业目标的几率。毕竟，职业生涯规划涉及许多方面，并不是自己想怎样就能怎样的。

职业目标定位与自我评价密切相关，既需要考虑个人因素，还应考虑社会需求、人事制度、现实环境等社会因素。如果自己选择的职业目标与现实工作出现较大落差，是坚持既定的目标争取调整岗位，还是努力适应岗位调整自己的职业目标，往往是一个艰难的抉择。其实，人是适应环境的产物，如果我们无法改变环境，只能改变自己来适应环境。中职学校教师是教育工作者，教书育人、培养社会主义事业建设者和接班人、提高民族素质是任何一个教育工作者担负的三大使命。中职学校培养生产一线的技术技能劳动者，应围绕这一培养目标，树立科学的育人观和坚定的职业理想，在帮助学生成才过程中实现好自己的价值。

综合一些学者的观点，提出判断职业目标正确与否的五条标准：①职业目标是自己认定的选择；②对做出的选择都做过一定的评价；③对选择的结果充满信心，且愿意公开；④愿意承诺并用积极行动来实现自己的职业目标；⑤它适合自己整个的生活方式，符合自己的价值观。

（四）制定职业生涯规划

职业规划即根据职业目标制定行动方案，也叫职业发展蓝图。职业目标确定后就要考虑怎么实现目标，提出实现目标的方法、途径、手段和时间阶段，否则职业目标就是一种愿望，实现目标就是一种随机的行为。“凡事预则立，不预则废”，如果把措施和方法想在前面，如需要动员哪些力量与资源、创造什么条件、采取什么手段、排除哪些困难等，后续发展就会成竹在胸、有的放矢，即使有困难也会有一定的心理准备，能够比较从容地应对。

（五）调整职业生涯规划

职业目标一旦确定就要坚持，任何目标的实现都不可能一帆风顺，总会遇到曲折或失败，一旦受挫就更换或放弃规划，无异于没有目标。要知道，事物总是在不断地发展变化，与时俱进地调整职业规划是一种积极态度，审时度势，修正偏差，适应新机遇、新需求，适度调整才能更好地实现自己的职业目标。职业规划的调整可分为目标调整和措施调整两种情况。如果职业活动中发现不具备实现目标的条件，目标已经不可能实现或自己被新的目标吸引，则应重新设定目标，重新设计实现目标的方案。措施调整是实现目标的方法、途径、手段和时间的调整，每个人都不可能完全按规划生活、发展，调整是职业生涯规划中正常的现象。就像河流曲曲折折，不断调整自己的方向，但坚守奔向大海的信念；树枝盘根错节，不断调整生长方向，但坚守冲天的气势。中职学校教师对自己的职业规划要处理好稳定与调整的关系，既要坚持目标又要懂得积极发展、变通发展、乘势发展。

二、中等职业学校教师职业生涯规划的误区

（一）缺乏自信，害怕挫折和失败

人人都向往成功，都希望自己的职业发展一帆风顺，更希望事业的成功被同行和世人瞩目，赢得尊重。有些教师刚开始把职业目标设置过低，并非他们希望自己平庸，而是对自己认识不清，缺乏信心，害怕目标过高而失败。其实职业目标就是为自己注入动力。孔子教育学生时曾说：“取乎其上，得乎其中；取乎其中，得乎其下；取乎其下，则无所得矣。”人的实际所得常常低于期待，期待优秀者结果可能只是良好，期待合格者常常会不合格。缺乏自知和勇气，会让人一事无成。低估自己，士气不振，往往把担心变成结果。

（二）自以为是，游离于集体之外

自以为是的人往往不能处理好个人与社会、自己与他人的关系。人生活在一定的社会环境中，需要遵循一定的社会规则，立志改变社会的人也得首先让自己适应社会，才能有改变社会的机会。中职学校是一个集体，有明确的办学目标、发展方向和基本的运行规则，即使在倡导改革创新的社会环境下，为某一个员工做出大的改变也是一件难上加难的事。比较务实的是，中职学校教师的职业规划，要尽快融入学校的发展需求，为学校发展规划提供有力的教学和管理支撑，

在服务和贡献中逐步实现自己的职业目标。如果自以为是、我行我素，就不能在集体中实现发展，可能再美好的职业目标也很难落地。

（三）只重规划，不能努力行动起来

作为职业规划，只有长远考虑，但没有近期目标和行动方案，就会流于空洞失去价值。有些人规划得非常动人，但缺乏付诸行动的决心，觉得时间还长，等一等、放一放、看一看，结果不知不觉在蹉跎中退却。思路决定出路，行动决定结果。如果说职业规划是成功的开端，真正的成功靠的就是坚持不懈去做。成功学有句名言“心动不如行动”，在日常工作生活中往往是“知易行难”。对于中职学校的教师，“双师型”是专业化发展的目标，如果光说不练，永远也成不了“双师”。其实，人生的不同结局多半不是靠运气，甚至也不取决于能力高低，完全就是自己辛勤劳动、不断积累的结果。更准确地说，努力与坚持决定了职业发展的结局。

（四）因小失大，被细枝末节困扰

规划一方面是定方位、谋发展，另一方面是排斥干扰、锁定目标。但有些人却总是被一些日常琐事所困扰，或患得患失、或犹豫不决，身上和心里装满“包袱”。事实上，任何事物都有两面性，任何职业规划也不是完美无瑕的，有得必有失，有利必有弊，关键是要懂得抓大放小、放眼长远、坚守信念、摒弃噪音。如果过多关注细枝末节，忽视百位千位上的数字而被小数点后的几位数困扰，经常心情矛盾、心绪混乱，就永远无法在职业发展上有所作为，也不可能有广阔的胸怀服务社会。

（五）勉为其难，不善于发现职业快乐

有些人由于主客观原因，强迫自己做不愿做的事情。而各行各业的“优秀者”“能手”“带头人”不可能一直是在“逼迫”中成长起来的，更多的情况是因为他们在工作中获得了满足、找到了乐趣，反过来又对工作投入更大的热情。工作到了一定境界，职业不再是谋生的手段，而是发自内心地热爱的一种事业，并将自己的生命意义与之联系起来。最突出的特点是，在日复一日，平常、平淡、平凡的工作中不断发现新奇、新鲜、新意，有着自己的智慧、汗水凝结成劳动成果的满足感、成就感。他们创造幸福、品味幸福、享受幸福，越干越幸福。如果中职学校的教师能进入这种状态，那他的一生肯定是幸福的。如果能以享受的态度开展每天的教育教学工作，那么他的职业生涯就是幸福的人生。

第四节　中等职业学校教师专业化发展的途径

中职学校教师的职业成长途径大体有以下几种：一是向其他教师学习，包括校内同事、兼职教师、企业指导教师之间的相互交流学习、教研活动和进修培训等；二是教学反思，分析总结自己教学实践，通过教学后记、工作日记、观摩示范课对比分析、学生座谈会等形式体现出来；三是教育教学研究，以问题为导向学习教育理论，结合教育实践发展教育理论；四是学历提升，通过系统学习，提升专业能力。

一、勤于学习榜样

对于新教师，主动向老教师学习、向优秀教师学习、向有长处的教师学习是最直接有效的学习，能加速教师职业成长的步伐。学习的途径有很多，对于职业发展而言，观察学习榜样、拜师求学是行之有效的主要方式。榜样的价值在于直观、鲜活，可学习、可模仿、可互动，还可超越。

教师观察学习榜样有正式和非正式两种形式，非正式学习是没有固定的学习对象、场所，是向身边的教师或其他人士随机的但有意识的学习，甚至也可以是媒体上的人物，获得的信息可能是零散的、片段的，但真实、生动。正式的学习有固定的学习对象和过程，有明确的目的和要求，如正式的拜师学习、组织学习先进教师事迹、观摩优秀教师公开课等。

学习榜样应注意以下问题。

（一）学习不全是模仿

榜样肯定有其高明之处，但人与人是有差异的。所以，向榜样学习不是简单的模仿，“邯郸学步”有时会退步。榜样的价值在于其启发性和借鉴性，学习榜样的价值几乎完全取决于学习者的思索与内化。教育活动复杂多变，没有固定的模式，不可能用一种方法、一种经验、一个榜样去解决各种教育问题。且不说榜样也有自身的弱点，即使取其所长，也需要透过现象看清楚榜样成功的内因是什么。教师也是各有特点，要想学会首先要会学，即找到彼此的差异点、共同点和结合点，让别人的优势和自己的优势结合起来，才能学到甚至放大学习效果。每一个教师都是独特的自己，学习他人，完善自己，形成自己独特的教学风格，才是教师成长发展之路。

（二）学习在于用心

世界上许多事物有相同的原理，时时、事事、处处皆可学习。作为一名有快速成长的强烈愿望的教师，必须做一个有心人。要知道随时随地学习的重要性，不要拘泥于“正式的场合中才算是学习”的思维，其实非正式的情况更为经常，而正式的场合反而需要机遇。只要用心，学习无处不在、无时不有，关键是要虚心、细心、用心。每个人不论身份高低、年龄大小，有时是老师，有时就是学生，正所谓“道之所存，师之所存也”。当然，非正式学习并不排斥和否定教师正式的学习，但校本学习确实是教师成长中非常重要的因素，而且良好的学习习惯是教师最有价值的素质。

（三）学习要循序渐进

为了促进教师的成长，许多学校把在全国有影响的教师指定为全体教师的学习对象，希望每一个教师都成为榜样那样的教师。其实，教师的成长有其自身的发展阶段和规律，不可凌节而施，“跨越式”发展往往会“欲速则不达”，从新手一跃成为全国优秀教师，除个别师德模范，成为名师的案例似乎很少见。优秀教师的优秀不仅仅表现在教学、研究方面，不仅仅是外在的行为，其内在的教育理念需要有一个较长阶段的积累才能显现出来。此外，教师的成长也要遵循“最近发展区”理论，可以施肥助长但不可拔苗助长。

二、善于自我反思

（一）为何自我反思

教师反思是教师以自己的教学活动为对象，来对自己所做出的行为、决策及由此所产生的结果进行审视和分析的过程，也是教师对于教育事件进行理性选择的一种思维方式和态度，是一种通过提高教师的自我觉察水平来促进其能力发展及专业成长的途径。苏霍姆林斯基说：“每一位教师都来写教育日记，写随笔和记录，这些记录是思考及创造的源泉，是无价之宝，是你搞教育科研的丰富材料及实践基础。”叶澜教授也说：“一个教师写一辈子教案不一定成为名师，如果一个教师写三年反思有可能成为名师。”[①]教育名家大多是自我反思的专家，这也是他们的经验之谈。一遍遍重复的教学经验只是使教学更加熟练，除非教师善于从重复中汲取反思，否则就不可能有什么改进。美国心理学家波斯纳认为，教师成长=经验+反思。

（二）教师反思什么

1. 反思教育教学理念

理念是认识的开始，也是认识的升华。理念既是理性认识、思想观念，也是理想追求，还是哲学观点。理念反映了人对事物的基本认识、思想、价值观、信念、意识、理论、理性、理智，以及反映上述内容的目的、目标、宗旨、原则、规范、追求等。教育教学理念是教育教学活动的灵魂和指南，体现了教育教学的价值追求。中职学校教师必须清楚职业教育的属性和特点，将以服务为宗旨、以就业为导向、校企合作、产教融合、工学结合等理念贯穿在教育教学活动之中，发展职业教育的价值，不断提升自己的职业发展价值。

2. 反思自己的教学行为

教师的教学行为可以简单分为两个方面：一是外显行为，如备课、上课、教学语言、教学组织、板演示范、实验实训演示、表情教态等，多是教师有意识控制下的行为；二是内在行为，如爱生情感、教学态度、道德观、价值观、意志、潜在能力和个性等，多是无意识情况下教师的自然表现。教师的教学行为，并非都有利于教学目标的实现，有些行为是有效的，有些则低效、无效甚至是负效的。有效的教学行为能够促进学生学习与发展，并有利于教师自身专业成长。那么，何种教学行为能有效呢？列举几位专家的观点，如巴伯利（W. C. Bably）认为，教师教学行为有效性取决于教师10项个性品质：同情心（sympathy）、仪表（personal appearance）、谈吐（address）、诚恳（sincerity）、乐观（optimism）、热心（enthusiasm）、好学（scholarship）、活力（physical vitality）、公正（fairness）、严谨（reserve and dignity）。美国教育家克里克香克（D. R. Cruickshank）则认为，教学行为有效性的个人性格特征包括热情、热心、幽默、可信任、对成功抱有很高的期望、激励、支持、有条理、灵活、适应性强、博学等。中职学校教师只有坚持正确的人才观、专业观、课程观、教学观，从追求教

---

① 叶澜. 教育概论. 北京：人民教育出版社，1999：106.

学的有效度出发，有大胆的反思精神，不断改进和创新适合职业教育教学的形式，才能不断提高自己的教学水平。

3. 反思自己的教学设计

教师上课不是把教材内容背熟就行了，如果是这样，中职学校的学生完全可以自己阅读学习。教师的价值在于经过教情、学情等因素分析后，对教材内容进行再加工，体现知识技能的逻辑性，新旧知识的联系性，知识与实践的结合性，还要调动学生的积极性。反思教学设计，分析导入、讲解、提问、举例、示范、互动、指导、练习、复习、巩固、总结、评价等各教学环节，哪些方面设计处理得比较好，还有哪些可以改进？肯定有效的教学设计，记录不尽如人意的“败笔”，并探究和剖析其原因，提出改进措施，使教学水平螺旋上升。

（三）自我反思的方法

自我反思是一个“照镜子”的内省过程，可以有多种方法，常见的有三种：一是自我对话。可以通过写反思日记、课后备课、成长自传等方式自我审视。二是同伴互助。在同事、朋友间通过信息交流、经验共享、深度会谈（课改沙龙）、专题讨论（辩论）、协作共事等方式与他人比较。三是专业引领。通过学术专题报告、理论学习辅导讲座、教学现场指导、教学专业咨询（座谈）等形式提升认识层次。

三、以学历提升促进职业发展

教师是学校办学的主体，是学校设置、运行和创新发展的第一资源。我国职业教育经过改革开放以来的大力发展，开始进入从强调规模增长向内涵建设和质量提高转变的发展阶段，建设有中国特色的高素质“双师型”职教师资队伍是职业教育发展长期的任务，是职业教育发展的新常态。终身教育伴随着终身学习，教师是理所当然的教育主导者和学习先行者。教师专业化发展离不开继续教育，而以提升学历为标志的教师继续教育对于规范性地提升教师整体素质具有十分重要的意义。学历教育不仅可以系统地更新和提高教师的专业知识，丰富人文底蕴，还可以深化教师的专业研究能力和教育教学研究水平。中职学校教师的学历普遍偏低，还有很大的提升空间。高学历的“双师型”教师是职业教育发展的必然要求，也是教师专业化发展的重要途径。

四、“互联网+”时代中职学校教师的转型升级

“互联网+”，拓展一下说，就是“互联网+各个传统行业”，但这并不是简单的两者相加，而是利用信息通信技术及互联网平台，让互联网与传统行业进行深度融合，创造新的发展生态。2015 年 7 月印发的《国务院关于积极推进“互联网+”行动的指导意见》，是推动互联网和各领域融合的重要举措。《咬文嚼字》编辑部公布的“2015 年十大流行语”中，“互联网+”排第二位。

“互联网+教育”是对传统教育的冲击，表现在以下几个方面：①突破了学习的时空界限，时时为学习之时，处处为学习之所，实现了任何人、任何时间、任何地方、学习任何知识的 4A 状态。②学生不再是“一张白纸”，淡化了学习者和施教者之间的界限，教育者首先是学习者，不再是权威和知识的化身。教育者和学习者从而形成学习的共同体，教室成为学习型社会组织。因此，教学的方式必须发生变化。③最大限度地满足个性化学习的要求，真正实现因材施教、因材导学，从而形成基于个人兴趣和主动需求的高效的学习方式。④网络使学习者获得来自不同渠道的信息，学习者需要对信息进行筛选、评估、分析、整合，这是对学生提出的新的能力要求。⑤虚拟的学习与交往社区、无边界的多维交互使参与者共同构建新的网络社会文化，QQ、博客、微博、微信等为更多的人提供发展和表达的机会，世界变得更小、更平、更加多元、多极，权威被弱化，人类的智慧会更便捷、更全面的实现共享。

“互联网+”时代是对教育的一次革命性冲击，这种背景下怎样当好中职学校教师，值得大家共同思考。借助于互联网的在线课程，比如慕课，已经像旋风一样席卷全球。今天的学生，是数字化时代里生活的“原住民”，他们从小就接触和使用这些数字化产品，体验数字化环境带来的种种便利。作为教师，如果不正视这个现实，坚守在固有传统的经验上，那么，就会被自己的学生和先进的技术远远地抛在后面。互联网正在促进传统教育模式的改革，正在改变传统的教育理念。在“互联网+”的环境下，真正对教师构成挑战的恰恰是教师自身，中职学校教师面临适应时代潮流、转型升级的压力。

五、教育教学创新与研究相结合

自 20 世纪 60 年代以来，教师同时也是研究者的呼声越来越被人们所接受，教学与研究已成为当今教师的必备素质。但由于许多教育理论家只从理论出发开

展研究，对现实的、真实的教育事实掌握不够，其研究结论不容易直接转化为学校教师的创新行为，在教育实践中发挥的作用滞后或不够显性。而一线的教师能够从自己遇到的问题出发研究教育教学的改进和创新，这有助于教育教学质量的提高。

中职学校教师开展教育教学研究注意以下几个要点。

一是以实际问题为重点。从问题入手是最基本的研究思路，中职学校由于专业、课程、学生及其管理等方面的变化较大、新问题较多，更加要求职教教师敢于正视问题、善于解决问题、学会预见问题。这一切只有建立在科学研究的基础之上，才能把问题处理得有条不紊，开展各项工作才能越来越得心应手。

二是以自我研究为主体。研究曾经被神秘化、高移化和孤立化，似乎研究只是专门的研究人员和大学教授的事。虽然在实际工作中，中职学校的研究工作常常是中职学校教师和大学的研究人员合作进行的，但是随着中职学校教师整体学历的提升，大家的研究能力也普遍提高，对于中职学校的研究，他们完全可以成为主力军，以研究的思维、研究的方法促进职业教育的创新发展。

三是以工作过程为导向。中职学校教育教学工作中会面临许许多多的“怎么办”。作为一名合格的教师，应该熟悉宏观的学校工作、具体的教学工作，特别是学生从入学到毕业全程的培养工作，要把“做中学、学中做，做中教、教中做，做中研，研中做”作为基本的工作方法，把学、做、教、研贯穿到各项工作之中、各个工作环节之中。教师应该既是学习者、工作者，又是教育者和研究者，应该沿着专业化成长的路径，把自己塑造成一个健康自由全面发展的教师。

第九章
美国、德国职业教育教师专业化发展与实践

在发达国家中，美国、德国的职业教育及其教师发展模式具有一定的代表性，特别是其原创性、相对稳定性等特点比较突出，在世界范围内也最具影响力。我国现代教育制度的创立和革新，以及在职业教育的改革和发展过程中，都受到美国、德国多方面的影响。在百舸争流的新世纪，我们依然遵从“三人行，必有我师”“满招损，谦受益”的古训，不断学习借鉴各国的先进经验。为了比较系统、简明地介绍清楚这两个国家职业教育教师专业化方面的一些做法，本章着重通过实际工作或案例进行说明，以点带面，力求反映其真实状况。

第一节 美国职业教育教师专业化发展的方略与实践

美国高度重视职业教育教师的培养培训工作，各级组织机构以学生总体发展为目标，通过实施教师资格认证制度，严格制定教师资格标准；通过构建分层次、分类型的生涯与技术教育教师标准体系，引导教师专业化发展方向；通过制定系列配套的法律政策、投入专项资金，提高职业教育教师培养培训质量，促进职业教育教师的专业化发展，保障职业教育教师队伍的整体质量不断提升。

一、美国职业教育教师培养培训的层次类型及其机构

（一）美国职业教育教师培养培训的层次类型

1. 教育层次类型

从教育层次上，一般分为中学（middle school，6～8 年级）职教教师培养培训、中学（secondary school，9～12 年级）职教教师培养培训和中学后（postsecondary）职教教师培养培训。

2. 学历层次类型

从学历学位层次上，可分为副学士学位、学士学位、硕士学位、博士学位，以及短期培训性质的学士后证书等类型。

（二）美国职业教育教师培养培训的机构

美国职教教师培养培训主要由高等学校承担，高校又分为公立大学和私立大学。公立大学，如马萨诸塞州的韦斯特菲尔德州立大学（Westfield State University）、菲奇堡州立大学（Fitchburg State University）、布里奇沃特州立学院

（Bridgewater State University），阿拉巴马州的雅典州立大学（Athens State University）、奥本大学（Auburn University），印第安纳州的鲍尔州立大学（Ball State University）、印第安纳州立大学（Indiana State University）、普渡大学（主校区）（Purdue University）、南印第安纳大学（University of Southern Indiana）、文森斯大学（Vincennes University）等都有职教教师培养培训项目。私立大学又有非营利性和营利性之分，前者如俄亥俄州的阿什兰大学（Ashland University）、弗农山拿撒勒大学（Mount Vernon Nazarene University）、圣母院书院（Notre Dame College，美国），印第安纳州的圣弗朗西斯大学（University of St. Francis）、印第安纳波利斯大学（University of Indianapolis）、奥克兰城市大学（Oakland City University）等；后者如俄亥俄州的 TDDS 技术学院（TDDS Technical Institute）等。

二、美国职业教育教师资格认证标准及评估

（一）美国职业教育教师资格认证标准

2006 年 7 月，美国《帕金斯生涯与技术教育改进法》在国会两院正式获得通过，此后开始用“生涯与技术教育”（Career and Technical Education，CTE）来代替“职业与技术教育”（Vocational and Technical Education，VTE）。

美国的职业教育教师根据任教的层次分为生涯与技术教育教师（CTE Teachers）和社区学院职业教育教师，分别大致相当于我国的中等职业教育教师和高等职业教育教师。就 CTE 教师而言，美国制定了国家和州两个层面的标准，社区学院职业教育教师的有关标准主要涉及入职资格要求，由州一级的有关机构制定。本书仅探讨美国 CTE 教师的标准体系。

目前，美国有四大全国性的教师标准制定组织：全国教师教育认证委员会、州际初任教师评价与支持联合会、国家专业教学标准委员会和美国优秀教师认证委员会（American Board for Certification of Teacher Excellence，ABCTE）。各个标准认证机构根据教师专业发展阶段，制定了面向候选教师的职前标准、新教师的入职标准、优秀教师的职业标准和杰出教师的职业标准，美国 CTE 教师标准体系制定情况，如表 9.1 所示。

表 9.1 美国 CTE 教师标准体系制定情况

机构名称	机构职能	CTE 教师标准
全国教师教育认证委员会	全国范围内教师教育机构的认证机构	《技术教师培养标准》(*Program for Initial Preparation of Teachers of Technology Education*) 《教师教育机构认证专业标准》(*Professional Standards for the Accreditation of Teacher Preparation Institutions*) 《教师教育课程认证标准》(*Program Standards*) 《专业发展学校认证标准》(*Standards for Professional Development Schools*)
州际初任教师评价及支持联合会	各州负责教师准备、执照颁发和专业发展的教育机构和有关国家教育组织的联合会	《核心教学标准范例：州际对话资源》(*The Model Core Teaching Standards: A Resource for State Dialogue*)
国家专业教学标准委员会	“国家委员会认证教师”认证体系的建立者和执行者	25 个认证领域的优秀教师认证标准，如《国家专业教学标准委员会生涯与技术教育专业标准：面向 11～18 岁左右学生的教师》(*NBPTS Career and Technical Education Standards, for Teachers of Students Ages 11-18+*)
美国优秀教师认证委员会	为有意转行成为教师者设计教师教育课程并开展认证	12 个科目的考试内容标准，如《专业教学知识内容标准》(*Professional Teaching Knowledge Content Standards*)

资料来源：宫雪. 论基于国际经验的职业教育教师标准构建. 中国职业技术教育，2012，(30)：33

表 9.1 中涉及职业教育教师的标准有 NCATE 的《教师教育课程认证标准》之“技术教育教师课程认证标准”、NBPTS 的《国家专业教学标准委员会生涯与技术教育专业标准：面向 11～18 岁左右学生的教师》。

除上述国家层面的教师标准外，美国各州也制定有用于州内教师队伍建设工作的专业标准。因此，美国 NCATE 的《教师教育课程认证标准》之“技术教育教师课程认证标准”、NBPTS 的《国家专业教学标准委员会生涯与技术教育专业标准：面向 11～18 岁左右学生的教师》，与各州的州级职业教育教师课程认证标准、教师资格考试标准一起，构成了美国的生涯与技术教育教师标准体系，具体体现在以下几个方面。

1. 州级层面的教师资格认证标准①

州级层面的教师资格认证制度主要包含两个类别，传统型教师资格认证制度和选择性教师资格认证制度。传统型教师资格认证制度是各州政府及学区、机构等为保障学生学习权益，强制规定，教师要想在该州公立学校任教，必须依据教师资格认证标准参加教师资格考评，以鉴定申请者是否符合标准规定的条件和具备从事教职的专业知能，一般多以高等教育机构所培训的毕业生为认证对象。而选择性教师资格认证则是为州政府、教师教育机构和其他单位，基于协助职业转换、提升教师素质、补充师资不足等目的，以单独委托或联合培养等项目形式，

① 秦立霞. 美国教师资格认证制度及其效应研究. 陕西师范大学博士学位论文，2008：95-107.

提出师资认证方案。选择性教师资格认证虽然没有统一的资格认证标准，但是其实效性和灵活性更强。

长期以来，美国各州关于传统型的教师资格评价标准不一，大多数州都有超过 50 种不同的教学要求。1991 年，州际初任教师评价与支持联合会在国家专业教学标准委员会国家高级证书认证确立的认定“优秀教师”五项“核心原则”的基础上，明确了“初任教师”获得上岗证书的 10 个“标准原则（草案）”，规定了新教师从事教育职业所必须达到的基本要求和标准。这 10 个标准是：①初任教师明了任教科目的核心概念、探究学习方法和学科结构，并能积累使学生有意义学习的经验；②初任教师理解学生的学习和发展方式，能为他们提供支持其智力、社交能力及个人发展学习的机会；③初任教师理解学生学习方法的不同，使用各种教学手段适应不同的学习者的需要；④初任教师能运用各种教学策略，培养学生的批判性思维、问题解决及操作技能等能力的形成；⑤初任教师运用个体和群体动机、行为的知识，创设出能促进积极的社会互动、主动的学习及自我激发的学习动机的学习环境；⑥初任教师能运用有效的口头或非口头语言、大众媒介等形式来培养积极探究、合作与互动的能力；⑦初任教师备课以学科知识、学生知识、交往知识及课程目标为基础；⑧初任教师能够运用正式或非正式的评价策略，来保证学习者智力、社交能力及身体持续不断的发展；⑨初任教师是一个能不断对自己、对他人（学生、家长及学区中的其他专业人员）所做的选择和所采取的行动的结果进行评估的反思性实践者，是一个能积极寻求专业发展机会的能动者；⑩教师能与学校同事、家长及社会更多部门建立联系，以支持学生的学习与良好发展。

2001 年，INTASC 在前述适用于各科、各年级初任教师的十大初任教师标准草案基础上进一步细化，转向制定各门学科初任教师的标准。2001 年，颁布了数学教学标准；2003 年，颁布科学教学标准；不久，英语语言与艺术标准也出台了艺术、外语等教师教学标准；等等。而各州在这类统一资格标准的影响下，也在逐步更新自己的认证标准水平，以符合国家对其的基本要求。由此，对新教师的知识与技能的要求也越来越高、越来越细致。

2. 国家层面的教师资格认证标准

1）教师专业标准

美国国家专业教学标准委员会与各州的资格认证有三点不同：第一，各州认证旨在确保新进教师具备基本的职业能力，而该委员会认证旨在鉴别在知识上、教学上有杰出的表现，并期待得到专业与公开肯定的教师；第二，各州认证属于强制性质，而该委员会认证由教师自由参加；第三，各州标准因州而异，而该委员会认证具有全美一致的严格标准。由此可见，美国国家专业教学标准委员会的认证制度是采取自愿方式，并非取代州级教师认证制度，而是作为州级层面教师资格认证制度的补充与提高。在职教师可通过高而严格的标准测验，来证明自己具有卓越的教学能力，并获得教学专业资格证书。

美国国家层面的教师专业标准的产生和发展，对于联邦政府全国性的教师资格认证制度的管理，推动州级层面资格认证制度的引导，以及帮助教师更加专业化的成长等都起到了一定的促进作用，其产生过程和主要内容如下。

1983 年，美国高质量教育委员会发布的《国家处在危险之中：教育改革势在必行》（*A Nation at Risk: The Imperative for Educational Reform*）报告指出："目前教师的工资水平和社会地位不高，不能吸引足够多的能力强的学生任教，教师的培训计划和职业生涯规划必须大大改进，同时，在一些重要领域存在着师资严重缺乏的现象。"[①]由此拉开了国家层面教师专业标准制定的序幕。

1986 年，霍姆斯小组的《明日之师》和卡内基的报告《国家为培养 21 世纪的教师作准备》等，都提出提高教育质量的关键在于建立一支高质量的师资队伍。后者更是指出，要建立一个全国教学专业标准委员会来负责确定教师应该达到的、高的、应知应会的标准，并为达到标准的教师颁发证书。

1987 年，美国成立了国家专业教学标准委员会。该委员会是一个民间、独立、非盈利、非党派的组织，旨在建立一个评估、认证学校中优秀教师的系统，并授予"国家委员会资格证书"（National Board Certification，NBC 证书）。

1989 年，国家教师资格评审委员会的《什么是教师应该知道的和能够做到的》（*What Teachers Should Know and Be Able to Do*）报告，指导 NBPTS 开展工作。NBPTS 根据相关政策及对教学的愿景，提出了教师专业标准的五项核心主张：①教师要致力于学生和他们的学习；②教师要熟悉他们所教的科目，并且知道如何教授这些科目；③教师负责管理和监督学生的学习；④教师要系统地思考他们的教学实践并借鉴经验；⑤教师是学习共同体中的一员。[②]

1994 年，NBPTS 的生涯与技术教育教师委员会开始研究制定《国家专业教学标准委员会生涯与技术教育专业标准：面向 11～18 岁左右学生的教师》，该标准于 1997 年批准实施，2001 年进行修定。2012 年 4 月，美国联邦教育部发布《致力未来：重塑美国生涯与技术教育的改革蓝图》（*Investing in America's*

① 吕达，周满生. 当代外国教育改革著名文献. 美国卷（第一册）. 北京：人民教育出版社，2004：12.
② Five Core Propositions. http://www.nbpts.org/five-core-propositions[2015-07-25].

Future：A Blueprint for Transforming Career and Technical Education）文件，强调了保证提供高质量就业训练机会的重要性。2015年3月，NBPTS颁布第二版美国CTE教师专业标准，即《国家专业教学标准委员会生涯与技术教育专业标准（第二版）：面向11～18岁左右学生的教师》（*NBPTS Career and Technical Education Standards <Second Edition> for teachers of students ages 11-18+*），重新归纳了8类专业集群的优秀教师标准。[①]美国第一版和第二版CTE教师专业标准专业类别及其范围对比情况，如表9.2所示。

表9.2　美国第一版和第二版CTE教师专业标准的专业类别及其范围对比表

第一版美国CTE教师专业标准[②]		第二版美国CTE教师专业标准[③]	
专业类别	范围	专业类别	范围
农业与环境科学	农业科学、动物科学、农业商务、环境科学、渔业管理、林业学、园艺学、野生动物管理	自然资源	农垦系统、动物系统、能源系统、食品生产和处理系统、自然资源系统、植物系统，以及动力、结构和技术系统
艺术与传播	媒体艺术、写作和相关艺术（记者、翻译、广告学及公共关系学）、形象艺术	信息系统与技术、通信及艺术	通信和新闻、美术和表演艺术、信息系统和技术及媒体艺术
商业、市场营销、信息管理	会计与金融、信息系统、办公室管理、市场营销、企业管理	商务、市场营销和金融服务	商务、管理、融资、市场营销，销售和服务
家政与消费者科学	营养和健康、家庭关系和人类发展、老人和儿童保健、服装和纺织品行业、酒店业、住房决策、家居维修	休闲与娱乐服务	烹饪艺术、娱乐管理、活动营销，餐饮服务、酒店与旅游、体育管理
卫生服务	护理、精神病学、康复治疗、医院管理、医疗文件	社区服务	政府服务、医疗服务、公共服务、法律和公共安全
公共事业	幼儿园或托儿所、法律法规学习、法规实施、公共管理、儿童和家政服务、宗教、社会服务	装饰艺术与设计	服装设计与服装工程、陶瓷和陶艺、插花、室内装潢设计、珠宝制作与纺织品设计
制造工程与技术	木工、电子学、卫生管道工程、砖瓦工、机械学和修理技术、汽车维修	工程、设计和制造	建筑与施工、设计、开发、工程、制造、机器人和自动化
技术教育	通讯系统（发送、接收、存储信息）、运输系统（装载、运输、卸载、存贮货物）、生产系统（定位和提取资源、生产工业资源）、建筑系统（选择建筑工地、挖地基、结构安装）	交通运输系统和服务	汽车保养和维修、汽车技术、航空维修和飞行、汽车维修、柴油技术、健康和安全管理、重型设备操作、物流、风险管理、交通运营和基础设施管理、交通法规、仓储和分布

① 李亚楠. 美国第二版CTE教师专业标准剖析. 师资培养，2015，(12)：58.

② 和震，郭赫男. 职业教育教师专业标准：美国经验与启示. 天津大学学报，2013，(5)：242.

③ 陈德云. 美国NBPTS职业技术教育优秀教师专业标准的新发展. 全球教育展望，2016，(3)：93.

由表 9.2 看出，第一版 CTE 教师专业标准的专业类别包括：农业与环境科学，艺术与传播，商业、市场营销、信息管理，家政与消费者科学，卫生服务，公共事业，制造工程与技术，技术教育。第二版 CTE 教师专业标准在两项原则的指导下，对这些专业类别进行了修改，重新提出了标准的新专业类别。原则之一，新标准类别能够反映 21 世纪工业的需要和期望；原则之二，国家专业教学标准委员会坚信新的专业类别需要与不同的职业技术教育项目的组织结构相适应，并能够支持职业技术教育教师及其多样化的教学及专业背景。

此外，第二版 CTE 教师专业标准在内容上也有所调整和改变，第一版中的 13 条一级标准缩减至第二版中的 10 条。每条一级标准下，首先对其进行简要说明，其次划分二级标准，每条二级标准内容下给出具体要求。每个标准都表现了教师所应具备的专业能力的重要方面，同时这些标准也是国家委员会认证 CTE 优秀教师资格的重要依据。[①]美国第一版和第二版 CTE 教师专业标准基本内容对比情况，如表 9.3 所示。

表 9.3　美国第一版和第二版 CTE 教师专业标准基本内容对比表

<table>
<tr><th colspan="2">第一版美国 CTE 教师专业标准</th><th colspan="2">第二版美国 CTE 教师专业标准</th></tr>
<tr><th>一级标准</th><th>二级标准</th><th>一级标准</th><th>二级标准</th></tr>
<tr><td>1. 学生知识</td><td>1.1 关心所有学生的学习和成长
1.2 运用专业知识分析学生
1.3 采用个性化的教学方式满足学生的需求</td><td>1. 学生知识</td><td>1.1 全面了解所有学生
1.2 满足学生的知识追求
1.3 满足学生的职业需求</td></tr>
<tr><td>2. 专业知识</td><td>2.1 关于工作基本常识和基本就业能力的知识
2.2 关于所属行业的基本知识
2.3 将职业教育内容与其他学科整合的知识</td><td>2. 学科知识</td><td>2.1 跨学科知识
2.2 特定行业知识</td></tr>
<tr><td>3. 学习环境</td><td>3.1 创设情境化的、独立或集体的实践学习、工作模拟学习等活动，通过有效课堂管理帮助学生学习知识、养成能力</td><td rowspan="2">3. 学习环境和教学实践</td><td rowspan="2">3.1 情景化的学习环境
3.2 学生成为自主学习者
3.3 保证学生安全的学习环境
3.4 在 CTE 课程中运用技术工具</td></tr>
<tr><td>4. 促进专业学习</td><td>4.1 促进经验性的、概念性的和结果导向型学习，运用各种方法、策略和资源为学生设计参与性的活动
4.2 有效整合职业教育课程和学术课程</td></tr>
<tr><td>5. 多样性环境</td><td>5.1 创设平等、公正、充分尊重多样性的环境，为所有学生提供优质的生涯技术教育机会</td><td>4. 多样化教学</td><td>4.1 创设平等、公正、多元的学习环境，将教学与学生工作实践结合，确保优质的生涯与技术学习</td></tr>
<tr><td>6. 评价</td><td>6.1 运用一系列评价方法获得有用信息，帮助学生了解自己的成长，并改进教师教学</td><td>5. 评价</td><td>5.1 设计有效可靠的评价方法
5.2 有效利用评价数据</td></tr>
</table>

① 李亚楠. 美国第二版 CTE 教师专业标准剖析. 师资培养，2015，(12)：59.

续表

第一版美国 CTE 教师专业标准		第二版美国 CTE 教师专业标准	
一级标准	二级标准	一级标准	二级标准
7. 工作准备	7.1 培养学生的生涯决策和就业能力，帮助学生了解工作文化和要求	6. 高层次的知识追求和职业发展准备	6.1 帮助学生获得知识、技能、特质 6.2 帮助学生最大化满足个人需求 6.3 为学生未来规划提供建议
8. 管理和平衡各种角色	8.1 引导学生平衡各种生活角色		
9. 社会发展	9.1 促进学生自我认知发展，鼓励形成健康的个人、社会和公众价值观		
10. 反思性实践	10.1 不断分析、评估教学实践以提升其有效性和质量	7. 反思性教学	7.1 分析教学 7.2 寻求职业发展 7.3 促进终身学习
11. 推动教育革新	11.1 与同事和教育专业团队合作，促进学校变革，完善教育领域的理论和实践	8. 专业领导能力	8.1 扮演学习者和领导者的双重角色 8.2 开发课程内容，指导教育工作者批判思考、有效沟通、主动合作
12. 合作	12.1 与同事、社区、行业及中等后教育机构合作，为学生提供更丰富的学习机会	9. 合作伙伴关系	9.1 与家庭的合作关系 9.2 与教育、商业机构的合作关系
13. 家庭和社区关系	13.1 与家庭和社区合作，形成共同的教育目标		
—	—	10. 课程设计和管理	10.1 课程设计 10.2 课程管理

美国 CTE 教师专业标准的颁布与修定，强调以学生为中心的理念，对教师如何为学生创造一个富有成效的学习环境提出了具体要求；标准注重教师的专业实践能力，注重对学生社会实践能力的培养；标准还注重学校与工业界、社会的合作，倡导将更大的社会环境纳入学习共同体；特别值得一提的是，第二版 CTE 教师专业标准允许和鼓励没有学士学位的教师参加职业技术教育优秀教师认证，鼓励招聘具有非传统教育及工作背景的职业技术教育教师，突出职业技术教育的社会实践性。①

2）教师培养标准

美国全国教师教育认证委员会制定了《技术教师培养标准》（Program for Initial Preparation of Teachers of Technology Education），整合联邦和各州职教师资培养标准，提高教师培养质量。例如，俄亥俄州立大学教育学院国家职业技术教育传播中心的格雷（K. Gray）和沃尔特（R. Walter）对职教教师提出的要求是：要教授学生学会职业发展规划并做出决定；能对他们的教学和道德行为做出适当解释；能基于有效教学设计和技术开发教学项目；能在实际应用的情境下整合文化课和技术课；为有特殊需要的学生开发个性化的教育计划，调整课程设置，并通过有效的教学方法来完成计划；评价、选择并使用教学资源和技术；为学生提

① 陈德云. 美国 NBPTS 职业技术教育优秀教师专业标准的新发展. 全球教育展望，2016，(3)：98.

供各种实践经验，其中包括在监督下基于工作的学习；分析课堂、实验环境、制订计划，并最大限度地提高教学效果，确保全体学生的健康成长；在能力本位的基础上设计并实施教学；获得并发展与企业界和社区的合作。①

此外，各州政府也制定了职教教师培养和教师资格认定等方面的法规。例如，2003 年马萨诸塞州提出《职业教育法规修订案》（*Proposed Amendments to Vocational Education Regulations*），对职业教育/生涯与技术教育教师的类型、培养、资格认定和要求等都做了详细规定。

（二）美国职业教育教师评估

NBPTS 秉承“国家教育改革的成功取决于更高的教育质量，更高的教育质量源自更高素质的教师队伍的建设”的信条，致力于制定高而严的教学质量标准，并试图通过此标准加强教师职业培训，运用表现性评价全面评估教师的专业知识和技能，向符合条件的教师颁发相应证书。具体评估过程如图 9.1 所示。

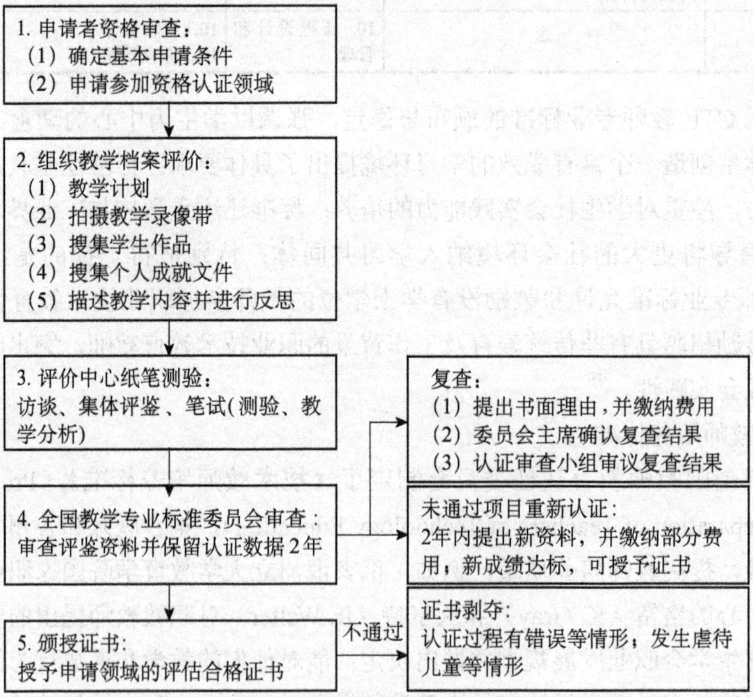

1. 申请者资格审查：
（1）确定基本申请条件
（2）申请参加资格认证领域
2. 组织教学档案评价：
（1）教学计划
（2）拍摄教学录像带
（3）搜集学生作品
（4）搜集个人成就文件
（5）描述教学内容并进行反思
3. 评价中心纸笔测验：
访谈、集体评鉴、笔试(测验、教学分析)
复查：
（1）提出书面理由，并缴纳费用
（2）委员会主席确认复查结果
（3）认证审查小组审议复查结果
4. 全国教学专业标准委员会审查：
审查评鉴资料并保留认证数据 2 年
未通过项目重新认证：
2年内提出新资料，并缴纳部分费用，新成绩达标，可授予证书
5. 颁授证书：
授予申请领域的评估合格证书
不通过
证书剥夺：
认证过程有错误等情形，发生虐待儿童等情形

图 9.1　全美教学标准委员会教师资格认证流程示意图

资料来源：秦立霞. 美国教师资格认证制度及其效应研究. 陕西师范大学，2008：132

① 吴全全. 职业教育“双师型”教师基本问题研究——基于跨界视域的诠释. 北京：清华大学出版社，2011：68.

1）申请者资格审查。全国教学专业标准认证以自愿性、一致和公平性、可行性等为原则，定立申请资格的基本标准。只要满足以下三个基本条件，任何人都可以报名申请：有本科学历，满三年教学经验，持有州政府颁发的教学资格证或无证却在州政府承认的相关学校任教。标准委员会提供涵盖不同学科领域和学生发展水平的资格供教师选择申请，基本上按递交申请的先后排序，派完为止。申请人递交申请后，可以参加专门为通过全美资格认证而开设的培训班（National Board Class）。由于这种培训对教师水平提高确有裨益，很多州和学区都至少在这一项上给申请人提供经费支持。

2）组织教学档案评价。参加资格认证的人员必须通过两部分评价，才能取得专业认证证书；参加者必须准备一个教学档案，内容足以证明他们的教学符合全国教学专业认证的标准。[①]研究者根据建立教学档案的目的，将教学档案分成学习（learning）、评价（assessment）和应聘工作（employment）三种类型。三种教学档案各有不同的结构、功能和搜集与呈现的重点。[②]教学档案袋的内容包括：课程计划、课堂作品、学生作业模板及课堂互动录像带，教师还必须撰写有评论特性的实际教学反思及分析、对学生学习的影响及教师如何增进教学与学习等内容。通常，档案评价时间为一个学年，并为参加者与同事、行政人员及家长共同合作研究提供许多机会。然而，评价实际教学及举证自己达到高的专业标准方面，教师必须要很清楚自己的专业知识、教学技能，以及他们与整个学习社群的关系。

3）评价中心纸笔测验。各州评价中心在每年春季和夏季进行评价测试。申请者需要花一天时间，参加全美教学专业标准委员会评价中心的面试和笔试，主要评价教师是否具备足够的任教科目知识，以及了解如何运用适合的教学策略进行教学工作。评价时间约在暑假期间，为期两天，主要有访谈、集体评价和笔试等活动。访谈内容大多是概述或回答评价者对档案袋数据的询问，每次时间约90分钟，由具有该科教学经验且经训练合格的同行教师负责评价。这类评价重点以教学为主，并兼顾学生学习，评价方法和考查内容多样化，书面论述应说明教学背景、教学计划、学生分析、教学反思等问题。[③]

4）评分及其基本流程。在档案袋审核参加评价中心测试后，要根据标准对候选人的表现进行评分。NBPTS 设立了针对教师教育者和研究者的评分协会，

---

① Wolf K，Dietz M. Teaching Portfolios：Purposes and Possibilities. Teacher Education Quarterly，1998，(25)：9-22.

② Zeichner K，Wray S. The teaching portfolio in US teacher education programs：What we know and what we need to know. Teaching and Teacher Education，2001，17 (5)：613-621.

③ National Board for Professional Teaching Standards Detroit，MI. What Every Teacher Should Know. The National Board Certification Process. Southfield，1999.

以便候选人和那些对优秀教师认证感兴趣的人了解这方面的信息。成功的候选人必须按要求完成并提交档案袋，通过评分中心测试并达成 275 分，才可能获得 NBPTS 颁发的高级资格证书。这种证书每 10 年更换一次，到期后，教师必须按一定的程序申请更新证书。

综上所述，NBPTS 认证过程和评估系统被奉为“教师专业发展的模型”，国家专业教学标准委员会证书被誉为“专业教学的标志”“教师发展的北极星”“专业成长的催化剂”“提供成为杰出的教育者‘磨炼技能’‘挑战自我’精益求精的机会”和“专业教学的最高荣誉”。因此，NBPTS 对教师的影响，核心就是提出要求，促进教师的专业发展。认证过程和严格教学标准的开发，将提高专业教学的地位，在教师之间建立合作关系，促进教师对教学的反思和认知，形成对优秀教学的共识，并强化公众对公立教育的积极印象。

NBPTS 评估是激励教师自我革新的系统，教师要成为一个自觉的反思者，即分析每天课堂上的实践，并用这些信息改进和调整以后的教学和课程体验。在认证过程中，教师是这一过程的全程参与者，并且能相互了解、学习和评价，充分体现了合力以评促教的意图。通过评估，教师的专业性会得到新的提升。

三、美国职业教育教师专业化培养培训的路径

美国职教教师的专业化培养培训路径，伴随着教师资格制度的建立、发展、反思与改进，而日益规范化、科学化、系统化。美国以学生总体发展为目标，通过实施教师资格认证制度，严格制定教师资格标准，并使得教师资格认证环节与各种标准协调运行，促进教师专业化发展，保证教师质量的整体提升。美国教师资格认证制度的整体运行机制，如图 9.2 所示。

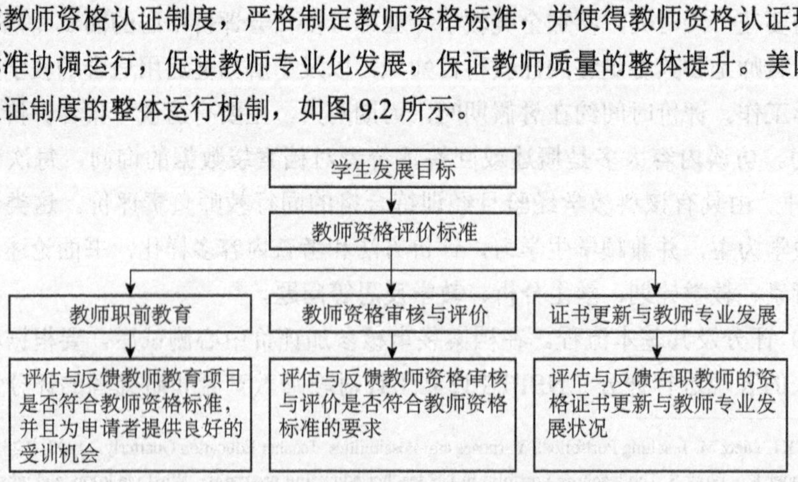

图 9.2　美国教师资格认证制度整体运行机制示意图

资料来源：秦立霞. 美国教师资格认证制度及其效应研究. 陕西师范大学博士学位论文，2008：145

美国职业教育教师培养培训路径分为“职前培养”和“职后培训”两个阶段。下面结合案例，对这两种路径进行具体介绍。

（一）美国职业教育教师职前培养

1. 职业教育教师来源

美国职教教师的来源主要有三种情况：一是师范教育机构培养的有正式学位的毕业生；二是现任教师经训练后改行从事职业教育的工作者；三是从其他行业中聘请的有一技之长的专家。为保证教育教学质量，美国对上述三类职教教师采取不同的途径进行培养，使其获得相应的教师资格证书（certification）。第一类教师，通过“传统路径”获得教师资格证书；第二类教师，已经获得教师资格证书；第三类职业教育教师，通过“替代路径”加强培训，使其获得教师资格证书。“替代路径在最宽泛的意义上可定义为，使那些没有完成教育学士学位的人成为合格的教师的政策、课程和实践”[①]，从而扩大职教教师的来源。

2. 职业教育教师职前培养路径

在职前培养阶段，美国职教教师要获得教师资格证书，需要通过两种途径实现，具体情况如下。

1）传统的四年制学士学位模式

途径一：传统的四年制学士学位模式，即通过大学（colleges and universities）学位的课程学习、实习和毕业考试来取得，课程内容主要包括专业技能教育、通识教育和师范教育。[②]

多个州的大学设置了职教教师培养项目，如表 9.4 所示，简要介绍了马萨诸塞州、阿拉巴马州、印第安纳州部分大学为中学（secondary school）教师开设的职教教师培养项目。

由表 9.4 看出，同一所大学中的同一个专业，在修业年限上有不同要求；与修业年限相对应的是毕业之后的学历层次，除了副学士、学士、硕士、博士等学位以外，还有不满一年的培训性质的专业设置。例如，韦斯特菲尔德州立大学不到 1 年年限的商业师范教育专业，与之对应的学位是学士后证书（post baccalaureate certificate），还有菲奇堡州立大学不到 1 年年限的进修、培训性质

① Grollmann P，Rauner F. International Perspectives on Teachers and Lecturers in Technical and Vocational Education . Germany：Springer，2007：297.

② Zirkle C J，Martin L，Mccaslin N L. Study of State Certification / Licensure Requirements for Secondary Career and Technical Education Teachers . National Research Center for Career and Technical Education，2007：19-21.

的工商师范教育专业。

表 9.4　马萨诸塞州、阿拉巴马州、印第安纳州职业教育教师培养项目一览表

地区	学校	专业	年限	学位
马萨诸塞州（3 所大学，9 个专业）①	韦斯特菲尔德州立大学	技术教师教育/工业艺术师范教育	4 年	学士学位
		商业师范教育	1 年以下	学士后证书
		技术教师教育/工业艺术师范教育	4 年以上	硕士学位
	菲奇堡州立大学	工商师范教育	4 年	学士学位
		技术教师教育/工业艺术师范教育	4 年	学士学位
		工商师范教育	4 年以上	硕士学位
		工商师范教育	1 年以下	—
		技术教师教育/工业艺术师范教育	4 年以上	硕士学位
	布里奇沃特州立学院	家庭和消费者科学/家政教师教育	1 年以下	学士后证书
阿拉巴马州（2 所大学，共 6 个专业）②	雅典州立大学	技术教师教育	4 年	学士学位
	奥本大学	技术师范教育	1 年以下	学士后证书
		技术师范教育	4 年以上	博士学位
		技术师范教育	4 年	学士学位
		技术师范教育	4 年以上	硕士学位
		技术师范教育	4 年以上	研究性奖学金博士学位
印第安纳州（9 所大学，23 个专业）③	鲍尔州立大学	技术教师教育/工业艺术师范教育	4 年	学士学位
		商业师范教育	4 年以上	硕士学位
		技术教师教育/工业艺术师范教育	4 年以上	硕士学位
		商业师范教育	4 年	学士学位
	格雷斯学院/神学院	商业师范教育	4 年	学士学位
	印第安纳州立大学	商业师范教育	4 年	学士学位
		工商师范教育	4 年	学士学位

① Nine training program（s）found for Career/Technical Education Teachers，Secondary School，Massachusetts. http：//www.onetonline.org/link/summary/25-2032.00#menu[2015-08-06].

② Six training program（s）found for Career/Technical Education Teachers，Secondary School，Alabama. http：//www.onetonline.org/link/summary/25-2032.00#menu[2015-08-06].

③ Twenty-three training program（s）found for Career/Technical Education Teachers，Secondary School，Indiana. http：//www.onetonline.org/link/summary/25-2032.00#menu[2015-08-06].

续表

地区	学校	专业	年限	学位
印第安纳州（9所大学，23个专业）	印第安纳州立大学	技术教师教育/工业艺术师范教育	4年	学士学位
		工商师范教育	4年以上	硕士学位
	奥克兰城市大学	商业师范教育	4年	学士学位
	普渡大学（主校区）	农业师范教育	4年以上	研究性奖学金博士学位
		工商师范教育	2年	副学士学位（Associate's degree）
		技术教师教育/工业艺术师范教育	4年以上	研究性奖学金博士学位
		工商师范教育	1年以下	—
		技术教师教育/工业艺术师范教育	4年	学士学位
		农业师范教育	4年	学士学位
		技术教师教育/工业艺术师范教育	4年以上	硕士学位
		农业师范教育	4年以上	硕士学位
	印第安纳波利斯大学	商业师范教育	4年	学士学位
	圣弗朗西斯大学	商业师范教育	4年	学士学位
	南印第安纳大学	商业师范教育	4年	学士学位
	文森斯大学	商业师范教育	2年	副学士学位
		家庭和消费者科学/家政教师教育	2年	副学士学位

2）基于工作经验的替代模式

途径二：基于工作经验的替代模式，也称为非传统模式或可选择性教师资格证书模式。各州之间的替代模式各不相同，甚至同一州内的各地的替代模式也不尽相同。因此，各州之间存在不同的替代模式，有的州规定的替代模式着重强调教师的工作经验和岗位技能，而不是所获得的学位。除了教师资格证书以外，要想成为职业教育教师，还需要具有其他职业资格证书，尤其是公立学校的教师，认证条件各州有所不同。替代模式的附加要求包括同伴评价、档案袋评价等。

各州教师资格证书的补办和升级要求也不尽相同，主要包括大学课程（college coursework）、其他形式的职业发展（other forms of professional development）、教学或职业经历（teaching or occupation）、毕业学位（a graduate degree）、国家职业教学标准证书（national board for professional teaching standards certification）、职业资格证书（professional certification）、职业发展计划（work toward or completion of a professional development plan）。通常情况下，这

些要求中的两项或者更多项必须是在资格证书认定的有效期内（within the period of eligibility for the certificate or license）才能完成补办或升级手续。①

当然，也有全国统一认证的职业资格证书，其中针对中学（middle school）职教教师的全国统一认证的资格证书有一种，而针对中学后职教教师的全国统一认证的职业资格证书有 45 种之多。表 9.5 展示了针对中学（secondary school）职教教师的全国统一认证的 14 种职业资格证书。

表 9.5　全国统一认证的职业资格证书情况表②

名称	类型	认证机构
Word 2013	—	微软公司
酒店、食品和营养科学认证	核心	家庭和消费者科学协会
认证技术培训师认证	核心	计算技术行业协会（CompTIA）
Word 2010	核心	微软公司
家庭和消费者科学认证	高阶	家庭和消费者科学协会
护理教育认证	高阶	全国护理联盟
烹饪教育家认证	专业	美国烹饪联合会
国家认证局—青春期早期到青壮年教育/职业教育、技术教育	专业	全国专业教学标准委员会
Excel 2007 专家	产品/设备	微软公司
MCAS：Using Microsoft Office Excel 2007		
Excel 2010 专家		
SharePoint　2010		
Word 2007 Expert		
Word 2010 Expert		

有的州或地区要求，对即将成为职业教育的准教师（prospective teachers）进行一段时间的实地考察，主要是让其进行教学实习，这是获得公立学校职教教师资格证的条件。在教学实习期间，准教师在经验丰富的教师的指导和监督下，学习如何备课，并借鉴其丰富的教学经验。实习期的长短各州有所不同，但是一般需要 1～2 年的时间。

下面，通过案例介绍这些项目的具体培养方案。案例 1，针对替代路径而言，是为聘请有一技之长但没有接受过相关教师教育的人提供的职前培养项目。案例 2，针对传统路径而言，即师范教育机构培养有学位的毕业生项目。

案例 1：印第安纳州文森斯大学职业教育教师培训项目——家庭和消费者科学/家政教师教育，修业年限 2 年，副学士学位，该项目的具体培养方案如表 9.6

① 吴全全. 职业教育“双师型”教师基本问题研究——基于跨界视域的诠释. 北京：清华大学出版社，2011：69.

② Fourteen certification（s）found for Career/Technical Education Teachers，Secondary School，National. http://www.onetonline.org/link/summary/25-2032.00#menu[2015-08-06].

所示。

表 9.6　文森斯大学职业教育教师培训项目
——家庭和消费者科学/家政教师教育培养方案①

学期	课程名称	课程性质	学分	
			具体/分	总体/分
第一学期	演讲	大学核心课程	3	15
	综合英语（1）	大学核心课程	3	
	家庭和消费者科学调查	主修课程	1	
	婴儿、幼儿和儿童护理	主修课程	3	
	普通心理学	大学核心课程	3	
	音乐选修	主修课程	2	
第二学期	材料设计	主修课程	3	14
	幼儿指导	主修课程	3	
	儿童文学	大学核心课程	3	
	终身健康与保健	大学核心课程	2	
	发展心理学	大学核心课程	3	
第三学期	婚姻与家庭	主修课程	3	16
	食物制作	主修课程	3	
	儿童护理与课程发展	主修课程	3	
	儿童护理实践课（1）	主修课程	2	
	急救	主修课程	2	
	高等数学选修	大学核心课程	3	
第四学期	儿童健康、安全与营养	主修课程	3	15
	儿童护理管理	主修课程	3	
	儿童护理实践课（2）	主修课程	2	
	教育心理学	主修课程	3	
	实验科学选修	大学核心课程	4	

注：该项目不仅是职教教师职前培训项目，而且还提供给那些计划开办或者操作自己的以家庭为基础的儿童护理业务的学生，或者那些在日间护理中心工作的尚处于入门水平阶段的行政人员或教学人员的学生。该项目课程为进入本科院校继续学习儿童护理、儿童发展以及相关的儿童早期教育等相关领域奠定基础。该项目中除了主修课程、大学核心课程之外，还有选修课程。学生可以根据自己的兴趣从学校提供的选修课清单中选择自己感兴趣的课程学习，但不算入总学分之中，其中的实践课程包含在主修课程之中

案例 2：新泽西州莱德大学（Rider University）针对中学（middle school）开设的职教教师培训项目——商务教师教育，修业年限为 4 年，毕业获得学士学

① Family and Consumer Sciences-Child Development Concentration. http://catalog.vinu.edu/ previewprogram. Php? Catoid=23&poid=15305&returnto=1925［2015-08-06］.

位。该项目的具体培养方案如表 9.7 所示。

表 9.7　莱德大学职业教育教师培训项目——商务教师教育培养方案①

<table>
<tr><th rowspan="2">课程名称</th><th rowspan="2">课程性质</th><th colspan="2">学时</th></tr>
<tr><th>分学时</th><th>总学时</th></tr>
<tr><td>演讲与沟通</td><td rowspan="13">通识课</td><td>3</td><td rowspan="13">48～51</td></tr>
<tr><td>宏观经济学原理（ECO-200）</td><td>3</td></tr>
<tr><td>宏观经济学原理（ECO-201）</td><td>3</td></tr>
<tr><td>发展心理学选修</td><td>3</td></tr>
<tr><td>英语写作</td><td>6～9</td></tr>
<tr><td>文学</td><td>3</td></tr>
<tr><td>历史</td><td>3</td></tr>
<tr><td>数学</td><td>3</td></tr>
<tr><td>科学</td><td>3</td></tr>
<tr><td>哲学</td><td>3</td></tr>
<tr><td>精美艺术</td><td>3</td></tr>
<tr><td>通识课选修</td><td>9</td></tr>
<tr><td>新生研讨会（附加教育单元）</td><td>—</td></tr>
<tr><td>法学概论：合同</td><td rowspan="5">主修课程</td><td>3</td><td rowspan="6">18</td></tr>
<tr><td>营销原则</td><td>3</td></tr>
<tr><td>小型企业管理</td><td>3</td></tr>
<tr><td>协同工作经验</td><td>3</td></tr>
<tr><td>管理与组织行为原理</td><td>3</td></tr>
<tr><td>三选一：
职场写作：商业和专业
或优秀提案、筹款与发展
或审查和出版</td><td>—</td><td>3</td></tr>
<tr><td>职业管理；团队管理；管理技巧</td><td rowspan="5">选修课
（选择一门即可）</td><td>3</td><td rowspan="5">根据所选课程而定</td></tr>
<tr><td>消费者行为；个人销售</td><td>3</td></tr>
<tr><td>会计</td><td>12</td></tr>
<tr><td>技术选修课</td><td>9</td></tr>
<tr><td>营销选修课</td><td>9</td></tr>
<tr><td>学校教育背景</td><td rowspan="7">专业教育课</td><td>3</td><td rowspan="7">30</td></tr>
<tr><td>教育发展心理学</td><td>3</td></tr>
<tr><td>高中教学</td><td>3</td></tr>
<tr><td>职业和合作原则与策略教育</td><td>3</td></tr>
<tr><td>商业课程教学</td><td>3</td></tr>
<tr><td>基于内容的阅读和写作</td><td>3</td></tr>
<tr><td>学生教学/研讨会</td><td>12</td></tr>
</table>

① Undergraduate Teacher Education Programs-Business Education. http：//www.rider.edu/academics/colleges-schools/college-liberal-arts-education-sciences/school-of-education/undergraduate-teacher-education/business-education[2015-11-01].

（二）美国职业教育教师职后培训

教师职业资格证书制度，是美国职教教师职后培训的重要保障。联邦政府要求职教教师进行资格认证，认证的具体条件和要求由各州或地区自己确定。这些条件一般包括：完成 1 个教学实习项目，具有大学本科学历。联邦政府通常会要求候选人通过 1 个教学专业认证考试，大部分州或地区要求这些候选人通过背景检查。教师会被要求完成年度专业发展课程，以继续他们的执教资格。有些州为那些拥有本科学历或相关工作经验，但未修过认证所需课程的教师提供替代方案。替代方案通常包括教学法、教案编写和课堂管理等内容。有些职业教育教师为学生准备了需要进行许可或以证的职业，除了教学认证之外，这些教师还需要持有相关职业资格证书。具体的认证标准，各州根据实际情况制定，表 9.8 简要列举康涅狄格州、特拉华州和肯塔基联盟的中学职教教师资格认证情况。

表 9.8 康涅狄格州、特拉华州和肯塔基联盟教师职业资格认证情况

地区	证书类型	认证机构
康涅狄格州①	教师（初级）	康涅狄格州教育部教学教育科&教师标准认证委员会
	教师（专家）	
	教师（临时）	
	教师（职业教育）	
特拉华州②	STW 教师	特拉华州教育部
	分配教育教师	
	工业艺术教师	
	技术教育认可教师	
	技术教育教师	
	贸易及工业教师	
肯塔基州（肯塔基联盟）③	教师资格证	肯塔基州教师专业标准认证委员会

注：STW 教师：School To Work Transition Teacher

下面，以华盛顿州的中央华盛顿大学（Central Washington University）研究生院开设的生涯技术教育教师准备项目——家庭和消费者科学项目为例，介绍学

① Four License（s）found for Career/Technical Education Teachers，Secondary School，Connecticut. http://www.onetonline.org/link/ summary/25-2032.00#menu[2015-08-06].

② Six License（s）found for Career/Technical Education Teachers，Secondary School，Delaware. http://www.onetonline.org/link/summary/25-2032.00#menu[2015-08-06].

③ One License（s）found for Career/Technical Education Teachers，Secondary School，Kentucky. http://www.onetonline.org/link/summary/25-2032.00#menu[2015-08-06].

区招聘到没有教师资格证的教师进行师资培训的情况，详见案例 3。

案例 3：中央华盛顿大学生涯技术教育教师准备项目——家庭和消费者科学项目

1. 项目简介①

该项目为那些有企业或行业经验，且愿意在一所高中或技能中心教授职业技能的人士设置。为那些在职专业人士设计的课程，共持续 2 个学年，每个月上 1 次课，定在每个月的某个星期六。

（1）项目优势：该项目能力模块灵活多变，学生只需要登记能够满足个人认证要求的学分。如果从未修过该专业的课程，则需要进行满 12 学分的注册。如果已经完成了希望由中央华盛顿大学认可的其他机构的课程，提交成绩单、课程大纲与注册证明即可。

（2）典型课程：能力模块 1，教学方法、职业分析/课堂安全、课程组织和课程设计；能力模块 2，合作教育的协调技巧、原则与哲学、个人和学生领袖、学校法及体罚。

（3）2015～2016 学年课表如表 9.9 所示。

表 9.9 中央华盛顿大学生涯技术教育教师准备项目——家庭和消费者科学 2015～2016 学年课表

课次	肯纳威克（上课日期）	伦顿（上课日期）	斯坦伍德（上课日期，仅限模块 1 的课程）	具体时间	备注
课程定位	08/22/2015	09/12/2015	09/19/2015	上午 8:00～下午 5:00	必须保证出勤率
第一次	09/12/2015	09/12/2015	09/19/2015		
第二次	10/10/2015	10/24/2015	10/24/2015		
第三次	11/14/2015	11/14/2015	11/14/2015		
第四次	12/12/2015	12/12/2015	12/12/2015		
第五次	01/09/2016	01/09/2016	01/09/2016		
第六次	02/06/2016	02/06/2016	02/06/2016		
第七次	03/05/2016	03/12/2016	03/16/2016		
第八次	04/09/2016	04/16/2016	04/16/2016		
第九次	05/07/2016	05/14/2016	05/14/2016		
第一次补课	01/30/2016	01/30/2016	01/30/2016		
第二次补课	04/30/2016	04/30/2016	04/30/2016		

① Family and Consumer Sciences / Career and Technical Education Teacher Preparation Program. http: //www.cwu.edu/family-consumer/node/1573[2015-11-05].

2. 申请流程图

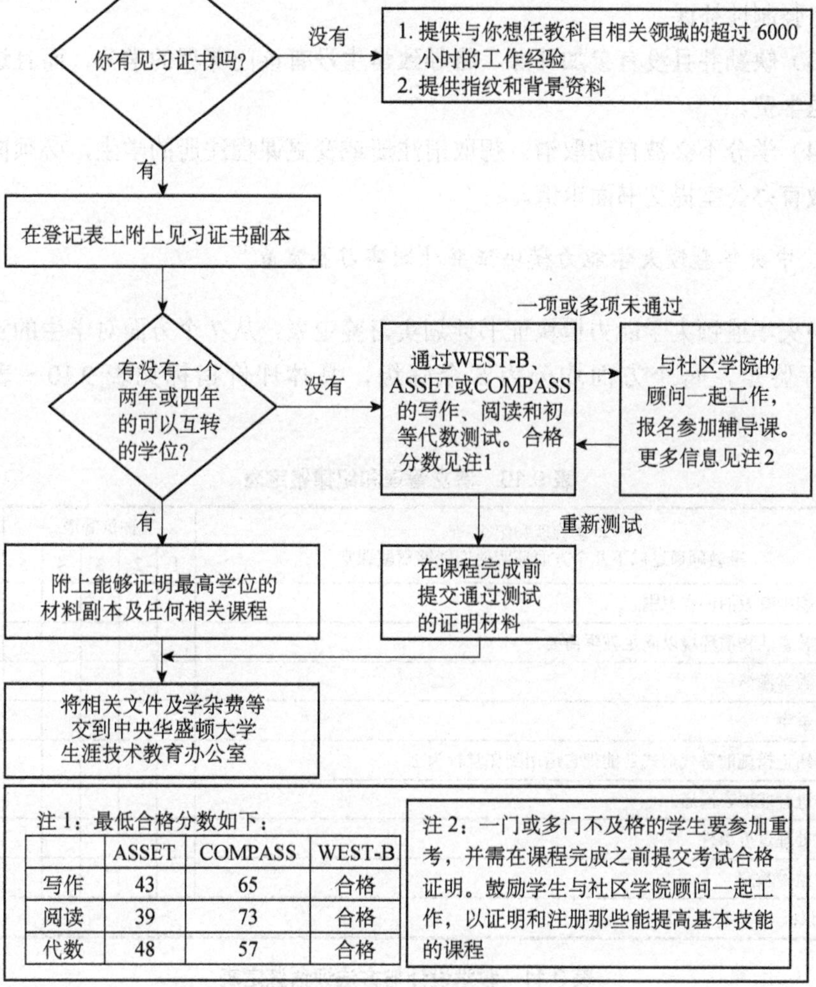
你有见习证书吗?
没有
1. 提供与你想任教科目相关领域的超过 6000 小时的工作经验
2. 提供指纹和背景资料
有
在登记表上附上见习证书副本
一项或多项未通过
有没有一个两年或四年的可以互转的学位?
没有
通过WEST-B、ASSET或COMPASS的写作、阅读和初等代数测试。合格分数见注1
与社区学院的顾问一起工作，报名参加辅导课。更多信息见注2
有
重新测试
附上能够证明最高学位的材料副本及任何相关课程
在课程完成前提交通过测试的证明材料
将相关文件及学杂费等交到中央华盛顿大学生涯技术教育办公室
注 1：最低合格分数如下：
ASSET　COMPASS　WEST-B
写作　43　65　合格
阅读　39　73　合格
代数　48　57　合格
注 2：一门或多门不及格的学生要参加重考，并需在课程完成之前提交考试合格证明。鼓励学生与社区学院顾问一起工作，以证明和注册那些能提高基本技能的课程

图 9.3　申请流程图

资料来源：Flow Chart. http：//www.cwu.edu/family-consumer/sites/cts.cwu.edu.family-consumer/files/documents/Steps001.pdf[2015-11-06]

3. 考勤要求[①]

（1）考勤是基本要求。教师将检查每一门课程的考勤情况。必修的职业能力

① Career-Technical Education Teacher Preparation，2014/15 Competency Block Certificate Program，ATTENDANCE CONTRACT. http：//www.cwu.edu/family-consumer/sites/cts.cwu.edu.family-consumer/files/documents/Attendance%20Contract%2014-15.pdf[2015-11-06].

教学，要求所有学生参加每次课程。

（2）因紧急情况缺勤的，必须在5个工作日内联系负责的教务员，承认缺勤并报名强制性补课。

（3）缺勤并且没有参加补课，将导致学生没有该门课程的学分，而且这种情况不退学费。

（4）学分不会被自动取消。想取消注册或变更课程注册的学生，必须向生涯技术教育办公室提交书面申请。

4. 中央华盛顿大学能力模块证书计划实习鉴定表[①]

中央华盛顿大学能力模块证书计划实习鉴定表，从7个方面对学生的实习成果进行鉴定，每个方面均分为5个等级，具体评价指标如表9.10～表9.16所示。

表 9.10　课堂管理和纪律鉴定表

课堂管理和纪律 准教师通过以下几个方面证明他们能够驾驭课堂	评价等级					评论
	1	2	3	4	5	
1. 保持积极有效的课堂氛围						
2. 管理教室的物质环境以满足教学需要						
3. 保持教学激情						
4. 激励学生						
5. 了解纠正措施的替代形式并能把它运用到课堂行为上						
6. 能够进行非语言沟通						
7. 有效处理过度事件						
8. 有效监控教室						
其他建议：						

表 9.11　教学设计与方法评估鉴定表

教学设计与方法评估 准教师通过以下几个方面展示他们设计和管理教学的能力	评价等级					评论
	1	2	3	4	5	
1. 设计和实施聚焦技能内容和相应的华盛顿大学目标及州学习目标的教学单元						
2. 使用教案设计的基本要素，统一设计、规划、实施和评估课程						
3. 制定和实施合乎逻辑的、连续的、有目的的教学活动						
4. 设计和实施不同的教育活动，以满足不同学生的需要						

① CWU Competency Block Certificate Program Practicum Outcome Evaluation Form. http://www.cwu.edu/family-consumer/sites/cts.cwu.edu.family-consumer/files/documents/Practicum%20Outcome%20Evaluation%20Form%2010.pdf[2015-11-08].

续表

教学设计与方法评估 准教师通过以下几个方面展示他们设计和管理教学的能力	评价等级					评论
	1	2	3	4	5	
5. 设计和实施多样的教学模式						
6. 设计和实施能够平衡现实和理想的问题						
7. 在教学中使用视听材料、计算机和其他技术设备						
8. 采用建构主义教学行为，鼓励所有学生参与到各种教育机会中						
9. 对学生产生积极影响						
10. 根据学习者的身体、智力、情感及社会和文化等制定相应的课程评判指标						
11. 使用扩展经验以提高课程效果						
12. 利用学习社区帮助学生提高和进步						
其他建议：						

表 9.12　考试、评价和记录保持鉴定表

考试、评价和记录保持 准教师能够运用形成性评价和终结性评价评估课程、学生和自己的教学	评价等级					评论
	1	2	3	4	5	
1. 基于内容领域，对学生基本技能水平评价						
2. 学生表现评价						
3. 学生双基（基本知识、基本技能）评价，并进行基于内容的能力和应用鉴定						
4. 教学单元有效性评价						
5. 跟随研究的规定课程						
6. 保持和渲染相应的记录和报告						
7. 教师对学生学习影响的评价						
8. 呈现运用建构主义理论教学的证据						
9. 反思对自我知识、专业知识和道德决策等方面教学选择的评价						
其他建议：						

表 9.13　特殊人群和需求鉴定表

特殊人群和需求 准教师要证明他们有与不同背景、不同条件和能力的学生及不同社会或族裔群体进行有效合作的能力	评价等级					评论
	1	2	3	4	5	
1. 对不同价值观、生活方式和社会子群体历史贡献的理解						
2. 认识和处理性别歧视、种族歧视和非人性化偏见的能力						
3. 满足特殊学生对特殊课程、推荐和正式评价的需求						
4. 对种族或族裔群体的学生有效开展工作						
5. 创建适应来自不同文化和语言背景的、处于不同学习水平等级学生的教学机会						
6. 阐明让学生扬长避短的方法						
其他建议：						

表 9.14　学校、家庭和社会鉴定表

学校、家庭和社会 准教师要能够证明他们有能力提出整合学校、家庭和社区教育力量的措施	评价等级					评论
	1	2	3	4	5	
1. 参与设计亲子学习活动						
2. 利用社区资源，提高学校课程						
3. 以专业的态度与学生、家长、同事和社区成员协同工作						
4. 运用学校法律知识进行学校、家庭、社区参与的实践活动						
其他建议：						

表 9.15　职业化鉴定表

职业化 准教师必须满足专业准备和奖学金认证的最低标准，以证明他们在工作经验基础上有任教资格	评价等级					评论
	1	2	3	4	5	
1. 正在准备中的教学原理及方法方面的理论和知识						
2. 正在致力于把教育作为一个专业						
3. 对自身优势和劣势的认识，并进行持续的专业发展评估						
4. 有爱心、耐心，并能独自承担教育学生的任务						
5. 对每一位学生的理解和承诺						
6. 广博的专业知识						
7. 结合当前的教育研究进行教学的设计、实施和评价						
8. 正确有效地运用口头语言的技巧						
9. 正确有效地进行书写						
10. 在教学中表现出一贯的热情						
其他建议：						

表 9.16　学生领袖、基于工作的学习和咨询委员会鉴定表

学生领袖、基于工作的学习、咨询委员会 准教师必须证明他们能够最大限度地利用资源已实施和维护与学生、同事、社区、企业、行业和家庭的合作伙伴关系，并促进学生独立自主地发展	评价等级					评论
	1	2	3	4	5	
1. 为所有学生实施体现学生主体地位的课程						
2. 开发和发展基于工作的学习内容						
3. 实施指导以工作为基础的学习活动						
4. 为所开设课程建立行业/企业合作关系						
5. 为所开设课程建立有效的顾问委员会						
6. 为所有学生识别学生领导课程						
7. 建立家庭、工作和社区联系						
8. 为学生可持续发展开发学习活动						
9. 开发全球互动的学习活动						
10. 确定职业方向和技术准备方案						
11. 确定就业指导资源						
其他建议：						

从案例3可以看出，因该项目是针对在职人员开设的，因此上课时间都安排在星期六。该项目对于考勤和教育实习要求比较严格。在考勤方面，规定接受培训的人员必须保证每次课程出勤，若因为紧急情况耽误了课程，则需要向教务人员说明情况并进行补课。从2015～2016学年的课表上可以看出，在正常的9次课程之外，还安排了2次补课。除了理论学习以外，教育实习是该项目的重要环节，学校从课堂管理和纪律，教学设计与方法评估，考试、评价和纪录保持，特殊人群和需求，学校、家庭和社会，职业化和学校领袖，基于工作的学习和咨询委员会等7个方面，对学生的实习成果进行鉴定。每个方面均分为5个等级，分别为：目前不具备这些能力，能力有所欠缺，具备这些能力，有良好的能力，有优秀的能力。最后，根据总得分决定实习合格与否。

下面，以肯塔基州教师资格证书申请情况为例，介绍教师资格证书的更新和升级情况，详见案例4。

案例4：肯塔基州教师资格证书申请[①]

1. 学历要求：本科学位，包括为了这个具体职位做准备的获批项目和学院推荐。

2. 一般条件：通过大学提供的官方成绩单和推荐表，可以申请认证表格TC-1。有2年教学工作经验的人，可以申请到有5年期限的证书。工作经验不满2年的人，需要通过全国教师考试（NTE），并且要取得比较满意的成绩才可以申请证书。资格函件发出后，第一年主要是围绕实习计划进行工作。如果能够很好地完成实习计划，临时资格证可以升级为4年期限的证书。实习期间主要是做助理工作，并且要通过一个由3人组成的委员会考核。

3. 特殊说明或条件：已经完成所要求的5年计划的教师资格证书申请者，或者更早准备申请者，都需要在紧接申请的前5年内完成6个额外学分。已经完成第五年课程的人，不需要提交最近5年内有过3年优秀教学工作经验的证明。

四、美国职业教育教师专业化发展的政策资金保障

美国通过制定系列法律政策、投入相应的专项资金，保障职业教育教师培养培训质量，促进职业教育教师的专业化发展。

1917年，美国国会通过《史密斯-休斯法》(*Smith-Hughes Act*)，规定“联邦政府和州分别设立专门的职业教育委员会，负责职业教育的调查研究等事宜，

① Teacher Certification. http://www.onetonline.org/link/summary/25-2032.00#menu[2015-11-12].

并为职业教育和从事职业教育的教师提供资金和培训"。在该法案中的第2、第3、第4条款中，确立了各州资金资助的使用，旨在保障教师、导师及学校管理者的工资支付及对其培训的资金支持。[①]此法案的颁布，保障了职教教师接受培训的权利。

教师教育是提高教师质量的必然途径。1958年，《国防教育法》（*National Defence Education Act*）是美国联邦政府主动加强教师教育的开端。1963年，国会通过的《职业教育法》（*Vocational Education Act*）强调，要"对职业教育的教师进行训练和再训练"[②]。1965年，发布的《中小学教育法》（*Elementary and Secondary Education Act*），旨在提高教学质量，专项拨款给学区，支持学区自己开展教师继续教育，使得学区教师专业发展在历史上开始摆脱高等教育机构的帮助。1968年，《职业教育修正案》（*Amendments to the Vocational Education Act of 1968*）强调，"通过对示范及合作计划、寄宿学校、课程开发和师资培训进行专项拨款，支持在规划和教学中涌现出的新颖、创造性的概念"[③]。1992年，《高等教育法修正案》（*Amendments to the High Education Act of 1992*）第五款涉及教师教育问题，要求高等教育机构更多地关注教师培养方案与基础教育改革的需要，鼓励和资助各州、公立学校、其他后中等教育机构雇用、培训教师，并为教师提供继续教育的机会，降低了从事其他职业工作的人进入教育领域的难度，为职业教育的师资来源拓宽了渠道。[④]

为规范和推进职教教师专业发展，国会先后在1990年、1998年和2006年三次对《帕金斯职业教育法案》（*Carl D. Perkins Career and Technical Education Act of 1984*）进行修订，并重新授权。修订内容具体体现在以下几个方面：1990年的《帕金斯职业和应用技术教育法案》——帕金斯第二法，明确各州政府须废除原有以学习成绩作为评价教师的标准，转变为由学校制定出各阶段的职业教育测评、评价体系。1998年的《帕金斯生涯和技术教育法案》——帕金斯第三法，要求各州和学区保证为中等职业教育教师的专业发展提供支持。[⑤]2006年的《帕金斯生涯与技术教育法案》——帕金斯第四法，提出教师质量是教学质量的保证。为了提高生涯和职教教师质量，国家利用发展专业活动、认证和许可多渠道提升教师的教学质量。同时，这些活动必须是高质量、连续的，来保障对学生生涯教育和职业教育产生连续性的影响。这些联邦职教法令为中职教师的专业成

---

① 徐以芬. 美国职业教育教师专业发展研究. 华东师范大学硕士学位论文，2009：15.

② 李进. 美国联邦政府职业教育政策变迁研究. 南京师范大学硕士学位论文，2014：30.

③ 张建党. 美国职业教育立法与职业教育. 河北大学硕士学位论文，2004：14.

④ 周慧娜. 美国职业教育质量保障法律法规体系初探. 职业教育研究，2015，(6)：83.

⑤ 石清锋，杨骁瑾.《帕金斯职业教育法案》的变迁与美国职业教育. 科教导刊，2015，(7z)：7-8.

长提供了发展动力、资金保障和政策导向，并由此整合了州、学校及社会的各种资源来推动中职教师的专业发展。[①]

2012 年 4 月，美国联邦教育部颁布《投资美国未来：生涯和技术教育改革蓝图》（*Investing in America's Future：A Blueprint for Transforming Career and Technical Education*，BTCTE），其改革任务强调 CTE 师资选拔-培养制度的规范。BTCTE 指出“通过吸收产业界专业人才等途径开辟多样化的师资选拔机制；巩固各级学校与产业界的协作，营造教师更新知识和技能的平台；以教师的科学评价为依据，合理确定教授科目，提升教学的有效性”[②]。

为了落实国家关于职业教育教师培养培训工作的要求，美国建立了完备的继续教育体系，许多社区学院每年拨专款用于教师进修与培训，还有很多学院为教师提供短期与长期的国外访学机会，教师可以参加各种教学研讨会或课程进修班及其他培训，并可以报销相关费用。

综上所述，美国职业教育教师专业化发展从国家的法律政策，到地方、社区学院采取相关措施、给予资金支持都做到了有法可依、有章可循，为职教教师专业化发展工作提供了依据和保障。

第二节　德国职业教育教师专业化发展的方略与实践

德国职业教育教师培养培训历史悠久，世界闻名。通过不断改革完善，现已建立起全国统一的职业教师教育标准制度和专业的教师教育机构，实施本硕一体化职业教育教师培养模式，采取独立教师教育见习阶段，制定严格的职业教育教师资格认证制度及教师教育资金保障制度等一系列政策措施，逐渐实现从师范模式向综合化模式的转变，形成了与德国职业教育体制相适应的职业教育教师专业化发展体系。

---

① 游柱然，胡英姿. 美国中等职业技术教育教师专业发展的新规范与新举措. 比较教育研究，2013，(2)：103.

② 杨成明，陈明昆. 中美职业技术教育改革新动向解析——基于两个新近出台的政策文本比较. 比较教育研究，2015，(12)：95-97.

一、德国教师层次类型与职业教育教师[①]

1995 年，德国各州文化教育部部长常务会议提出了六种教师分类（Sechs Lehramtstypen）设想，并在此基础上，分门别类地制定了六种教师教育的培养方案，主要包含培养目标、学习年限、学分设置、考试要求等内容。为了顺应职业教育的不断改革，满足社会各界的需求，1995 年以来，德国各州文化教育部部长常务会议先后出台多份文件，对此修改、调整与完善，最终确定六种教师类型，分别为小学及初等教育阶段的教师（Lehrämter der Grundschule bzw. Primarstufe）、初等教育阶段及中等教育初级阶段的教师（Übergreifende Lehrämter der Primarstufe und aller oder einzelner Schularten der Sekundarstufe I）、中等教育初级阶段的教师（Lehrämter für alle oder einzelne Schularten der Sekundarstufe I）、中等教育高级阶段（普通教育类）及文法中学任教的教师（Lehrämter der Sekundarstufe II[allge-meinbildende Fächer]oder für das Gymnasium）、中等教育高级阶段及职业学校任教的教师（Lehrämter der Sekundarstufe II[berufliche Fächer]oder für die beruflichen Schulen）、特殊学校任教的教师（Sonderpadagogische Lehramter）。

职业教育教师属于第五种教师教育类型，其职责目标是使学生掌握科学的知识及具备职业实践能力；在教学活动过程中，能够展现出专业的且符合教育规律的专业能力与行为特征。德国职业学校的教师教育与其他教师教育一样，也是由修业阶段与见习阶段组成，修业阶段要完成硕士学位，而且这两个阶段教育活动的开展都需要遵循德国教师教育标准，否则不能获取教师资格。

二、德国职业教育教师专业标准及评估

（一）德国职业教育教师专业标准

德国职教教师专业标准包括教育科学标准、专业与专业教学法标准。

1. 教育科学标准[②]

教育科学主要包括：探讨教育和教养过程、教育系统，以及相关概念、结构及

① Anerkennung und Mobilität.https：//www.kmk.org/themen/allgemeinbildende-schulen/lehrkraefte/anerkennung-der-abschluesse.html[2015-11-30].

② KMK. Standards für die Lehrerbildung：Bildungswissenschaften. http：//www.kmk.org/fileadmin/Dateien/veroeffentlichungen_beschluesse/2004/2004_12_16-Standards-Lehrerbildung.pdf[2016-03-14].

其科学的原则。教育系统的改革发展，对教师不断提出新的要求，重点是使所有儿童和青少年教育成功参与到社会之中。教育科学标准必须以学校发展、促进学校和学生变化，以及为此改变对教师的要求为导向。教师教育标准详细描述了对教师行为的具体要求，涉及教师能胜任职业的有关职责、能力、技能和观念等方面的要求。教师教育能力标准主要包括两方面：一是教师培训阶段理论的标准；二是教师培训阶段的实践标准。两方面的标准是有机结合的，不能割裂地加以理解。

表 9.17　教师教育能力标准

教学能力：教师是教学的专业人员	能力 1：能够专业、正确、客观地制订和实施教学计划	
	理论部分的标准	实践部分的标准
	（1）了解有关的教育理论，理解教育与教养的理论目标，以及由此得出的标准，并批判性加以反思； （2）了解普通教育与专业教育相结合的教学理论，知道在设计教学单元时什么必须得到重视； （3）了解不同的教学方法与作业形式，并知道如何依据要求与情景将其合适地加以实施； （4）了解媒体教育学和媒体心理学的理论，以及在教学中依据要求与情景合理地使用媒体，熟悉其可能性与限制性； （5）了解评价教学成绩与课程质量及其处理方法	（1）能够结合学科专业知识与专业教学论的依据，规划与实施课程； （2）能够选择适合的教学内容、教学方法及学习与交流形式； （3）从教学法意义上整合现代信息技术与交流技术，并反思自身媒体运用的适宜性； （4）检查自身的教学质量
	能力 2：通过创设学习情景支持学生学习，激励学生学习并使他们能把所学知识加以联系与应用	
	理论部分的标准	实践部分的标准
	（1）了解学习理论与学习的形式； （2）知道如何调动学生在课堂上积极地参与学习活动，并指导学生理解和迁移知识； （3）了解学习动机与成就动机理论，并知道如何在教学中运用。	（1）激励学生使用不同的学习方法并给予指导； （2）根据学生获得知识和能力的认知程度设计教与学的过程； （3）唤醒并强化学生学习意愿和成就感；指导和参与学习小组。
	能力 3：促进学生发展自主学习与自主作业的能力	
	理论部分的标准	实践部分的标准
	（1）了解对学习成功与工作成就起积极作用的学习策略与自我激励的策略； （2）了解促进自主、自我负责、合作的学习和工作的方法； （3）知道如何在教学中发展学生可持续的兴趣，奠定学生终身学习的基础	（1）传授促进学习与工作的策略； （2）传授学生自主、自我负责、合作的学习与工作的方法
教养能力：教师要发展学生的文化品德修养	能力 4：了解学生社会与文化生活背景，并利用学校环境影响学生发展	
	理论部分的标准	实践部分的标准
	（1）了解教育学、社会学与心理学的发展理论和儿童与青少年的社会化过程； （2）了解学生在学习过程中可能遇到的不利因素，并尽可能提供教育层面的帮助，采取预防措施； （3）了解在教育与教养过程中不同文化生活背景差异，促进跨文化认同； （4）了解在教育与教养过程中性别差异的影响与意义	（1）认识学生在学习中存在的问题，并从教育学角度实现帮助和采取预防措施； （2）为学生个性化发展提供支持； （3）在每个学习小组中，注意文化与社会的多元化

续表

教养能力：教师要发展学生的文化品德修养	能力5：传授正确的价值观与行为准则，并支持学生自主评价与自主行为	
	理论部分的标准	实践部分的标准
	（1）了解与反思民主价值观与行为准则及其传播； （2）知道如何促进学生形成价值意识的态度，发展自主评价和自主行为的能力； （3）知道如何为学生个人在危机情景与选择情景中提供支持	（1）反思价值与价值态度并做出相应处理； （2）训练学生开展自我负责的评价与自主行为的能力； （3）采取建设性处理方式应对准则冲突
	能力6：寻找到在学校与课堂中解决困难与冲突的办法	
	理论部分的标准	实践部分的标准
	（1）使用交流与交往（尤其是师生之间的交往）知识； （2）了解对话的规则，以及在课堂、学校与家长相互交往中的基本原则； （3）了解儿童与青少年期存在的危机、危险及其预防与干预的可能性； （4）分析冲突并了解建设性处理冲突与暴力的方法	（1）在课堂与学校中构建社会关系，促进社会学习过程； （2）与学生一起确定交往规则并加以实践； （3）在具体情景中运用冲突预防与解决的策略和行为方式
评价能力：教师公正而富有责任感地执行评价任务	能力7：诊断学生的学习基础（先决条件）与学习过程；促进学生学习目标的实现，并给学生及其父母提供咨询	
	理论部分的标准	实践部分的标准
	（1）知道不同的学习基础是如何影响教学的，并知道在教学中如何注意； （2）了解高天赋与特殊天赋学生，以及在学习与工作中存在障碍的学生的不同表现形式； （3）了解学习过程诊断的基础； （4）了解为学生与父母提供咨询的原则与方法	（1）识别学生的发展水平、学习潜能、学习障碍与学习进步； （2）认清学生学习的起点并使用特殊的促进措施，识别学生的天赋并了解促进其发展措施，共同调整学习策略与学习要求； （3）根据不同情景使用不同的咨询形式，区别咨询的功能与评价的功能； （4）在咨询或建议制定过程中与同事合作，在研发提供咨询的过程中与其他机构的合作
	能力8：依据透明的评价标准评价学生学业成绩	
	理论部分的标准	实践部分的标准
	（1）了解成绩评价的不同形式及其功能与优缺点； （2）了解成绩评定的不同相关体系，并对其进行比较； （3）了解成绩评定与反馈的原则	（1）设计符合标准的作业，并以适合学生的方式表达出来； （2）使用与专业、情景相符合的评分模式及评分标准； （3）对于评价原则、方法，同事之间要相互沟通； （4）向学生讲明评分与评价的理由，并指明继续学习的方向； （5）学生考试成绩要进行建设性反馈，并作为加强自身教学能力的措施

续表

	能力 9：意识到社会对教师职业的特殊要求，并理解教师作为一种公众职业负有的特殊责任与义务	
	理论部分的标准	实践部分的标准
	（1）了解教育体系及学校的基础与结构； （2）了解教师日常工作的法律框架（如基本法和学校法规）； （3）反思与教师职业有关的个人价值观和态度； （4）了解精神负担与职业压力研究的主要成果	（1）学会处理压力； （2）有效、经济地使用工作时间和工作资源； （3）通过咨询同事获得帮助，提高教学能力，缓解工作压力
	能力 10：理解自身职业需要，不断学习	
	理论部分的标准	实践部分的标准
创新能力：教师持续不断发展自身的能力	（1）了解自我和他人评价的方法； （2）采纳和评价教育研究成果； （3）了解学校中的组织条件与合作结构	（1）反思自身的职业经验和职业能力及其发展，并能从中得到启发； （2）将教育研究成果应用于日常工作； （3）用文档为自己及他人证明工作成果； （4）通过反馈并利用他人的反馈进行对比，优化自己的教育工作，充分利用合作可能性； （5）了解与利用支持教师的各种可能性，如各种正式、非正式、个体或集体的继续教育
	能力 11：参与学校项目与计划的制订与实施	
	理论部分的标准	实践部分的标准
	（1）了解与思考所在学校的类型、办学形式和教育途径相符的各项教育任务； （2）了解学校发展的目标与策略； （3）了解成功合作的条件	（1）使用针对学校发展的教育教学研究成果； （2）使用教学与学校内部评价的程序与工具； （3）参与设计学校的项目和计划，并加以实施； （4）促进学习小组取得良好的工作成果

2. 教师教育专业、专业教学法的内容与要求[①]

教师教育专业与专业教学法学习的内容要求源于教师职业的要求，教师必须达到这些要求。该要求包括专业知识、专业能力、技能及态度等各项能力。这些能力需要在教师教育的不同阶段的不同教育内容中获得。对于专业知识及其认知与工作方法、专业教学法方面的要求等基础能力，需要在修业阶段全面建构，见习最重要的任务是获得教学实践规定的能力，在修业阶段就要为此打好基础。教师职业的继续发展需要继续教育或在职进修。在修业阶段、见习阶段和继续教育

① KMK. Ländergemeinsame inhaltliche Anforderungen für die Fachwissenschaften und Fachdidaktiken in der Lehrerbildung. http://www.kmk.org/fileadmin/veroeffentlichungen_beschluesse/2008/2008_10_16-Fachprofile-Lehrerbildung.pdf[2016-01-20].

阶段，都对教师的专业和专业教学法提出了相应的要求。

1）掌握贯通性的专业知识

毕业生能够获得其专业基础领域牢固且结构化的专业知识（通识性知识），应用并进一步拓展这些专业知识；能够依据有关本专业的概述性知识（导向性知识）了解本专业当前的基本问题；能够对本专业的知识（元知识）进行反思；能够在其职业方向上对职业实践经验进行反思，完善其专业知识与能力；能够从其他专业的角度进一步拓展专业知识，进一步发展跨专业的能力。

2）掌握本专业的认知手段和工作方法

毕业生能够熟悉本专业的认知和工作方法及手段，能够在其专业的核心领域恰当地加以应用。

3）掌握贯通性的专业教学法知识

毕业生能够掌握牢固且结构化的专业教学法方面的知识，并且能够依据教学法对专业教学实践内容及其教育影响进行分析；能够用简单的语言恰当地再现复杂情况；了解与运用本专业领域有关专业学习的专业教学法，学习心理学研究的成果；了解本专业学业成绩评判的基础；熟悉促进或阻碍学生学业成功的表现特征，并能够据此为学生构建不同的学习环境。

见习阶段需要掌握或继续发展以下能力：能够制定和设计体现专业特色的学习；能够处理复杂的课堂教学情境；能够促进学生学习的可持续性；熟悉本专业领域特有的成绩评价方法；能够计划、实施和分析不同水平的学习小组教学；能够与不同专业的团队合作。

总之，教师应该从职业发展的角度，通过进修和继续教育等方式，继续发展教师学科专业能力与个人能力。

对职教教师来说，教育科学和职业学科专业教学法的特征是，如何把职业活动和学科专业知识与专业教学法内容相融合，使其在职业学校的教与学过程中相统一。当然，大家熟知的“双元制”教育产生了“双目标”，既涉及相应的学科科学，也涉及足够的职业实践。同时，修业阶段的特殊之处是，除从事职业学校日常教学外，也要涉及相关工作领域，保证职业实践准确定位并得以实现（如企业职业培训）。与职业相关部分的职业培训和继续教育是以工作过程为导向的学习领域，并不再系统地教授专业知识。

2004年，德国文化教育部部长联席会议颁布了《教师教育标准：教育科学部分》（*Standards für die Lehrerbildung：Bildungswissenschaften*）；2008年，颁布了《学科专业决议》（*Länder gemeinsame inhaltliche Anforderungen für die Fachwissenschaften und Fachdidaktikenin der Lehrerbildung*），这两个文件的颁

布，确定了职前教师教育领域课程中关于专业、专业教学法、教育科学的最低修业标准和相应的能力指标，构建了完整的以教育科学、专业、专业教学法为核心的课程培养体系。

（二）德国职业教育教师评估——国家第二次考试

德国在充分尊重各州文教状况存在差异与多样化的现实前提下，从宏观层面制定了各州教师资格证书考试标准与基本原则，以实现国家教师资格证书考试的一致性，从而确保各州教师教育及教师培养质量的一致性和均衡性。关于教师资格的相关政策主要包括《各州有关见习阶段的规划与第二次国家教师资格证书考试的共同要求》《职业教育教师教育与考试框架协议》《职业学校实践课教师的教育及考试框架条例》《第二次国家教师资格证书考试管理条例》等。由高校设置的职教教师教育专业，承担科学知识学习和职业实习任务，以及落实专业和教育学方面专业动手能力培养的教学环节。[①]为了检查和挑选合格的职教教师，各州都实施第二次国家教师资格证书考试。[②]

1. 考试组织

德国对第二次国家教师资格证书考试设有专门的组织机构——第二次国家教师资格证书考试委员会。虽然各州在考试委员会的人数要求、成员组成等方面存在一定的差异，但该考试委员会通常由以下几类人员组成：各州文化教育部考试局官员、见习学校（中心）领导、见习学校（中心）课程主管及讲师、合作职业学校领导、合作职业学校教师等。委员会成员由相关的各利益主体组成，这样有利于委员会较为全面地把握见习教师在见习学校与合作职业学校的综合表现，能做出较为客观的整体评价，从而确保第二次国家教师资格证书考试的客观性、公正性和科学性。

2. 考试内容及形式

目前，德国各州的第二次国家教师资格证书考试的内容与形式一般包括学术

---

① KMK. Rahmenvereinbarung über die Ausbildung und Prüfung für ein Lehramt der Sekundarstufe II（berufliche Fächer）oder für die beruflichen Schulen（Lehramtstyp 5）. http：//www.kmk.org/fileadminesse/1995/1995_05_12-RV_Lehramtstyp-5_. pdf[2016-01-12].

② Ländergemeinsame Anforderungen für die Ausgestaltung des Vorbereitungsdienstes und die abschließende Statsprüfung. http：//www.kmk.org/fileadmin/Dateien/veroeffentlichungen_beschluesse/2012/2012_12_06-Vorbereitungsdienst.pdf[2016-01-12].

论文写作、教学实践活动、口试、笔试等几类。①

学术论文写作的目的在于，通过见习教师独立撰写的学术论文来判断见习教师所具备的教学实践能力及相应的研究能力，见习教师需要在论文中表现出其有关教育教学问题的观点，以及能够从教育科学及专业科学知识的角度对问题进行分析的能力。

教学实践活动考核包括两次教学实践活动的考核，时间共 2 个课时，每次活动的持续时间为 50 分钟。见习教师在教学实践活动开始之前，将授课大纲提供给考试委员会专家；授课结束后，考试委员会专家与见习教师就教学活动中的问题进行分析与交流。因此，教学实践活动考核所涉及的不仅仅是见习教师的课堂教学活动，同时也涉及见习教师对教学活动的准备、分析及反思等内容。在这一部分，考试委员会专家也会针对见习教师能否根据教学年级及授课对象群体的特殊性而开展教学活动进行评估。

口试主要考核见习教师对教学理论与教育实践之间的关系的处理能力，以及对存在问题等的认识能力。口试持续时间为 60 分钟，口试问题主要围绕《第二次国家教师资格证书考试管理条例》所规定的五个方面的考核内容进行设计。口试除了采用单独考试的方式，有时也采取小组考试的方式进行。考试结束后，考试委员会对见习教师的表现给出单项分及综合分。

在教师教育的质量评估体系中，教师资格认证制度应该是教师质量保证的核心内容，是进入教师职业所必须达到的条件。在德国教师资格认证标准中，要求以第一次教师国家考试学位或"本科+教育学硕士学位"为基础，并在此基础上申请资格考试，以充分保证教师质量合格。各州的教师资格考试条例，明确规定了不同类型学校、不同类型学科的教师应该具备哪些任职的资格、必须修习哪些课程，各门类课程应该达到的学分和水平，以及教学实践能力。另外，把论文的撰写情况和实习情况也作为考查的一部分。最终，将考试（口试、笔试）、学术论文、教育实习等有机地整合，确定各部分所占比例，各项合格才能获得教师资格。

我国教师资格比较关注考试的结果，对考试对象的培养过程，尤其是实习过程没有提出明确要求和制定相应的考试标准。因此，我国需要进一步完善职业教育教师资格认证体系，采用定性评价和定量评价相结合的评价方式，特别要把实习效果和实践能力作为评价和考核的一部分，把考试（口试、笔试）、学术论文、教育实习等有机地整合起来，综合评定职业教育教师资格。

---

① KMK. Rahmenordnung für die Ausbildung und Prüfung der Lehrer für Fachpraxis im beruflichen Schulwesen. http://www.kmk.org/fileadmin/veroeffentlichungen_beschluesse/1973/1973_07_06-Lehrer-fuer-Fachpraxis.pdf[2016-01-12].

三、德国职业教育教师专业化培养培训的路径

德国职业教育教师专业化培养培训路径，如图 9.4 所示。

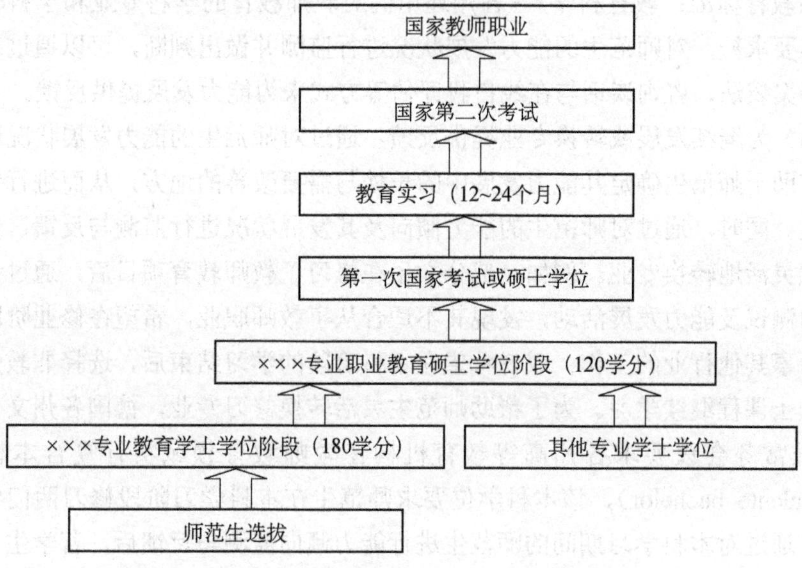

图 9.4 德国职业教育教师专业化培养培训路径图

（一）师范生的选拔

当前，各州在招收与录取师范生时，对师范生申请人是否对教师职业有较强的兴趣，以及是否具备适合从事教师职业的能力倾向等方面的考虑相对被低估。因此，容易导致师范生在职前教师教育的修业阶段与见习阶段，出现对教师职业的认识不清晰、对教师职业缺乏真正兴趣等问题。所以，为了更加深入了解师范生申请人，以及在教师教育第一阶段的师范生的能力倾向，随时把握师范生在职前教育阶段的能力倾向发展状况，各州文化教育部部长决定加强对师范生申请人及师范生的能力倾向进行测试。2013 年 3 月 7 日，各州文化教育部部长常务会议决议《教师教育第一阶段能力倾向测试指南》①强调：教师教育能力倾向测试的主要目的并不在于对教师教育申请人及师范生进行遴选，而是通过对申请人及师范生的能力倾向进行测试，判断其当前的能力倾向所处的状态，以便教师教育机构较全面地了解申请人及师范生的能力倾向及其未来的发展可能与需要的支持。教师能力测试的对象是准备以教师为未来职业的综合大学学生。能力倾向测试的工具包括以下三种类型。

① Empfehlungen zur Eignungsabklärung in der ersten Phase der Lehrerausbildung. http://www.kmk.org/fileadmin/veroeffentlichungen_beschluesse/2013/2013-03-07-Empfehlung-Eignungsabklaerung.pdf[2015-11-30].

（1）为专业学习提供信息与职业指导。它主要包括各学校的职业咨询服务、教师教育学习咨询、在线自我评估和教学实习咨询等。

（2）为修业阶段的能力发展提供反馈。根据已出台的两份教师教育标准文件（《教师教育标准：教育科学》《各州通用的对教师教育的学科专业和学科教学法的内容要求》），对师范生的能力发展状况进行监测并做出判断，可以通过教学实践、档案袋法、咨询谈话与在线自我评估等方式来为能力发展提供反馈。

（3）为继续发展或转换专业提供反馈。通过对师范生的能力发展状况进行反馈，有助于师范生确定其能力发展中的长处与需要改善的地方，从而进行针对性的改进。同时，通过对师范生的能力倾向及其发展状况进行监测与反馈，也有助于学生灵活地转换专业。例如，部分学生在修习了教师教育项目后，通过参与能力倾向测试及能力发展活动，发现其不适合从事教师职业，希望在修业阶段结束后，从事其他行业的工作；或者希望在本科阶段的学习结束后，选择非教师教育类的硕士课程继续学习。为了帮助师范生灵活转换修习专业，德国各州文化教育部部长常务会议要求各州高等教育机构在教师教育领域实行复合本科学位（polyvalente bachelor），该本科学位要求师范生在本科学习阶段修习两门学科专业，在通过对本科学习期间的师范生进行能力倾向监测与反馈后，若学生认为其未来不计划或者是不适合从事教师职业，则其在本科学习结束时，可以选择直接就业或者是升入非师范类的硕士课程继续其学业。非师范生本科毕业生也可以通过能力倾向测试，转入师范生专业继续攻读教师教育专业，不过要补修教育学类过渡课程。此外，各高等教育机构也会根据本校的实际情况，为师范专业和非师范专业的转换提供路径与学分换算工具。

（二）德国职业教育教师职前培养

1. 职业教育教师培养机构[①]

当前，德国培养教师的机构有 67 所，其中有 47 所高等教育机构提供第五种类型的教师教育，在这 47 所培养机构中，综合性大学（universität）有 42 所、师范院校有 5 所。德国职教教师大部分依托综合性大学来培养，培养院校由专门的教师教育中心（学院）或教育学院负责。根据调查，47 所培养机构不仅仅只培养职教教师，还培养其他类型的教师。

德国综合大学教师教育中心的建立，有效推动了德国职前教师教育一体化进程，加强了大学与中小学、职业学校之间的联系，促进了彼此的合作。在职教教

① Alle Hochschulen. http://www.monitor-lehrerbildung.de/web/universitaet/index.html［2015-11-20］.

师培养过程中，大学的理论教学也会聘请职业学校教师参与课堂教学活动，增强理论课堂的实践性。同时，教师教育中心也为中小学和职业学校的在职教师安排与教育教法相关的理论课程，帮助在职教师进一步发展和提高，并不断改善对职前教师的实习指导工作。从功能角度看，教师教育中心通过专业研究、专业咨询、辅导等形式，发挥教师教育及培训课程发展、教育研究、行政服务、地方教育辅导、职前教师的生涯指导等多重功能；教师教育中心设置专职部门，负责协调各院系教师教育及培训的各项事务，同时也使教师教育与培训相关的实习中心、进修学院、职业学校、政府相关部门之间加强联系。

2. 德国职业教育教师教育模式

根据表 9.18、表 9.19 所示，当前德国的 16 个州中，除勃兰登堡州以外，都提供第五种教师教育类型。德国各州的教育事务主要是由自己负责，各州可以根据本州的实际情况选用教师培养模式。受 1999 年的博洛尼亚欧洲教育统一进程的影响，德国高等教育学制体系和学位体系进行了调整。职教教师教育是高等教育的使命之一，职教教师教育原来的培养模式也受到冲击。当前，德国职教教师教育模式分为两种类型：传统职教教师教育模式，“本科+硕士”职教教师教育模式。这两种模式的学习期限都是 8～10 个学期。

表 9.18　各州教师教育学习年限①

联邦州	（复合学位）本科课程/教育学硕士学期数	硕士课程/教育学硕士学期数	考试时间
巴登-符腾堡州	6	4	9 学期
巴伐利亚州	6	4	10 学期
柏林州	6	4	—
不来梅州	6	4	—
汉堡州	6	4	—
黑森州	6	4	—
梅克伦堡-前波美拉尼亚州	6	4	10 学期
下萨克森州	6	4	—
北莱茵-威斯特法伦州	6	4	—
莱茵兰-普法尔茨州	6	4	—
萨尔州	6	4	10 学期
萨克森州	—	—	10 学期
萨克森-安哈尔特州	6	4	—
石勒苏益格-荷尔斯泰因州	6	4	—
图林根州	6	4	—

① Landesweite Regelstudienzeit. http://www.monitor-lehrerbildung.de/web/lehramtstyp/typ5[2015-11-20].

表 9.19 各州教师教育学分要求[①]

联邦州	（复合学位）本科课程/教育学硕士学位（LP）	硕士课程 / 教育学硕士学位（LP）	总学分（LP）
巴登-符腾堡州	180	120	300
巴伐利亚州	—	—	300
柏林州	180	120	300
不来梅州	180	120	300
汉堡州	180	120	—
黑森州	180	120	—
梅克伦堡-前波美拉尼亚州	—	—	300
下萨克森州	180	120	300
北莱茵-威斯特法伦州	180	120	300
莱茵兰-普法尔茨州	180	120	300
萨尔州	180	120	300
萨克森州	—	—	—
萨克森-安哈尔特州	180	120	—
石勒苏益格-荷尔斯泰因州	180	120	—
图林根州	180	120	300

注：LP 为学分，按照欧洲学分互认体系（ECTS）绩点计算，30 学时为 1 学分

1）传统职教教师的教育模式

德国传统学制体系和学位体系的主要特色是学生进入大学学习，经由 8～10 个学期的学习，通过考试及毕业论文答辩后，学生所获得的第一级学位是“diploma”或者“magister”，不存在本科学位。“diploma”或者“magister”即是我们通常所指的“工科硕士”或“文科硕士”。工科硕士学位主要授予理工科及经济类学科的毕业生；文科硕士主要授予人文社会科学类学科的毕业生。德国传统高等教育第一级学位实际上相当于英美高等教育的第二级学位，即硕士学位（master degree）。在教师教育领域，德国传统的教师教育模式与传统学制体系和学位体系一致，即学生在参加文理高中毕业证书考试（arbitur），取得高等教育入学资格后，进入大学开始学习，在该阶段学习结束时，获取硕士学位（magister），同时通过参加第一次国家教师资格考试（die Erste Staatpruefungfuer das Lehramt），获取申请进入见习学校的资格。一般而言，对于修读“diploma”或者“magister”的师范生，在高等教育阶段有两种修读模式可供选择，第一种是学生选择一门主修专业，同时搭配两门辅修专业；第二种是学生同时主修两门

① Anzahl der Leistungspunkte. http://www.monitor-lehrerbildung.de/web/lehramtstyp/typ5[2015-11-20].

主修专业，其中后者较为通行。如果学生感兴趣或者学有余力，在达到规定的条件后，也可以选择修习第三门或者是第四门主修专业。德国各州及各校对学生的主辅修专业搭配情况规定不同，但基本上都要求学生所修习的各专业之间有一定的关联度或者是遵照各州所提供的专业修习指南进行选择。与此相应，德国国家教师资格证书在第一次国家考试时，学生所申请的从教学科即是主修专业。当前，德国梅克伦堡-前波莫瑞州、萨克森州和巴伐利亚州仍采用传统的教师教育模式。

2）"本科+硕士"教师教育培养模式

在博洛尼亚进程的影响下，德国各州文化教育部部长加快了教师教育学位体制改革的进程。2002年，文化教育部部长常务会议发布有关在教师教育领域引入"本科+硕士"学位制度的文件。文件鼓励各州根据教师教育的实际情况，引进"本科+硕士"学位制度。同时，为了确保德国各州教师教育新的学位制度的一致性，也针对新学位制度的实施提出了具体要求。例如，在本科及硕士学位学习期间，学生需要修习至少2个学科专业，即第一专业和辅修专业；在学习期间，需要安排教育实习环节，修业时间要保证在7～9个学期（不包含教育实习期）等[①]。"本科+硕士"教师教育模式也存在两种形式："单一本科+硕士"模式和"复合本科+硕士"模式。

①"单一本科+硕士"教师教育模式。"单一本科+硕士"模式，是指尽管本科阶段修习至少2门学科专业，但只提供单一的本科学位，硕士阶段延续本科阶段的学习，学习结束时，通过论文答辩，获取硕士学位。学生获取硕士学位或通过第一次国家考试（获得初步的教师资格），即可进入见习学校服务；在见习期结束时，参加第二次国家教师资格证书考试，获取完全的教师资格。巴登-符滕堡州、汉堡市及黑森州提供此种教师教育培养模式。

②"复合本科+硕士"教师教育模式。为了保持本国学术传统特色，本科阶段采用复合本科学位（polyvalente bachelor）。实行"复合本科+硕士"的各州要求学生修习至少2个专业，最多可以达到4个，而这些专业之间的关系可以是1个主修专业加1～3个辅修专业，或者是同时主修2个专业等。这种做法与德国传统的第一级学位理工硕士及文科硕士对学生同时修习2个或者2个以上专业的传统保持了一致。为了和《博洛尼亚宣言》的精神一致，在本科阶段结束时，论

① KMK. Möglichkeiten der Einführung von Bachelor-/Masterstrukturen in der Lehrerausbildung sowie Strukturierung/Modularisierung der Studienangebote und Fragen der Durchlässigkeit zwischen den Studiengängen.http：// www.kmk.org/fileadmin/Dateien/veroeffentlichungen_beschluesse/2002/2002_03_01-Bachelor-Master-Lehrer.pdf [2016-03-24].

文通过，即颁发2个专业或以上的学位，在教师教育领域也遵循这一制度。为了保持职前教师教育阶段对师范生的要求达到较高水准，采用复合本科学位，其特点是，如果师范生在本科学位学习期间发现其并不适合从事教师职业，那么由于其在该阶段修习了至少2个专业，他就可以在本科学习结束时选择放弃继续接受教师教育方向的硕士学位学习，而可以根据其修习的专业选择接受普通教育方向的硕士学位学习，从而为其提供了从教师教育领域退出、转入其他职业领域的路径。如果非教师教育类学生希望参加教师教育项目，未来从事教师职业，也可以在本科学习结束后申请教师教育类的硕士学位课程学习，但需达到参加第一次国家教师资格证书考试所需的要求或者教师教育类的硕士学位要求。柏林州、下萨克森州、萨克森-安哈尔特州、北莱茵-威斯特法伦州、图林根州、莱茵兰-普法尔茨州、石勒苏益格-赫尔斯泰因州、不来梅州、萨尔州等为教师教育类型提供复合本科学位。

2002年，德国在教师教育领域引入“本科+硕士”学位制度，对各中小学和职业学校不同层次类型的学校教师都采用“本科+硕士”教师培养模式，保证了教师教育质量达到传统培养模式要求，也适应了《博洛尼亚宣言》的要求。

3. 德国职业教育教师教育职前培养内容

德国职业教育教师教育职前培养内容主要包括专业学科学习、学科教学法学习、职业教育科学学习、企业实习（专业实习）、教育实习（定向实习和教学实习）、毕业论文写作等。

1）专业学科学习

专业学科学习，是指学生在修业阶段所需修习的执教学科，同时，与各专业学科相对应的学科教学法的学习内容也包含在此部分。一般而言，各高等教育机构对未来进入中等教育阶段职业学校执教的学生修习的专业学科数的要求为2个(即第一专业和第二专业)。

2）职业教育科学学习

职业教育科学学习，是指职业教育师范生在修业阶段所须修习的职业教育类学科，包括职业教育学、心理学、哲学、社会学、政治学、民俗学等。职业教育学又下设职业教育概论、职业教学论、职业教育课程论、企业与劳动教育学、职业教育社会学等学科。学生可以根据自身实际需求选择，完成职业教育学科所需的学分数即可。

3）校外实习

校外实习是指师范生在修业阶段需要在高等教育机构之外进行的实践活动。

在形式上，这种实践活动包含两类：教学实践活动与非教学实践活动。教学实践活动一般在各职业学校进行，时间安排上，有的教学实践活动是在师范生刚开始教师教育学习时进行，有的是在教师教育学习期间进行。非教学实践活动则是在教育体系外所进行的实践活动，具体校外实习活动的形式、内容、要求与各高等教育机构实际情况有关。一般而言，由于修业阶段的师范生所需参与的校外实习活动及所需修习的校外实习活动学分有固定要求，而且这一活动的进行涉及职业学校与高等教育机构之间的协作关系。因此，提供教师教育项目的高等教育机构（教师教育中心）一般都设有主管师范生校外实习活动的实习办公室，负责管理师范生校外实习工作，协调各职业学校与高等教育机构之间的关系。

（1）企业实习：德国规定，职业教育师范生在本科毕业前，必须完成 52 周的企业实习，其中 26 周在大学入学前必须完成，这也是职业教育师范生的入学前提之一；另外 26 周可以在大学本科毕业前完成。

（2）定向实习：教师是从事教学的专门人才，在正式工作前，需要对教师职业特点及教师工作环境有所了解。在本科阶段，德国职教师范生需要在职业学校完成 1 次为期 4 周的定向实习，其目的是让选择职教教师的师范生能了解教师工作特点及职业学校教学情境，对未来职业决策或调整做好准备。教师教育中心的实习办公室具体负责安排学生的定向实习。本科阶段，在完成相关教育学模块及实习指导课程后，可向实习办公室申请定向实习位置，实习办公室联系实习学校统一安排实习，职业教育学理论老师具体负责指导学生实习。

（3）教学实习：德国职教师范生在大学期间需完成 2 个以上专业学习，毕业后也要承担 2 个专业领域的课程教学。因此，德国职教师范生的教学实习也包括所学的第一专业和第二专业的 2 次教学实习，教学实习的时间均为 4 周。由于教学实习涉及具体专业，实习办公室不负责统一安排学生的教学实习，学生通常要自己联系教学实习学校。教学实习是在硕士阶段完成，教学实习不仅要让学生近一步体验和观察教学过程及学校组织结构，而且学生要亲自在学校组织教学，承担一定的教学任务。

4）毕业论文写作

职教师范生根据职教教师教育类型要求，完成相应的毕业论文，获取相应学分。

德国工业大学本硕教育模式课程模块[①]，如表 9.20、表 9.21 所示。

① Überblick über alle lehramtsbezogenen Studiengänge an der TU Berlin. http://www.setub.tu-berlin.de/menue/servicezentrum_lehrkraeftebildung/[2016-07-10].

表 9.20　本科阶段的学分安排

课程模块		学分/时长	
第一专业知识与能力（含企业实习）		90（含论文 10）学分	
第二专业知识与能力		60 学分	
职业教育知识与能力	职业教育学	13 学分	27 学分
	第一专业教学论	7 学分	
	第二专业教学论	7 学分	
外语		3 学分	
企业实习		26 周	

从表 9.20 可以看出，在本科阶段，第一专业和第二专业的学分占据总学分的比例较大，说明在这一阶段非常突出专业知识和能力的掌握。

表 9.21　硕士阶段的学分安排

课程模块		学分	
第一专业知识与能力		15 学分	
第二专业知识与能力		20 学分	
职业教育知识与能力（含教育实习）	职业教育学	24 学分	70 学分
	第一专业教学论	23 学分	
	第二专业教学论	23 学分	
硕士论文		15 学分	

从表 9.21 可以看出，在硕士阶段，课程模块突出对职业教育知识和能力的掌握，但也要进行第一专业和第二专业一些项目学习，2 个专业的教育实习在硕士阶段十分重要。硕士论文主要针对职业教育教学相关的知识展开。

从职前培养课程结构看，德国高等教育机构的职教教师教育实行结构化的模块课程，其一级模块包括职业教育知识与能力、第一专业知识与能力、第二专业（普通教育专业或其他学科专业）知识与能力、教育实习、毕业论文。一级模块下面分二级模块（课程），如职业教育知识与能力模块包括企业与劳动教育学、职业教育学、专业教学法和教育实习四部分。每个一级模块和二级模块都要体现教师某一方面的能力。每个二级模块下面的内容没有指定的教科书，任课教师围绕这个模块要实现的能力开展教学。在本科阶段，职业教育知识与能力模块涉及职业教育学基础、学科专业教学论、职业教育课程理论、劳动教育学、企业教育学、社会教育学、职业教育实践等；在硕士阶段，主要涉及职业教育理论与职业教育研究方法、职业教育历史、职业教育国际比较、职业教育政策和职业教育教学实践等。从课程结构上看，职业教育知识与能力模块不仅涵盖职业教育学科的内容和实践，而且涉及国家政策、社会文化、经济、个人发展等内容。

（三）德国职业教育教师的教育见习[①]

见习阶段是在修业阶段完成了规定的教育科学、专业学科及专业学科教学法课程，获得相应能力基础上进行的，即通过第一次国家教师资格证书考试或者是取得硕士学位证书后才能申请成为见习生。见习生在研修学校（staatliches seminar）和见习合作学校交替完成见习。德国各州都有数量不等和类型不同的教师教育研修学校。各研修学校的指导教师包括学科专业指导教师和教育学科指导教师。这两类指导教师由州教育主管部门发布需求信息、考核评价和聘任。除研修学校之外，还需要见习合作学校，各见习合作学校的校长任命一名或者多名相关学科的优秀教师作为见习生的带教教师。指导教师和带教教师都不额外享受津贴。

见习生的录取标准：达到上述资格要求的师范生向所在的州教师教育见习主管部门提出申请。各州教师教育见习主管部门根据申请人数和研修学校的容纳力，录取见习生。在研修机构名额有限的情况下，州教育部教师教育处根据见习生在修业阶段的学科成绩、见习申请、等待时间及相关的照顾性条款进行综合考虑，择优录取。研修学校把录取的见习师范生分派到合适的见习合作学校。

教师教育的见习时间为12～24个月[②]，见习以不同的培训形式在中小学、职业学校或类似的机构与教师研修学校交替进行。教育见习包含理论指导、课堂教学实践及理论反思等组成部分。理论学习是德国见习教师在见习阶段的一项重要学习内容，主要包括专业学科、专业学科教学法、职业教育学、心理学、教育法及学校法等的学习。除此之外，部分州还提供本州教育基本问题、教育政治学、学校发展、小组活动等学习内容。见习阶段主要由3个阶段组成，即定向阶段、独立教学阶段和考试阶段。定向阶段的任务是引导见习教师适应教师角色及帮助其根据未来从教学校类型及教学阶段进行职业定向，持续6个月左右。独立教学阶段的任务是为见习教师提供独立教学机会，从而发展见习教师的独立教学能力并逐渐培养其职业素养，为见习教师的职业生涯发展奠定基础，该阶段持续6～12个月。在第一个阶段结束时，各见习学校负责人会根据见习教师的综合表现决定其是否适合进入第二阶段，不适合进入第二阶段的见习教师需要继续强化定向阶段学习。在定向阶段，见习教师每周需用约3天的时间在职业学校参与课堂

① Ländergemeinsame Anforderungen für die Ausgestaltung desVorbereitungsdienstes und die abschließende Staatsprüfung.http: //www.kmk.org/fileadmin/Dateien/veroeffentlichungen_beschluesse/2012/2012_12_06-Vorbereitungsdienst.pdf[2016-01-12].

② Kultusministerkonfernz. Sachstand in der lehrerbildung. http: //www.kmk.org/fileadmin/Dateien/pdf/Bildung/AllgBildung/2014-10-30_Sachstand_LB-geprueft-mit_Anlagen.pdf[2016-05-23].

教学、课堂观察等活动，同时每周用约 2 天的时间在教师见习学校进行理论学习，以强化教育理论与教学实践之间的联系，同时对自己的实践参与经验进行反思。在独立教学阶段，其主要任务是培养见习教师独立承担教学活动的能力。因此，见习教师在职业学校见习的时间有所增加，每周需要在职业学校工作约 4 天，同时用约 1 天的时间回到见习学校学习。见习教师在见习学校的主要任务是反思教学经历，与见习学校的指导教师及其他见习教师相互交流，同时分享好的教学经验等。第三个阶段为考试阶段，考试阶段一般持续 3～6 个月，考试形式包含课堂教学、口试、笔试、学术论文写作等多种。

教育见习由下列部分构成：活动指导（einfuehrungsveranstaltungen）、课程试听（hospitation）、合作授课（begleiteter unterricht）、独立授课（selbststaendiger unterricht）、集体研讨活动（ausbildung in seminaristischen veranstaltungsformen）等。贯穿各部门的基本要求是：第一，能够了解见习机构教育与教化活动的实施过程，并对该过程进行反思；第二，参与教师专业化的活动，学会处理职业生涯中所面临的冲突和需要做出判断的情境；第三，能够根据具体的课堂与学习环境设计与开展教学活动；第四，了解学生在学校内外的学习过程；第五，掌握学生学习成就与能力发展的激励原理；第六，了解当前异质性与多样化已成为学校及教学活动开展的前提条件之一；第七，能够对学生个体的学习过程进行诊断并提供相应的支持措施，能够对学生的学习成绩做出判断并进行科学评价；第八，能够认识到交流、互动与冲突解决等活动是教学活动与教育活动的基本组成部分；第九，能够从概念的、教学法的及教学实践的角度出发，与各类媒体打交道；第十，了解教育体系的结构及其历史，同时了解教育体系与每个学校的发展过程；第十一，了解教育研究的目标与方法，能够对教育研究的结果进行阐释与利用。

德国教育见习是教师教育最具特色的部分，持续时间较长，以教学实践为主，旨在有效推进学科、学科教学法、教育科学等理论与实践内容的综合，融会贯通。

（四）德国职业教育教师的职后培训

德国十分重视教师的职后培训，政府和各种教育团体经常举办各种形式的在职教育，主要包括州层面的进修、地区组织的进修和校本培训。这些培训通常安排在课余时间，如周末、晚上或假期，学校不作硬性要求，教师自愿参加。因为组织的培训活动具有针对性和先进性，能对教师的职业生涯发展提供帮助，所以大多数教师能主动积极地参与。教师参加在职进修，学校会在差旅费、住宿费等方面给予资助，但不脱产的培训通常与晋级、提薪无关。对于表现优秀的教师，出于奖励或提拔培养的考虑，校方会许可老师暂时离开教学岗位到教师培训机构接受专门培训，以获得另一种或更高级的资格。如果教师通过进修能获得新资格并得到相应职位，就可能获得晋级或加薪。

德国教师每年有 5 个工作日可以带薪脱产进修。他们除了参加政府和教育机构的培训外，也参加企业为推广新技术、新产品举办的短期培训。德国的职业教育教师培养从始至终都贯穿着企业的生产活动，大中型企业往往独立组织教师培训班，并提供企业编制的教材。

除参加企业组织的培训外，教师还会不定期到企业实习，一方面及时把企业中的最新信息带到教学中；另一方面将其长期工作和教学中积累的经验，用于帮助企业解决一些问题，对企业的员工也可进行理论上的指导。

四、德国职业教育教师专业化发展的政策资金保障

德国职业教育的成功与独特的职业教育体制有密切的关系，其中的免费教育政策是一个重要因素，这也说明德国非常舍得为职业教育及其教师培养和发展投资。德国是联邦制国家，教育投资以州政府为主、联邦政府为辅。中小学教育、高等教育、成人教育及进修等环节的日常经费投入主要由州政府和地方政府负责，联邦政府也对各州的教育事业提供资金支持，但重点在高校扩建、新建方面，联邦和州各投入 50%，在促进科研、师资培训和职业教育方面，联邦政府也为各州提供一定的经费支持。在职业教育方面，联邦政府资金的主要用途是向职业学校的学生提供贷学金、资助特别项目、建设职教设施、资助职教研究所、提供奖学金和开展国际交流等。

德国以法律的形式规定义务教育阶段免费，在高等教育阶段，除了缴纳数额不多的注册费外，也免除学费。作为高等教育的重要组成部分的教师教育，在修业期间与其他教育类型一样享受免学费待遇。

在见习和在职培训阶段，培训费用和生活津贴方面也得到保障。德国的《联邦职业教育法》规定：教育提供者应为受教育者提供适当津贴。德国教师教育实习的组织机构是各州文教部，并为准教师的教育见习教师提供津贴。《各州有关见习阶段的规划与第二次国家教师资格证书考试的共同要求》规定：见习教师在各中小学的教学活动是以准教师的身份进行的，可以享有全职教师一半的工资与津贴。这一薪酬规定除了能够保障见习阶段见习教师的基本生活来源，还能使其教师地位得到充分认可，进而强化见习教师的教学责任感。根据教育与科学工会柏林分会统计，柏林职业学校见习教师的工资自 2015 年 8 月 1 日以来最低为每

月 1202.22 欧元，并享有相应的子女补贴。①

《各州有关教职工生涯、薪酬、薪酬保障、公务员地位等文件规定的信息交流的协议》规定：中小学教职工享受国家公务员的待遇②。这为教师在社会中的政治和经济地位奠定了基础，增强了教师从事教育工作的吸引力。

总之，德国教师教育组织机构和课程内容都比较成熟稳定，教师专业化发展路径比较明晰，这也与德国教师教育政策和资金制度保障及教师职业地位较高分不开。

① Geld im Referendariat und viele rechtliche Tipps. http://www.gew-berlin.de/263.php[2016-07-28].

② Vereinbarung zum Informationsaustausch über laufbahnrechtliche, besoldungs und versorgungsrechtliche sowie weiterebeamtenrechtliche Regelungen im Schulbereich. http://www.kmk.org/fileadmin/Dateien/veroeffentlichungen_beschluesse/2007/2007_09_20-Informationsaustausch-Schule-Laufbahn.pdf[2016-07-28].

结　论

“双师型”教师是中等职业学校队伍的主体，是中国特色职业教育的核心要素和重要支撑，这已成为我国政府、职业学校和研究人员的共识。关于“双师型”教师专业化发展研究，本书围绕理论与实践的有关问题做了若干分析和阐述。将其归纳起来，主要形成以下结论。

第一，对“双师型”教师的基本认识不可标签化、拘留于字词上。

“双师型”一词的核心是“双师”，争议也是围绕关于“双师”不同的看法展开。关于“双师”，直接的理解，“一师”为职业学校的“教师”，“另一师”为有一定实际工作水平的、可称为“师”的技术人员（如工程师、会计师、技师等），称得上“双师型”的教师应该是能把这两种“师”的素质能力集于一身。事实上，职业学校的教师真正做到“双师型”并不容易。在职业学校中，既能承担理论教学又能承担相关实践教学任务的“双能”教师就算是不错的“双师型”教师了。不少所谓的“双师型”教师只是拿到某种职业资格类证书，但不能指导学生实习、实训，也被算作具备一定的“双师”素质。进一步说，对于“双”的含义，还不是简单与“两”画等号：一要合理地理解为“通”，即“双师型”意味着懂得理论与实际两个方面；二要注意“双”的局限性，中等职业学校办学特点是紧贴社会需求，因需而变，教师的工作多样且多变，“双”是表象，实际情况往往是“多”。

同样称作“双师型”教师，在中职和高职学校中也会有所不同。学校教育的基本发展趋势是：学阶越高，专业化程度越高，专业内容越深入，专业界线越分明，相应地，教师、学生及其条件配置的专业属性和特点也越明确。中等职业学校属于职业教育中的基础阶段，其专业设置与普通高等院校的学科专业有所对应但并不对等，中等职业学校的专业具有较强的工作（工种）针对性、专业复合性和实践操作性，对于教师更强调一专多能、能文能武（理实一体）。中等职业学校的“双师型”教师，通常要能承担起理论教学、实践教学、实习指导、学生教育与管理、职业指导等多项任务，还要具有一定跨专业、开设新专业的学习能力和教学能力，要求"全"，还能适应"变"，苛求点说是"双师多能型"，甚至是"万能型"教师。换句话说，中等职业学校教师专业化发展方向要与教育教学工作需要结合起来，在中等职业学校不能把"专业"与"专业化"完全等同起来。

第二，比较成熟的"双师型"教师应该是：既能把知识、理论导向运用，又能结合实践或实际工作讲明白其中的理论依据，知其所以然。

"双师型"教师的出现，改变了中等职业学校传统的理论教学与实践教学相分离的局面，把过去两个系列的教学逐步贯通、综合起来，开展理实"一体化"教学。"双师型"教师的课堂可以先理论后实践、先实践后理论、边理论边实践，"教、学、做"成为有分有合的整体，而不是不同的教师"自言自语"的舞台。"双师型"教师将曾经倡导的理论联系实际原则变为真实的教学状态，理论以运用或应用为导向，从抽象讲授开始到抽象考试结束在中等职业学校已经没有多大的"市场"，一切教学工作朝着学以致用、学会工作转变。教师不再总是站在学生对面，而更像企业中的"师傅"，适时地出现在每个学生身边。"双师型"教师最根本的变化是，他们的知识与能力结构和对学生提出的目标要求更加"全息包容"、趋于"同质化"，就像是有"运动员"背景的"教练员"。每一位"双师型"教师都是学生可以直接模仿和全面学习的对象，学生不再是从各位教师教学的交集中或只是到了最后一个教学环节才感受到教育的一点收获。

由于"双师型"教师工作面较宽，特别是对实践能力方面要求较高，所以对"双师型"教师的培养及后续培训所需要的时间和方式会更多一些。现在的中等职业学校教师大多来自于普通高等学校，理论知识深窄且专业实践不足，这种状况短时间内也难以彻底改变。加强对在职教师多方面的培训和实践锻炼，仍是"双师型"教师成长的主渠道，而专业实践及其教学能力仍然是"双师型"教师最薄弱、最需要、最突出的素养。

第三，兼职教师不仅必要而且重要，是"双师型"教师队伍建设中不可或缺的有机组成部分。

在我国，职业学校是举办职业教育的"正规军"和主要力量。我们讨论"双师型"教师主要也是围绕职业学校的教师而言的。但从一定意义上说，职业学校聘用的兼职教师更加符合或接近"双师型"教师的特征，只是由于兼职工作，时间和精力投入等比较受局限，影响了其作用的发挥。职业学校尽最大可能地重视兼职教师队伍建设，甚至把优秀的兼职教师作为人才引进学校无疑都是正确的。对于兼职教师要有这样一些基本认识：兼职教师是职业学校教师队伍必要的组成部分，是成熟度较高的"双师型"教师，是提高职业学校办学特色、实现工学结合的重要力量，是促进校企合作的桥梁和纽带，是推动学校教育社会化的重要因素。兼职教师对于职业学校就像“合金钢”中的有色合金元素，不是可有可无，锦上添花，而是缺之不可。兼职教师的优势通常是学校教师的薄弱之处，引入一定的兼职教师能更好地优化职业学校教师队伍结构，实现职业学校人才培养与社会需求的有效对接。

兼职教师在职业学校的意义，也突显了职业教育的特殊性。考虑到中等职业学校的就业导向和职业基础性，中等职业学校兼职教师所占比例应更大一些（实际上，由于升学的吸引力并非如此）。兼职教师是社会各行各业的人才，不为学校所有，但可为学校服务。职业学校要把兼职教师作为宝贵的人才去对待，作为一支重要的教师队伍去建设、引导和管理，注意强化其教师的身份、责任和荣誉感，与其建立长期合作关系。职业学校要做好长期规划，加强专项研究与管理。积极发挥兼职教师作用，转变学校自主、课堂本位的教学方式，加强现场教学。职业学校要开阔视野，把参与学校人才培养的社会人士、专业技术人员均视为学校的兼职教师，特别是要把在顶岗实习等实践教学环节中指导学生学习工作的师傅正式聘为学校的兼职教师，将兼职教师纳入校企合作或企校合作的工作之中，使其明确身份和职责，切实发挥其作用。

第四，“双师型”教师是中国特色职教教师队伍建设的主体，坚持个体素质优先，团队结构优化。

“双师型”教师在职业学校到底应占到一个什么比例，一直存有争论。这本来是一个实践性问题，不同学校、不同专业、不同发展阶段也有所不同。由于职业教育不像基础教育甚至高等教育那样相对稳定，非要用一些绝对的量化指标框定“双师型”教师的比例，从数据统计和行政管理上也许有一定意义，但实际操作中不适应刚性约束。中等职业学校虽然是一种基础性的专业教育，但专业类教师应该是教师队伍的主体，甚至要求文化课教师熟悉学校有关专业的基本情况也有一定的必要性，反过来，专业课教师担任一些文化课、基础课也是完全可行的。文化课、基础课和专业课对于中等职业学校的教师并非泾渭分明，教师承担不同类型课程的教学，前后搭接、彼此穿插，增加教学的关联度、系统性，教学效果更好，这也可以被看作是另一种形态的“双师型”教师。当然，“双师型”教师主要指从事专业课程教学的教师，从中等职业学校的需求看，专业教师都应该是“双师型”或“双师”素质的，这也是我国职业教育教师队伍建设的特色所在。职业学校从历史上形成的文化课教师、专业理论教师、实习指导教师等类型有其一定的合理性，在人才培养上曾经并还在发挥着重要作用，不能用“双师型”一代了之。现阶段要特别注意，避免对“双师型”超现实地过分美化或排斥的倾向。“双师型”教师不是越多越好，更不能变成众师一面，既需要有专长、可互补的差异化发展，也需要有层次、可提升的专业化发展。中等职业学校属于高中阶段教育，加强基础教育和素质教育必不可少，不能简单地排斥、压缩文化课、基础课，而应当在与专业课程的结合中形成职业学校文化课、基础课的特色，中等职业学校没必要也不可能把所有教师塑造成为“双师型”教师。

现在，各方面的工作都强调两个导向：一个是问题导向；另一个是创新需求导向。职业学校应从实际出发，把控好“双师型”教师的比例，使教师个体的素质结构和队伍的整体结构处于比较优化、合理的状态，防止出现新的极端化。遵循职业教育的发展规律，要切实坚持适宜、适应、适合的基本原则，即尊重发展阶段的原则，在理想与现实之间保持适度的张力，超越实际可能的跨越发展，难免会导致轰轰烈烈走弯路、辛辛苦苦留教训。

第五，“双师型”教师专业化发展，需要建立起以职业标准为基础与现代职教体系相适应的资格制度和培养培训体系。

高等教育发展的多元化，打破了曾经的师范教育体系，代之而起的是现代的教师教育，教师的培养与培训逐步成为一个相对开放的系统。相应地，教师教育催生了教师职业资格标准的社会化。教师职业资格标准的建立，强化了教师的职业属性、专业特性，也为教师专业化发展指出了方向。由于我国各地发展不平衡，职业资格标准在统一的框架下，要为各地因地制宜地实施、创新发展留有一定的余地，防止在“统一标准”的压力下搞变通，反而影响了国家职业资格标准严肃性。进入专业化发展阶段的职业，有比较明确的业务范围和专业深度，使从业者能够分阶段实现高一级的职业目标，同时社会建立起一套相应的引导和管理制度。中等职业教育的教师如前所述，工作性质比较宽泛、繁杂，在一定程度上影响了其专业化的选择与发展，也造成了这项工作推进难度较大。“双师型”教师作为一类新型教师，尚处于萌芽阶段，国家政策持续重视，在职业学校已形成一定基础，这是一个好的开端。任何职业的专业化都经历从非专业态到半专业化，再到专业化的发展过程。“双师型”教师要坚定认同这个角色，坚持造就专门的职业属性，不断营求独到的发展空间，专业化发展就会从应然越来越成为必然、实然。

我国现代职业教育体系的建立与发展，亟须专业化的教师发展体系的支撑。一方面，我国业已建立的国家和地方两级职业教育师资培养培训基地要转变观念，不断完善特色建设、内涵建设、体系建设，主动为“双师型”教师专业化发展提供切实有用的服务；另一方面，“双师型”教师要从制度上纳入专业人才序列，促进并保障其专业化发展。职教教师培养、培训工作要与专业技术职务评聘等制度衔接配套，形成合力，不断健全“双师型”教师专业化与现代职教体系建设协同发展的体制与机制。

第六，“双师型”教师专业化发展是一个渐进的过程，要加强引导，创造条件，不断提高建设水平。

专业化是现代职业的重要特征和发展趋势，职业的成熟度与其专业化水平相辅相成。对个体而言，专业化意味着职业生涯可持续发展。从“为了谁”开展学习，明确“我是谁”的职业定位，懂得“我像谁”去拓展职业领域，进而形成“我就是我”的职业自信。也就是说，专业化的开端首先是让进入专业学习的人选择适宜的专业及职业方向，在学习和工作中不断培养“爱一行”的情感，形成“钻一行”的职业专长，全面提升工作品质。“双师型”教师在职业学校虽然早已不是新话题，但“双师型”教师一直热在概念里、政策里，统计出来的“双师型”教师很多名不副实，而且各地各校也存在很大差异。究其原因，一方面是“双师型”教师本身的复杂性、多样性造成认定标准难以统一，另一方面传统观念及政策惯性依然发挥作用，“双师型”教师队伍建设有关规定中比较原则、可操作的依据不足。

专业化是一个系统工程，需要长期的积累，不可能一蹴而就。“双师型”教师的专业化发展不是孤立的，要与中等职业学校的教育、教学及其管理的改革创新同步推进，在不断适应、调整、引导中螺旋上升。各类职业教育管理与服务机构，要根据“双师型”教师独特的职业内涵与工作特点，不断创造条件，积极推动“双师型”教师专业化持续发展。“双师型”教师的专业化发展将是中国特色职教师资队伍建设孜孜探索的一个重大课题。

第七，对本书的一点反思与感想。

研究本身意味着探索，也应该是一种向深向新的探索。但研究者往往做不到像医生一样对症“开药方”，凝心聚力，辛苦一番，总还是会留下一些缺憾。本研究试图光顾到理论与实践两个领域，但涉及理论方面的研究，总感觉针对性不够；而对于实践研究，又有力所不逮的局限性、浅近性。曾想着像“双师型”教师似的两厢兼顾，实际上远未能如愿，理论与实践都显得支离破碎。毕竟付出一些劳作，如果能给同行学者深入研究提供一些资料借鉴或点滴启示，也算不违初衷了。

此外，还有些许感想，接续于下。

教育与社会同步发展，内涵不断丰富，外延也不断拓展。近代产生的职业学校教育，不仅扩大了教育的社会化基础，而且把人的全面发展从实践到理论均推进到一个新的阶段。作为世界上人口规模最大的国家，我国长期以来坚持大力发展职业教育，深知职业教育对于提高全民素质和促进经济社会发展的特殊重要意义。现代职业教育体系的建立，更加突显了职业教育的社会作用和教育价值，终身教育、人人成才将进一步从理念逐步变成现实。

对于职业教育，在工业化的过程中各国都予以重视。虽然不同国家的提法有一些差异，但培养目标基本相同，都是面向生产建设服务一线培养技术技能人才。由于各国的社会环境、工业化背景、教育基础，特别是政治、经济、文化传统等方面存在一定差异，即使世界主要发达国家职业教育及其教师专业化的发展路径与模式也各有千秋。所以，发展模式的优劣很难一概而论，适合本国国情，可以殊途同归。

近代以来，我国在发展职业教育过程中，一直重视学习借鉴先进国家的思想和经验，坚持择善而学、“洋为中用”，“双师型”教师的提出也曾得到国外职教教师素质的有关启示，本书各部分内容对国外的理论和实践多有涉及，力求将其消化吸收变成对发展中国职业教育有益的养分和启迪。当今世界，国与国之间相互学习、借鉴已经是一种常态，但各自的发展都离不开生活在这片土地上人们的实干。我国一代又一代的职教先贤忧劳为国、矢志奋斗，用他们的智慧、勇气和汗水，开创出了具有中国特色的职业教育发展道路。特别是改革开放以来，中国的职业教育表现出强劲的后发优势，中流击水的中国职教成为中国制造服务世界的中坚力量，令世界瞩目，让职教人备受鼓舞。

当然，坚持改革发展的中国职教始终与问题和挑战同行，在新一轮的加快发展进程中，问题更多，也更复杂。实践证明，问题是发展的向导，没有了问题，发展就会失去目标和动力。作为世界上最大的发展中国家，也是职业教育规模最大的国家，我国具有良好的发展基础和发展带来的机遇，有着广阔的发展空间。我们有信心：为世界开辟出一个中国引领的职业教育新时代，为现代职业教育发展闯出一条新路，为前进在工业化道路上的发展中国家做出示范，让职业教育的成就成为本国人才教育的一块亮丽的品牌。

后 记

本书是教育部、财政部“职业院校教师素质提高计划”开发项目（公共项目）专业教师资格标准、认证办法、考试大纲及题库开发的基础研究成果之一，试图从多个视角分析讨论中等职业学校教师的发展、特点及专业化等方面的问题，为我国推行中等职业学校专业教师资格制度提供一定的理论准备和实践建议。

本书的编者主要是天津职业技术师范大学相关领域的教师和研究员，分工如下：前言和结论由卢双盈教授编写；第一章“职业与教师职业发展”由张元研究员编写；第二章“中等职业学校教师专业化问题分析”、第五章“中等职业学校专业教师能力标准解析”、第六章“中等职业学校‘双师型’教师队伍建设”由赵文平博士、副教授编写；第三章“我国中等职业学校教师专业化发展现状”、第四章“中等职业学校教师标准体系建设”由曹晔教授编写；第七章“中等职业学校兼职教师定位与发展”、第八章“中等职业学校教师职业生涯规划与专业化发展”由李向东教授编写；第九章“美国、德国职业教育教师专业化发展与实践”由刘新钰博士、高级政工师，董显辉博士、副教授编写。卢双盈负责全书通稿，刘新钰做了校对。

本书得到教育部王继平、郭春鸣、李桂兰、黄伟、黄晓华、刘璇璇、王克杰等有关部门负责同志的指导和支持，教育部职业技术教育中心研究所邓泽民、考试中心冯加根，天津职业技术师范大学孟庆国、苗德华，同济大学王继平、冯晓、李同吉，广东技术师范学院王乐夫、黄秋文、徐小平，吉林工程技术师范学院苏顺亭等多位专家提出许多建议并予以帮助；编委会的刘来泉、王宪成、李梦卿、李仲阳、李栋学等专家对本研究多次进行专门指导；科学出版社孙文影、刘巧巧编辑等为本书的审校和出版付出了辛勤劳动，在此一并表示衷心的感谢。

在写作过程中，编者参考借鉴了许多国内专家学者的相关研究成果，从中得到许多启示，汲取了丰富的智慧。在此，向所有的前辈学者和同仁致以诚挚的敬意和深深的感谢。限于编者的视野和水平，书中还有一些疏漏和缺憾之处，欢迎职教界人士和读者不吝指正。

编　者

2016年10月